高职高专互联网+新形态教材·财会系列

企业财务管理
(微课版)

陈小英　陈励颖　杨承亮　主　编
张仁杰　樊　葵　钟卫华　副主编

清华大学出版社
北京

内 容 简 介

本书以财务管理人员岗位的工作内容为主线,概括了筹资、投资、资金营运和利润分配四项财务活动,并结合财务管理"预测—决策—预算—控制—分析"的工作步骤,设计了11个项目,主要内容包括:财务管理认知、财务管理的价值观念、资金筹集、资金成本和资本结构、企业项目投资管理、企业证券投资管理、营运资金管理、利润分配管理、财务预算、财务控制、财务分析,将财务活动和财务管理工作流程有机结合,通过完成各项任务来实现教学目标,实现"教、学、做"一体化。为了及时将本学科的最新知识引入教学,作者通过深入企业一线实践锻炼,与企业专家共同探讨了大数据与会计专业人才培养方案的制定,制定了课程标准,并将实践操作的工作经验写入教材,同时借鉴国内同类教材的先进经验,体现了时效性。

本书既可作为高职高专大数据与会计及相关专业项目化教学教材,也可供相关会计人员和企业管理人员自学、培训和参考使用。

本书封面贴有清华大学出版社防伪标签,无标签者不得销售。
版权所有,侵权必究。举报: 010-62782989, beiqinquan@tup.tsinghua.edu.cn。

图书在版编目(CIP)数据

企业财务管理:微课版 / 陈小英,陈励颖,杨承亮主编. -- 北京:清华大学出版社,2025.1.
(高职高专互联网+新形态教材). -- ISBN 978-7-302-67985-1

Ⅰ. F275

中国国家版本馆 CIP 数据核字第 20259JP922 号

责任编辑:梁媛媛
封面设计:刘孝琼
责任校对:徐彩虹
责任印制:宋　林

出版发行:清华大学出版社
网　　址:https://www.tup.com.cn, https://www.wqxuetang.com
地　　址:北京清华大学学研大厦 A 座　邮　编:100084
社 总 机:010-83470000　邮　购:010-62786544
投稿与读者服务:010-62776969, c-service@tup.tsinghua.edu.cn
质量反馈:010-62772015, zhiliang@tup.tsinghua.edu.cn
课件下载:https://www.tup.com.cn, 010-62791865

印 装 者:三河市天利华印刷装订有限公司
经　　销:全国新华书店
开　　本:185mm×260mm　印　张:18　字　数:420 千字
版　　次:2025 年 1 月第 1 版　印　次:2025 年 1 月第 1 次印刷
定　　价:56.00 元

产品编号:099863-01

前　　言

　　财务管理是高职院校大数据与会计专业的一门专业课程。随着经济的发展，财务管理在现代企业中起着越来越重要的作用，许多注重管理的企业都建立了以财务管理为核心的管理模式。编者依据高职高专教育人才培养目标，广泛汲取高职高专原有的财务管理教学和教材建设经验，结合财务管理学科新发展与企业财务管理实务，系统地阐述了企业财务管理的基本理论、内容、方法和技能。

　　本书全面贯彻新时代中国特色社会主义思想和党的二十大精神，以立德树人为根本，以培养学生的企业财务管理岗位职业能力为核心，以企业财务管理工作过程为导向，以"教、学、做"一体化为目标，系统地介绍了企业筹资管理、投资管理、资金营运管理和利润分配管理等岗位的操作知识和方法。本书采用项目任务教学法组织教学内容，通过学习和训练，不仅能够使学生掌握财务管理基础知识，而且能够掌握具体的财务项目操作技能，从而达到中小企业财务主管岗位所要求具备的财务管理技能。本书具有以下特点。

　　(1) 强调"理论够用"的原则。本书在保证框架、结构基本完整的基础上，力求把握内容的精、准、易理解。

　　(2) 注重能力的培养。本书以典型工作任务为导向，帮助学生理解财务管理理念，注重实际应用能力的培养，以提高学生分析问题和解决问题的能力。

　　(3) 本书注重知识巩固与能力训练，每个项目最后均配有项目小结和项目强化训练，便于学生在巩固所学知识的基础上提高实际操作能力。

　　(4) 本书配有电子课件和参考答案，方便教师教学使用，有助于提高教学效果。为满足信息化教学改革的需要，本书配备微课视频，通过扫描书中的二维码，即可学习相应知识和技能，并进行同步训练。

　　本书由福建农业职业技术学院陈小英、陈励颖、杨承亮担任主编；福建农业职业技术学院张仁杰、樊葵、钟卫华担任副主编。陈小英负责总体框架的设计、编写大纲的提出和全书的总纂与定稿，以及编写项目一、项目十一；张仁杰编写项目二、附录；樊葵编写项目三、项目四；陈励颖编写项目五、项目六；钟卫华编写项目七、项目八；杨承亮编写项目九、项目十。

　　本书得到福州君和立远财税咨询有限公司、福州星达财税咨询有限公司的大力帮助和支持，特别是杨代福、卢艺真两位总经理为本书的编写提供了很多宝贵的建议。本书在出版过程中得到了清华大学出版社的大力支持。另外，在编写过程中，我们参阅了许多财务管理教材，吸收、借鉴、引用了近年来高等职业教育的最新教改成果及有关资料，在此一并表示诚挚的谢意！

　　由于编者水平有限，书中难免有不妥和疏漏之处，敬请读者批评指正，以便在修订时改正。

编　者

目　　录

项目一　财务管理认知 1

任务一　财务管理概述 2
一、财务管理的概念 2
二、企业财务活动 2
三、企业财务关系 4
四、财务管理的内容 5

任务二　财务管理的目标 6
一、企业目标对财务管理的要求 6
二、财务管理目标 7
三、财务管理目标的协调 9

任务三　财务管理的基本环节 11
一、财务预测 11
二、财务决策 11
三、财务预算 12
四、财务控制 12
五、财务分析 12

任务四　财务管理的环境 13
一、技术环境 13
二、经济环境 13
三、金融环境 15
四、法律环境 16

项目小结 17
项目强化训练 17

项目二　财务管理的价值观念 21

任务一　资金时间价值 22
一、资金时间价值的概念 22
二、资金时间价值的计算 23

任务二　风险价值 35
一、风险的概念与种类 35
二、资产收益的含义与类型 36
三、单项资产的风险与收益 37

项目小结 40
项目强化训练 40

项目三　资金筹集 45

任务一　企业筹资概述 46
一、筹资动机 47
二、筹资渠道和筹资方式 47
三、筹资分类 49
四、筹资原则 51
五、资金需要量预测 52

任务二　权益资金的筹集 53
一、吸收直接投资 53
二、发行股票 55
三、利用留存收益 57
四、权益筹资的优缺点 58

任务三　债务资金的筹集 59
一、银行借款 59
二、发行公司债券 62
三、融资租赁 63
四、商业信用 65
五、债务筹资的优缺点 67

项目小结 68
项目强化训练 69

项目四　资金成本和资本结构 75

任务一　资金成本 77
一、资金成本概述 77
二、个别资金成本 78
三、综合资金成本 81
四、边际资金成本 81

任务二　杠杆效应 83
一、与杠杆效应相关的概念 83
二、经营杠杆 88
三、财务杠杆 89
四、复合杠杆 91

任务三　资本结构 93
一、资本结构的含义和影响因素 93

二、资本结构决策 94
　项目小结 98
　项目强化训练 98

项目五　企业项目投资管理 105
　任务一　企业项目投资概述 106
　　一、项目投资的概念、特点
　　　　及类型 106
　　二、项目投资的程序 107
　　三、项目计算期的构成 108
　　四、项目投资资金构成 109
　任务二　现金流量的内容及其估算 110
　　一、现金流量的含义 110
　　二、确定现金流量时应考虑的
　　　　问题 111
　　三、现金流量的估算实例 112
　任务三　项目投资决策评价指标
　　　　及其运用 114
　　一、静态指标 114
　　二、动态指标 116
　　三、项目投资决策分析方法的
　　　　应用 119
　项目小结 123
　项目强化训练 124

项目六　企业证券投资管理 129
　任务一　企业证券投资概述 130
　　一、证券和证券投资 130
　　二、证券及证券投资的种类 132
　　三、证券投资的一般程序 133
　任务二　证券投资风险概述 134
　　一、证券投资风险的概念 134
　　二、证券投资风险的特征 136
　　三、单一证券投资风险的衡量 137
　任务三　证券投资决策 139
　　一、债券投资的收益评价 139
　　二、股票投资的收益评价 142
　　三、基金投资收益评价 145
　任务四　证券投资组合 146

　　一、证券投资组合的概念 146
　　二、证券投资风险与收益 147
　　三、证券投资组合的策略与方法 150
　项目小结 151
　项目强化训练 152

项目七　营运资金管理 157
　任务一　营运资金概述 158
　　一、营运资金的概念 158
　　二、营运资金的特点 158
　任务二　现金及有价证券管理 160
　　一、现金及其管理的意义 160
　　二、现金持有动机 161
　　三、现金持有成本 162
　　四、最佳现金持有量的确定方法 162
　　五、现金收支的日常管理 164
　　六、现金收支综合管理 165
　任务三　应收账款管理 166
　　一、应收账款及其管理的意义 166
　　二、应收账款的功能 167
　　三、应收账款的成本 167
　　四、信用政策 168
　　五、应收账款日常管理 171
　任务四　存货管理 172
　　一、存货及其管理的意义 172
　　二、存货的功能 173
　　三、存货的成本 173
　　四、存货决策的经济批量模型 175
　　五、存货 ABC 分类管理方法 177
　项目小结 180
　项目强化训练 180

项目八　利润分配管理 183
　任务一　利润分配概述 184
　　一、利润分配的概念 184
　　二、利润分配的程序 184
　　三、利润分配的基本原则 185
　任务二　股利分配政策 185
　　一、股利分配政策 185

二、影响股利政策的因素..................188
　任务三　股利支付方式和程序..................190
　　一、股利支付方式..................190
　　二、股利支付日程..................193
　项目小结..................194
　项目强化训练..................194

项目九　财务预算..................199
　任务一　财务预算概述..................200
　　一、财务预算的概念及内容..................200
　　二、财务预算的作用..................200
　任务二　财务预算的编制..................201
　　一、固定预算与弹性预算..................201
　　二、增量预算与零基预算..................205
　　三、定期预算与滚动预算..................206
　任务三　现金预算的编制..................207
　　一、现金预算的概念..................207
　　二、现金预算的编制..................208
　项目小结..................214
　项目强化训练..................214

项目十　财务控制..................219
　任务一　财务控制概述..................220
　　一、财务控制的含义和特征..................220
　　二、财务控制的基本原则..................220
　　三、财务控制的内容..................221
　　四、财务控制的种类..................221
　　五、财务控制的实现方式..................223
　　六、财务控制的程序..................223
　任务二　责任控制..................224
　　一、成本中心..................224
　　二、利润中心..................227
　　三、投资中心..................229
　　四、责任结算与核算..................231
　　五、现代财务控制的创新——战略成本控制..................231
　项目小结..................232
　项目强化训练..................232

项目十一　财务分析..................237
　任务一　财务分析概述..................238
　　一、财务分析的含义..................238
　　二、财务分析的基本功能..................238
　　三、财务分析对企业的作用..................239
　任务二　财务分析方法..................239
　　一、常用的财务报表分析方法..................239
　　二、财务分析的局限性..................242
　　三、财务分析的步骤..................244
　任务三　基本财务分析..................244
　　一、偿债能力分析..................246
　　二、营运能力分析..................248
　　三、盈利能力分析..................251
　　四、发展能力分析..................253
　任务四　财务综合分析..................255
　　一、杜邦分析法..................256
　　二、沃尔评分法..................258
　项目小结..................259
　项目强化训练..................259

附录..................265

参考文献..................278

项目一 财务管理认知

【知识目标】

- 理解财务管理的概念。
- 掌握财务管理的内容和目标。
- 熟悉财务管理的环节。
- 了解财务管理的环境。

【技能目标】

- 培养对财务管理活动的感悟。
- 认识财务管理目标对企业承担社会责任的重要性。
- 能运用财务关系分析与解决实际利润分配问题。

案例引导

格力电器财务管理的目标

2019年3月，珠海格力电器股份有限公司董事长董明珠在博鳌亚洲论坛上表示，员工的幸福就是自己的幸福，格力已经开始建设员工住房，"要分给每位员工两室一厅"。在董明珠看来，现在的80后已经成家了，不仅要养老，而且也要养小，已经成为社会主流了。但是，员工如果为了房子整天愁眉苦脸，还有心思工作吗？这样的员工不会有幸福感的。

董明珠还认为，对于普通员工来讲，"把本职工作做好，尽职尽力就足够了""你要求他无私奉献，一分钱不要，为企业去干活，那不存在，也不客观"。

董明珠谈到稳定人才队伍问题时表示，为了给员工安全感，现在开始逐年完善，每位员工将会分得一套两室一厅的房子。董明珠还强调格力要拿出2年的利润，让每一位员工，不论是技术人员还是核心管理人员，都可以享受两室一厅的待遇。

(资料来源：孔令一. 财务管理学[M]. 2版. 上海：立信会计出版社，2022.)

分析：结合格力为员工分房的行为，谈谈怎样正确认识企业财务管理的目标。

理论认知

任务一　财务管理概述

一、财务管理的概念

财务管理是基于企业再生产过程中客观存在的财务活动和财务关系而产生的，是组织企业财务活动、处理与各方面财务关系的一项经济管理工作。本书主要是从财务管理的角度研究资本配置，提高资本使用效率和效果。由于资金营运(资金的投放、使用和收回)又称为短期投资，所以从整体上来看，企业的财务活动由筹资、投资、分配三个环节组成。因此，企业财务管理的内容由筹资管理、投资管理、营运资金管理和利润分配管理等四个部分组成。

二、企业财务活动

财务活动是企业资金运动的总称。企业的资金运动是通过财务活动来实现的，企业的财务活动包括资金的筹集、投资、营运和收益分配等方面。

(一)筹资活动

筹资活动是指企业为了满足生产经营活动的需要，从一定的渠道，采用特定的方式，筹措和集中所需资金的过程。筹集资金是企业进行生产经营活动的前提，也是资金运动的起点。一般而言，企业可以从三个方面筹集资金并形成三种性质的资金来源：一是由所有者投入所取得的资金，形成资本金；二是向债权人借入所取得的资金，形成负债；三是从企业获利中以留利形式取得的资金，形成一部分所有者权益。企业筹集的资金，可以是货币资金，也可以是实物资产或无形资产。在筹资过程中，企业一方面要确定筹资的总规模，以保证投资所需要的资金；另一方面要通过筹资渠道和筹资方式或工具的选择，确定合理的筹资结构，使筹资的成本较低而风险不变甚至降低。

(二)投资活动

企业在取得资金后，必须将该资金投入使用，以谋取最大的经济效益。否则，筹资就失去了原有的目的和依据，还会给企业带来偿付所筹资金的本息风险。投资管理有广义和狭义之分。广义的投资管理是指企业将筹集的资金投入使用的过程，包括企业内部使用资金的过程及企业对外投放资金的过程。狭义的投资管理仅指对外投资管理。就前者而言，企业将筹集的资金投放在生产经营活动中，主要是通过购买、建造等过程，形成各种生产资料。即一方面进行固定资产的购买和建造，形成企业的固定资产投资；另一方面进行流动资产的购买和制造，形成流动资产的占用或投资；再一方面就是进行无形资产的购买或创立，形成无形资产的投资。以上各项资金的投放和使用都属于企业内部的投资活动。狭义的投资管理是指企业以现金、实物或无形资产，采取一定的方式，对外或其他单位进行的投资的过程。在投资过程中，企业一方面必须确定投资规模，以保证获得最佳的投资效益；另一方面通过投资方向和投资方式的选择，确定合理的投资结构，以提高投资效益并降低投资风险。

(三)营运活动

企业的营运资金主要是为了满足企业日常营运活动的需要而垫支的资金。营运资金的周转与生产经营周期具有一致性。在一定时期内，资金周转越快，资金的利用效率就越高，就可能取得更多的收入，获得更多的报酬。首先，企业要采购物资，以便从事生产和销售活动，同时还要支付工资和其他营运费用；其次，当企业把货物送到目的地后，便可取得收入，收回资金；再次，如果企业现有资金不能满足企业经营的需要，还要采取短期借款方式来筹集所需资金。这就是因企业经营而引起的财务活动，也称为资金营运活动。

(四)收益分配活动

企业通过资金的投放和使用，必然会取得各种收入。企业的收入首先要用以弥补生产耗费、缴纳流转税，其余部分才可作为企业的营业利润。营业利润、对外投资净收益、其他净收入构成企业的利润总额。利润总额首先要按国家规定缴纳所得税；税后利润要提取公积金和公益金，分别用于扩大积累、弥补亏损或改善职工集体福利设施，其余利润分配给投资者，或暂时留存企业，或作为投资者的追加投资。企业必须在国家分配政策的指导下，根据国家所确定的分配原则，合理确定收益分配的规模和收益分配的方式，以使企业获得最大的长期利益。

上述财务活动的四个方面，不是相互割裂、互不相关的，而是相互联系、相互依存的。资金的筹集是企业资金运动的起点和条件；资金的投资是资金筹集的目的和运用；而资金的营运表明资金运用的日常控制，资金的收益分配则反映了企业资金运动状况及其最终成果。正是上述互相联系又有一定区别的四个方面，才构成了完整的企业财务活动，它们是企业财务管理的基本内容。

三、企业财务关系

企业在筹资、投资、营运和收益分配等财务活动中必然要与有关方面发生广泛的经济联系，从而产生与有关各方的经济利益关系，这种经济利益关系就是财务关系。财务关系主要有以下七个方面。

(一)企业与政府之间的财务关系

企业与政府之间的财务关系，主要体现在两个方面：一是政府为了实现其职能，凭借政治权力，无偿参与企业收益的分配，企业必须按照税法规定向政府缴纳各种税金，主要包括所得税、流转税、资源税、财产税和行为税等；二是政府作为投资者，通过其授权部门或机构以国有资产向企业投入资本金，并根据其投资比例，参与企业利润的分配。前者体现的是强制和无偿的分配关系，后者体现的则是所有权性质的投资与受资的关系。

(二)企业与投资者之间的财务关系

企业为了满足生产经营的需要，经政府有关部门批准，还可以依法向社会其他法人、个人及外商筹集资本金，从而形成企业与其他投资者之间的财务关系。现行制度明确规定，投资者凭借其出资额，有权参与企业的经营管理，分享企业的利润并承担企业的风险；被投资企业必须依法保全资本，并有效运用资本实现盈利。企业与投资者之间的财务关系实质上是一种所有权和经营权的关系。

(三)企业与债权人之间的财务关系

企业与债权人之间的财务关系，主要是指企业向债权人借入资金，并按借款合同的规定按时支付利息和本金所形成的经济关系。企业除利用资本进行经营活动外，还要借入一定数量的资金，以便降低资金成本，扩大企业经营规模。企业的债权人主要有债券持有人、银行信贷机构、商业信用提供者、其他出借资金给企业的单位和个人。企业利用债权人的资金，必须按约定的利率及时向债权人支付利息；债务到期时，要合理调度资金，按时向债权人归还本金。企业与债权人之间的财务关系在性质上属于债务与债权的关系。

(四)企业与受资者之间的财务关系

企业与受资者之间的财务关系，主要是指企业以购买股票或直接投资的形式向其他企业投资所形成的经济关系。随着市场经济的深入发展，企业经营规模和经营范围的不断扩大，这种关系将会越来越广泛。企业向其他单位投资，应按约定履行出资义务，并根据其出资额参与受资者的经营管理和利润分配。企业与受资者之间的财务关系也是体现所有权性质的投资与受资的关系。

(五)企业与债务人之间的财务关系

企业与债务人之间的财务关系，主要是指企业将其资金以购买债券、提供借款或商业信用等形式出借给其他单位所形成的经济关系。企业将资金借出后，有权要求其债务人按约定的条件支付利息和归还本金。企业与债务人之间的关系体现的是债权与债务的关系。

(六)企业内部各单位之间的财务关系

企业内部各单位之间的财务关系，主要是指企业内部各单位之间在生产经营各环节中相互提供产品或劳务所形成的经济关系。企业内部各职能部门和生产单位既分工又合作，共同形成一个企业系统。企业内部各子系统既要执行各自独立的职能，又要相互协调，只有这样，企业的整个系统才会具有稳定功能，从而实现企业预期的经营目标。这种在企业内部形成的资金结算关系，体现了企业内部各单位之间的利益关系。

(七)企业与职工之间的财务关系

企业与职工之间的财务关系，主要是指企业向职工支付劳动报酬过程中所形成的经济关系。企业要用实现的产品销售收入，向职工支付工资、津贴、奖金等，从而实现按照职工提供的劳动数量和质量对消费品的分配。这种企业与职工之间的结算关系，体现了市场经济的按劳分配关系。

上述财务关系广泛存在于企业财务活动中，体现了企业财务活动的实质，从而构成了企业财务管理的另一项重要内容，即通过正确处理和协调企业与各有关方面的财务关系，努力实现企业与其他各种财务活动当事人之间经济利益的均衡。

四、财务管理的内容

(一)筹资管理

筹资管理是企业财务管理的首要环节，是企业投资活动的基础。筹资管理主要是分析及研究企业如何以较少的代价筹集足够的资金，以满足企业生产经营的需要。由于筹资方式的多样性，不同筹资渠道的资金，其成本、风险和期限都各不相同，对企业产生的影响也不相同，所以企业管理当局在筹资过程中一方面要确定筹资的总规模，以保证投资所需要的资金；另一方面要选择合理的筹资方式，以降低筹资的成本和风险。在分析不同来源、不同方式取得的资金对企业产生的潜在影响的基础上，选择最合理的筹资渠道，决定企业筹资的最佳组合方式。

(二)投资管理

企业的投资既可以是对内投资，也可以是对外投资；既可以是短期投资，也可以是长期投资。投资是企业资金的运用，是为了获得收益或避免风险而进行的资金投放活动。投资管理就是分析研究企业如何选择最合理的投资方案，以实现提高投资效益、控制投资风险的目的。在投资过程中，企业必须考虑投资规模，同时还必须通过投资方向和投资方式的选择，确定合理的投资结构，以提高投资收益、降低投资风险。投资管理是企业财务管理的重要环节，投资决策的成败，对企业未来经营成果具有根本性影响。因此，企业要做好预测和决策分析，尽量提高投资收益，同时将风险控制在合理的范围内。

(三)营运资金管理

营运资金管理主要是对企业流动资产的管理,包括企业生产经营中占用在现金、短期投资、应收及预付款项和存货等流动资产上的资金管理。流动资产在企业经营中随着经营过程的进行而不断变换其形态,在一定时期内,资金周转越快,利用相同数量的资金所获得的报酬就越多。流动资产的周转速度和使用效率会直接影响企业的经营收益。因此,营运资金管理要加速资金周转,提高资金利用效率,合理配置资金,妥善安排流动资产与流动负债的比例关系,使企业有足够的偿债能力,防止营运资金的闲置。

(四)利润分配管理

企业通过生产经营取得利润,获得资本的增值,而收益分配是对经营成果的分配。对于企业实现的净利润,企业所有者拥有分配的控制权。但是,如果企业向投资者(股东)支付过高的股利,则可能会影响企业的再投资能力,不利于企业的长远发展;如果支付过低的股利,则可能会引起投资者的不满,导致企业的股价下跌。影响企业股利分配的因素有很多,企业必须根据情况制定最佳的利润政策,在进行净利润分配(股利分配)的过程中,应兼顾股东和企业的利益,既要有利于企业长期稳定发展,又要有利于保障股东利益,增加企业价值。

任务二　财务管理的目标

一、企业目标对财务管理的要求

财务管理是企业管理的重要组成部分,是有关资金的获得和有效使用的管理工作。财务管理的目标取决于企业的总目标。企业的目标可概括为生存、发展和获利。

(一)生存目标

企业只有生存,才可能获利。企业在市场中能够生存下去的根本条件是以收抵支。也就是说,企业从市场交换中获得的货币至少要等于付出的货币,才能维持经营,这是企业长期生存的基本条件。企业生存的另一个基本条件是到期偿债。企业为扩大业务规模或满足经营周转的需要,可以对外借债。国家为维持市场经济秩序,从法律上保证债权人的利益,要求企业(债务人)到期必须偿还本金和利息。否则,就可能被债权人接管或被法院判定破产。因此,力求保持以收抵支和偿还到期债务的能力,以降低破产的风险,使企业能够长期、稳定地生存,是对财务管理的要求。

(二)发展目标

企业是在发展中求得生存的。在科技不断进步的今天,企业只有不断推出更好、更新、更受顾客欢迎的产品,才能不断扩大自己的市场份额,在市场中立足,否则,就有可能发生生存危机,被其他企业排挤出去。企业的发展表现为收入的增加与企业规模的扩大。增加收入的根本途径是提高产品质量,增加销售数量,收入和利润的增加必然带来企业规模的扩大，这就要求投入更多、更好的物质资源、人力资源，并改进技术和管理。在市场经济中，各种资源的取得都需要付出货币，企业的发展离不开资金。因此，筹集企业发展所需的资金并进行合理的运用，是对财务管理的要求。

(三)获利目标

建立企业的根本目的是盈利，盈利不但可以体现企业的出发点和归宿点，而且可以反映其他目标的实现程度，并有助于实现其他目标。从财务的角度来看，盈利就是使资产获得超过其投资的回报。在市场经济中，没有免费使用的资金，资金的每一项来源都有其成本。每项资产都是投资，都应获得相应的报酬。财务人员要对企业正常经营产生的资金和从外部获得的资金加以有效利用，这也是对财务管理的要求。

企业目标对财务管理的要求是：生存目标要求企业能够保持以收抵支和到期偿债，降低破产风险；发展目标要求企业筹集其发展所需的资金，企业的发展集中表现为扩大收入，而扩大收入的根本途径是提高产品质量、扩大产品销量；获利的目标要求企业合理、有效地利用资金，使企业获利。

二、财务管理目标

财务管理目标是在特定的理财环境中，通过组织财务活动，处理财务关系所要达到的目的。从根本上来说，财务管理目标取决于企业生存的目的或企业目标，取决于特定的社会经济模式。企业财务管理目标具有体制性特征，整个社会经济体制、经济模式和企业所采用的组织制度，在很大程度上决定了企业财务管理目标的取向。根据现代企业财务管理理论和实践，最具有代表性的财务管理目标主要有以下四种观点。

(一)利润最大化

利润是企业在一定期间全部收入和全部费用的差额，它反映企业当期经营活动中投入(所费)与产出(所得)对比的结果，在一定程度上体现了企业经济效益的高低。在市场经济条件下，利润的高低决定着资本的流向；企业获取利润的多少表明企业竞争能力的大小，决定着企业的生存和发展。因此，以利润最大化作为企业财务管理的目标，有利于企业加强管理，增加利润。

以利润最大化作为财务管理目标，其合理性表现在以下四个方面。

(1) 利润是衡量企业最终财务成果的综合指标，获利是企业管理的最终目标。
(2) 有利于促进企业加强科学管理，增收节支，提高经济效益，促使企业利润不断增长。
(3) 真实的利润也是社会财富的积累。
(4) 利润概念容易被社会公众接受。

利润最大化目标在实践中存在以下四个主要问题。

(1) 没有考虑资金时间价值。这里的利润是指企业在一定期间实现的利润总额。例如，同样是获得100万元的利润，一个是今年的目标，另一个是明年的目标，显然这两者不能等同评价。在考虑资金时间价值的情况下，今年的100万元比明年的100万元价值更高。
(2) 没有反映利润与投入资本之间的关系，不利于不同资本规模的企业或同一企业不同期间之间的比较。例如，同样是获利 100 万元，一个企业投入资本 800 万元，另一个企业投入资本 1 200 万元，经济效益显然不同。

(3) 没有考虑风险因素，高额利润往往需要承担过大的风险。片面追求利润可能会导致企业财务风险的加大。例如，一味追求收入增加，扩大赊销而增加的应收账款，由此可能增加的坏账等。

(4) 片面追求利润最大化可能导致企业短期行为。例如，因长期忽视产品开发、人才培养、生产安全、技术装备、职工福利、社会责任，而对企业长期健康发展造成的不良影响等问题。

因此，将利润最大化作为现代企业的财务管理总目标，具有一定的片面性，不能作为企业财务管理目标的最优选择。

(二)资本利润率最大化或每股利润最大化

资本利润率是企业在一定时期的税后净利润与资本额的比率；每股利润或称每股盈余，是一定时期税后利润与普通股股数的对比数。以资本利润率或每股利润最大化作为财务管理目标，可以有效克服利润最大化目标的缺陷。例如，可以有效克服不能反映企业所得利润额同投入资本额之间的投入产出关系，不能科学地说明企业经济效益水平的高低，不能在不同资本规模企业或同一企业不同期间之间进行比较等。它既能反映企业的盈利能力和发展前景，又便于投资者凭借其评价企业经营状况的好坏，分析不同企业盈利水平的差异，以确定投资方向和规模。然而，同利润最大化目标一样，资本利润率或每股利润最大化目标仍然没有考虑资金时间价值和风险因素，因此同样不能作为企业财务管理目标的最优选择。

(三)股东财富最大化

股东财富最大化是指企业财务管理以实现股东财富最大化为目标。在上市公司，股东财富是由其所拥有的股票数量和股票市场价格两方面决定的。在股票数量一定时，若股票价格达到最高，股东财富也就达到最大。

与利润最大化相比，股东财富最大化的主要优点如下。

(1) 考虑了风险因素，因为通常股价会对风险作出较敏感的反应。

(2) 在一定程度上能避免企业短期行为，因为不仅目前的利润会影响股票价格，预期未来的利润也会对股价产生重要影响。

(3) 对上市公司而言，股东财富最大化目标比较容易量化，便于考核和奖惩。

但是，以股东财富最大化作为财务管理目标也存在以下缺点。

(1) 通常只适用于上市公司，非上市公司难以应用，因为非上市公司无法像上市公司一样随时准确获得公司股价。

(2) 股价受众多因素影响，特别是企业外部的因素，有些还可能是非正常因素。股价不能完全准确反映企业的财务管理状况，如有的上市公司虽然处于破产的边缘，但由于可能存在某些机会，其股票市价可能还在走高。

(3) 强调的更多的是股东利益，而对其他相关者的利益重视不够。

(四)企业价值最大化

企业价值最大化是指企业财务管理行为以实现企业的价值最大化为目标。企业价值可以理解为企业所有者权益的市场价值，或者是企业所能创造的预计未来现金流量的现值。

以企业价值最大化作为财务管理目标，具有以下优点。

(1) 考虑了取得报酬的时间，并用时间价值的原理进行了计量。

(2) 考虑了风险与报酬的关系。

(3) 将企业长期、稳定的发展和持续的获利能力放在首位，能克服企业在追求利润上的短期行为，因为不仅目前的利润会影响企业的价值，预期未来的利润对企业价值的增加也会产生重大影响。

(4) 用价值代替价格，克服了过多受外界市场因素影响的干扰，有效地规避了企业的短期行为。

但是，以企业价值最大化作为财务管理目标也存在以下问题。

(1) 企业的价值过于理论化，不易操作。尽管对于上市公司，股票价格的变动在一定程度上揭示了企业价值的变化，但是，股价是多种因素共同作用的结果，特别是在资本市场效率低下的情况下，股票价格很难反映企业的价值。

(2) 对于非上市公司，只有对企业进行专门的评估才能确定其价值，而在评估企业的资产时，由于受评估标准和评估方式的影响，很难做到客观和准确。近年来，随着上市公司数量的增加，以及上市公司在国民经济中地位、作用的增强，企业价值最大化目标逐渐得到了广泛认可。

三、财务管理目标的协调

企业财务管理目标是追求企业价值最大化，但这不是所有与企业有关的利益主体共同追求的目标，不同的利益主体追求的目标有所不同。

(一)所有者与经营者的矛盾与协调

企业是所有者的企业，企业价值最大化代表了所有者的根本利益。现代公司制企业所有权与经营权完全分离，经营者不持有公司股票或持部分股票，其经营的积极性就会降低。因为经营者拼命工作的所得，不能全部归自己所有，所以他会干得轻松点，不愿意为提高股价而冒险，并想办法用企业的钱为自己"谋福利"，如乘坐豪华轿车、奢侈的出差旅行等，因为这些开支可计入企业成本由全体股东分担，甚至蓄意压低股票价格，以自己的名义借款买回，导致股东财富受损，而自己从中获利。可见，所有者与经营者的目标存在一定的矛盾。由于两者行为目标不同，必然导致经营者的利益和股东财富最大化的冲突，即经理个人利益最大化和企业价值最大化的矛盾。

为了协调所有者与经营者的矛盾，防止经营者背离股东目标，一般有以下三种方法。

1. 解聘

这是一种所有者通过行政手段约束经营者的方法。在现代公司治理结构中，企业的所有者通过监督机构对经营者予以监督，如果经营者未能使企业达到预定的财务管理目标，那么所有者就会按约定解聘经营者而另聘他人，经营者为避免解聘而采取有效措施达到企业预定的财务管理目标。这种机制的存在，要以良好的经理人市场为前提。我国加入世界贸易组织之后，国外的猎头公司涌入我国市场，这将加快我国经理人市场走向成熟，经营者会因害怕被解聘而被迫实现财务管理目标。

2．接收

这是一种通过市场机制约束经营者的方法。如果因经营者经营决策失误、经营不力，而未能采取一切有效措施使企业价值提高，那么该公司就很可能被其他公司强行接收或吞并，或纳入其他企业集团成为其子公司。在这种情况下，公司原有的经理大多会被新的经营者取代而下岗。这种约束也会促使企业经营者采取正确的财务策略，不断提高企业股票的市场价格。

3．激励

这是一种所有者利用经济手段约束经营者的方法，即将经营者的报酬与其企业价值挂钩，以使经营者自觉采取能满足企业价值最大化的措施。激励有两种最基本的方式：一是"股票选择权"方式，即允许经营者在未来某一时间以固定的价格购买一定数量的本公司股票，股票的价格越高于固定价格，经营者所得的利益就越多。经营者为了获取更大的股票涨价益处，就必然主动采取能够提高股价的行动。二是"绩效股"方式，即公司运用每股收益、净资产收益率等指标来评价经营者的业绩，视其业绩大小给予数量不等的股票作为报酬。如果经营业绩未能达到规定目标，经营者也将部分丧失原有的"绩效股"。这样可以促使经营者为获得更多的"绩效股"而不断采取措施，提高公司的经营业绩，达到股东财富和企业价值最大化。

(二)所有者与债权人的矛盾与协调

企业的资本来自股东和债权人，债权人作为企业信贷资本的供给者，有其自身的终极目标——按期收回本息。因此，债权人会在平等协商的基础上与企业签订协议，除一般条款外，债权人都约定一些限制性条款，以控制债权风险，并按合同进行监督。除此之外，债权人没有约定条款以外的控制权和监督权。所有者与债权人财务目标的矛盾可能发生在以下两个方面：一方面，所有者可能要求经营者投资于比债权人预计风险要高的项目，这会增加负债的风险。高风险的项目一旦成功，额外利润就会被所有者独享；但若失败，债权人却要与所有者共同负担由此而造成的损失。这对债权人来说，风险与收益是不对称的。另一方面，所有者可能未征得现有债权人同意，要求经营者发行新债券或举借新债，这种做法使得企业的偿债风险加大，使旧债券的价值降低，所以损害了原债权人的利益。

所有者与债权人上述的矛盾，一般可以通过以下三种方式协调。

(1) 限制性借款。它通过对借款的用途限制、借款的担保条款和借款的信用条件来防止和迫使所有者不能损害债权人利益。

(2) 提前收回借款。当债权人发现公司有侵害其债权价值的意图时，可按规定的条款提前收回原借款并不再给予公司新的贷款，从而保护自身的权益。

(3) 通过合约方式。将部分债务转为股本，从而使债权人角色转换为所有者角色，以实现两者目标的协调。除债权人外，与企业经营者有关的各方都与企业有合同关系，都存在着利益冲突和限制条款。企业经营者若侵犯职工、雇员、客户、供应商和所在社区的利益，都将影响企业目标的实现。

任务三　财务管理的基本环节

财务管理的环节是指财务管理的工作步骤与一般程序。一般来说，企业财务管理包括以下五个基本环节。

一、财务预测

财务预测是根据企业财务活动的历史资料，考虑现实的要求和条件，对企业未来的财务活动作出较为具体的预计和测算的过程。财务预测可以测算各项生产经营方案的经济效益，为决策提供可靠的依据；可以预计财务收支的发展变化情况，以确定经营目标；可以测算各项定额和标准，为编制计划、分解计划指标服务。

财务预测的起点是销售预测。一般情况下，财务预测把销售数据视为已知数，作为财务预测的起点。销售预测本身不是财务管理的职能，但它是财务预测的基础，销售预测完成后才能开始财务预测。

财务预测的主要内容包括资产预测、成本费用和留存收益预测及资金需要量预测等。

财务预测环节的工作主要包括以下四个步骤：①明确预测目标；②搜集相关资料；③建立预测模型；④确定预测结果。

财务预测的主要方法和手段通常包括销售百分比法、回归分析法和计算机辅助技术。

二、财务决策

财务决策是指按照财务战略目标的总体要求，利用专门的方法对各种备选方案进行比较和分析，并从中选出最佳方案的过程。在市场经济条件下，财务管理的核心是财务决策，财务预测是为财务决策服务的，决策成功与否直接关系企业的兴衰成败。

一个财务决策系统由决策者、决策对象、信息、决策的理论与方法及决策结果五个要素构成。其中，决策者是决策的主体，可以是一个人，也可以是一个集团——决策机构。决策对象是决策的客体，即决策想要解决的问题。信息包括企业内部功能的信息，以及企业外部环境的状态和发展变化的信息。决策的理论与方法包括决策的一般模式、预测方法、定量分析和定性分析技术、决策方法论、数学和计算机应用等。决策结果是指通过决策过程形成的，指导人的行为的行动方案。决策结果通常需要采用语言、文字、图表等明确的形式来表达。

财务决策有多种分类方法，每一种分类方法分别用来研究和解决不同的问题。决策按能否程序化可分为程序化决策和非程序化决策；按决策影响所涉及的时间长短可分为长期决策和短期决策；按决策所涉及的内容可分为投资决策、筹资决策、用资决策和股利决策。

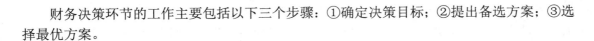

财务决策环节的工作主要包括以下三个步骤：①确定决策目标；②提出备选方案；③选择最优方案。

三、财务预算

财务预算是指运用科学的技术手段和数量方法，对未来财务活动的内容及指标所进行的具体规划。财务预算是以财务决策确立的方案和财务预测提供的信息为基础编制的，是财务预测和财务决策的具体化，是控制财务活动的依据。

财务预算是企业全面预算的一部分，它和其他预算是联系在一起的，整个全面预算是一个数字相互衔接的整体。

全面预算按其涉及的预算期可分为长期预算和短期预算；按其涉及的内容可分为总预算和专门预算；按其涉及的业务活动领域可分为销售预算、生产预算和财务预算。销售预算和生产预算统称为业务预算，用于计划企业的基本经济业务。财务预算是关于资金筹措和使用的预算，包括短期的现金收支预算和信贷预算，以及长期的资本支出预算和长期资金筹措预算。

财务预算的编制一般包括以下三个步骤：①分析财务环境，确定预算指标；②协调财务能力，组织综合平衡；③选择预算方法，编制财务预算。

四、财务控制

财务控制是在财务管理的过程中，利用有关信息和特定手段，对企业财务活动所施加的影响或进行的调节。实行财务控制是落实预算任务、保证预算实现的有效措施。

财务控制是企业内部控制和风险管理的一个重要方面，依据内部控制和风险管理的基本原理，财务控制包括控制环境、目标设定、事项识别、风险评估、风险应对、控制活动、信息和沟通及监控八个基本要素。

财务控制可以按不同的标志分类，按其内容可分为一般控制和应用控制；按其功能可分为预防性控制、侦察性控制、纠正性控制、指导性控制和补偿性控制；按其时序可分为事先控制、事中控制和事后控制；按其依据可分为预算控制和制度控制。

财务控制的方法和手段通常包括授权批准控制、职务分离控制、全面预算控制、财产保全控制、标准成本控制、责任会计控制、业绩评价控制等。

财务控制一般要经过以下三个步骤：①制定控制标准，分解落实责任；②实施追踪控制，及时调整误差；③分析执行情况，搞好考核奖惩。

五、财务分析

财务分析是指根据企业财务报表等信息资料，采用专门方法，系统分析和评价企业财务状况、经营成果及未来趋势的过程。

财务分析包括财务指标分析和综合分析。用以反映和评价企业财务状况与经营成果的分析指标主要包括偿债能力指标、营运能力指标、盈利能力指标和发展能力指标四种。

财务分析的方法主要包括趋势分析法、比率分析法和因素分析法等三种。

财务分析包括以下四个步骤：①收集资料，掌握信息；②指标对比，揭露矛盾；③分析原因，明确责任；④提出措施，改进工作。

任务四　财务管理的环境

财务管理的环境是指对企业财务活动和财务管理产生影响作用的企业内外各种条件的统称，主要包括技术环境、经济环境、金融环境和法律环境等。

一、技术环境

财务管理的技术环境，是指财务管理得以实现的技术手段和技术条件，它决定着财务管理的效率和效果。

目前，我国正在全面推进会计信息化工作，力争通过 5～10 年的努力，建立健全会计信息化法规体系和会计信息化标准体系[包括可扩展商业报告语言(XBRL)分类标准]，全力打造会计信息化人才队伍，基本实现大型企事业单位会计信息化与经营管理信息化的融合，进一步提升企事业单位的管理水平和风险防范能力，做到数出一门、资源共享，便于不同信息使用者获取、分析和利用，以进行投资和相关决策；基本实现大型会计师事务所采用信息化手段对客户的财务报告和内部控制进行审计，进一步提升社会审计质量和效率；基本实现政府会计管理和会计监督的信息化，进一步提升会计管理水平和监管效能。通过全面推进会计信息化工作，使我国的会计信息化达到或接近世界先进水平。我国企业会计信息化的全面推进，必将促使企业财务管理的技术环境进一步完善和优化。

二、经济环境

在影响财务管理的各种外部环境中，经济环境是最为重要的。经济环境的内容十分广泛，主要包括经济体制、经济周期、经济发展水平、宏观经济政策、通货膨胀水平等。

(一)经济体制

在计划经济体制下，国家统筹企业资本、统一投资、统负盈亏，企业利润统一上缴、亏损全部由国家补贴，企业虽然是一个独立的核算单位但并无独立的理财权利。财务管理活动的内容比较单一，财务管理方法比较简单。在市场经济体制下，企业成为"自主经营、自负盈亏"的经济实体，有独立的经营权，同时也具有独立的理财权。企业可以从其自身需要出发，合理确定资本需要量，然后到市场上筹集资本，再把筹集的资本投放到高效益的项目上以获取更大的收益，最后将收益根据需要和可能进行分配，保证企业财务活动自始至终根据自身条件和外部环境作出各种财务管理决策并组织实施。因此，财务管理活动的内容比较丰富，方法也复杂多样。

(二)经济周期

在市场经济条件下，经济发展与运行具有一定的波动性，大体上要经历复苏、繁荣、衰退和萧条几个阶段的循环，这种循环叫作经济周期。

经济发展的周期性波动对财务管理有着重要的影响。一般而言，在萧条阶段，由于整个宏观环境不景气，企业也极有可能处于紧缩状态之中，产量和销售量下降，投资减少，有时资金供求矛盾尖锐，有时又会出现资金闲置。反之，在经济高涨阶段，市场需求旺盛，销售量会大幅度增加，为了扩大生产，不得不增加投资，增添机器设备、存货和劳动力。这就要求企业迅速地筹集所需要的资金。因此，企业必须到金融市场上借入巨额款项或增发股票以筹集资金。

(三)经济发展水平

财务管理的发展水平是和经济发展水平密切相关的，经济发展水平越高，财务管理水平也越好。财务管理水平的提高，将推动企业降低成本，改进效率，提高效益，从而促进经济发展水平的提高；而经济发展水平的提高，又将改变企业的财务战略、财务理念、财务管理模式和财务管理的方法手段，从而促进企业财务管理水平的提高。财务管理应当以经济发展水平为基础，以宏观经济发展目标为导向，从业务工作角度保证企业经营目标和经营战略的实现。

(四)宏观经济政策

我国经济体制改革的目标是建立社会主义市场经济体制，以进一步解放和发展生产力。在这个目标的指导下，我国正在进行财税体制、金融体制、外汇体制、外贸体制、计划体制、价格体制、投资体制、社会保障制度等各项改革。所有改革措施深刻地影响着我国的经济生活，也深刻地影响着我国企业的发展和财务活动的运行。例如，金融政策中的货币发行量、信贷规模会影响企业投资的资金来源和投资的预期收益；财税政策会影响企业的资金结构和投资项目的选择；价格政策会影响资金的投向和投资的回收期及预期收益；会计制度的改革会影响会计要素的确认和计量，进而对企业财务活动的事前预测、决策及事后评价产生影响；等等。

(五)通货膨胀水平

通货膨胀对企业财务活动的影响是多方面的，主要表现如下。
(1) 引起资金占用的大量增加，从而增加企业的资金需求。
(2) 引起企业利润虚增，造成企业资金由于利润分配而流失。
(3) 引起利润上升，加大企业的权益资金成本。
(4) 引起有价证券价格下降，增加企业的筹资难度。
(5) 引起资金供应紧张，增加企业的筹资难度。

为了减轻通货膨胀对企业造成的不利影响，企业应当采取措施予以防范。在通货膨胀初期，货币面临着贬值的风险，这时企业进行投资可以避免风险，实现资本保值；应与客户签订长期购货合同，避免因物价上涨而造成的损失；取得长期负债，保持资本成本的稳定。在通货膨胀持续期，企业可以采用比较严格的信用条件，减少企业债权；调整财务政策，防止和减少企业资本流失；等等。

三、金融环境

(一)金融机构、金融工具与金融市场

1. 金融机构

金融机构是指银行和非银行金融机构。银行是指经营存款、放款、汇兑、储蓄等金融业务，承担信用中介的金融机构，包括各种商业银行和政策性银行，如中国工商银行、中国农业银行、中国银行、中国建设银行、国家开发银行、中国农业发展银行等。

非银行金融机构主要包括保险公司、信托投资公司、证券公司、财务公司、金融资产管理公司、金融租赁公司等。

2. 金融工具

金融工具是指融通资金双方在金融市场上进行资金交易、转让的工具，借助金融工具，资金从供给方转移到需求方。金融工具分为基本金融工具和衍生金融工具两大类。

3. 金融市场

金融市场是指资金供应者和资金需求者双方通过一定的金融工具进行交易而融通资金的场所。金融市场可以帮助企业实现长短期资金转换，引导资本流向和流量，提高资本效率。

(二)金融市场的分类

金融市场可以按照不同的标准进行分类。

1. 货币市场和资本市场

以期限为标准，金融市场可分为货币市场和资本市场。货币市场又称短期金融市场，是指以期限在1年以内的金融工具为媒介，进行短期资金融通的市场，包括同业拆借市场、票据市场、大额定期存单市场和短期债券市场。资本市场又称长期金融市场，是指以期限在1年以上的金融工具为媒介，进行长期资金交易活动的市场，包括股票市场和债券市场。

2. 发行市场和流通市场

以功能为标准，金融市场可分为发行市场和流通市场。发行市场又称一级市场，主要处理金融工具的发行与最初购买者之间的交易。流通市场又称二级市场，主要处理现有金融工具转让和变现的交易。

3. 资本市场、外汇市场和黄金市场

以融资对象为标准，金融市场可分为资本市场、外汇市场和黄金市场。资本市场以货币和资本为交易对象。外汇市场以各种外汇金融工具为交易对象。黄金市场则是集中进行黄金买卖和金币兑换的交易市场。

4. 基础性金融市场和金融衍生品市场

以所交易金融工具的属性为标准，金融市场可分为基础性金融市场与金融衍生品市场。

基础性金融市场是指以基础性金融产品为交易对象的金融市场,如商业票据、企业债券、企业股票的交易市场。金融衍生品市场是指以金融衍生品为交易对象的金融市场,如远期、期货、掉期(交换)、期权,以及具有远期、期货、掉期(交换)、期权中一种或多种特征的结构化金融工具的交易市场。

5. 地方性金融市场、全国性金融市场和国际性金融市场

以地理范围为标准,金融市场可分为地方性金融市场、全国性金融市场和国际性金融市场。

(三)货币市场

货币市场的主要功能是调节短期资金融通。其主要特点如下。

(1) 融资期限短。一般为3~6个月,最长不超过1年。
(2) 交易目的是解决短期资金周转。
(3) 金融工具有较强的"货币性",具有流动性强、价格平稳、风险较小等特性。

(四)资本市场

资本市场的主要功能是实现长期资本融通。其主要特点如下。

(1) 融资期限长。至少1年以上,最长可达10年甚至10年以上。
(2) 融资目的是解决长期投资性资本的需要,用于补充长期资本,扩大生产能力。
(3) 资本借贷量大。
(4) 收益较高,但风险也较大。

四、法律环境

(一)法律环境的范畴

市场经济是法制经济,企业的一些经济活动总是在一定法律规范内进行的。法律既约束企业的非法经济行为,也为企业从事各种合法经济活动提供保护。

国家相关法律法规按照对财务管理内容的影响情况可以分为以下三类。

(1) 影响企业筹资的各种法规主要有:公司法、证券法、金融法、证券交易法等。
(2) 影响企业投资的各种法规主要有:证券交易法、公司法、企业财务通则等。
(3) 影响企业收益分配的各种法规主要有:税法、公司法、企业财务通则等。

(二)法律环境对企业财务管理的影响

法律环境对企业的影响力是多方面的,影响范围包括企业组织形式、公司治理结构、投融资活动、日常经营、收益分配等。《中华人民共和国公司法》(以下简称《公司法》)规定,企业可以采用独资、合伙、公司制等企业组织形式。企业组织形式不同,业主(股东)权利责任、企业投融资、收益分配、纳税、信息披露等不同,公司治理结构也不同。上述不同种类的法律,分别从不同方面约束企业的经济行为,并对企业财务管理产生影响。

项目一　财务管理认知

> **案例解析**

格力电器以企业价值最大化作为财务管理的目标。格力电器始终保障员工利益，坚持以员工为本，把员工作为企业的重要资产。

在本案例中，格力电器为员工分房，解决员工的后顾之忧，目的是使员工对企业有归属感，能够很大程度调动员工工作积极性，为公司发展出力。

由于新冠疫情的影响，格力电器2020年第一季度业绩大降。据董明珠介绍，格力电器在二三月份没有销售收入，但员工工资照发。按照每名员工每月平均7 000元计算，格力9万员工，每个月工资支出6.3亿元。此外，疫情防控期间，很多公司采取收缩规模，裁员减薪以降低费用支出的大背景下，格力电器逆势招人，做出再招5 000人的决定。格力电器认为，制造型企业必须要靠自主创新才能保持优势，而自主创新就一定要有人才，企业必须要自己培养人才，人才培养甚至要用十年时间才能完成。此外，人才的培养要有延续性，如果三年不招大学生，可能就会出现人才断层，所以现在的付出也是必须的。

通过总结格力电器财务管理的目标，我们可以发现，格力电器克服管理的片面性和短期行为，考虑了资金的时间价值和投资的风险价值，从而作出各项对员工的决策。员工是企业的重要资源，留住、培养员工是企业资产保值增值的要求，企业核心人才越多，越愿意为企业付出，企业价值就越大。

项 目 小 结

财务管理是组织企业财务活动、处理与各方面财务关系的一项经济管理工作。财务管理的内容由筹资管理、投资管理、营运资金管理和利润分配管理组成。财务管理目标是在特定的理财环境中，通过组织财务活动，处理财务关系所要达到的目的。最具有代表性的财务管理目标主要有以下四种：利润最大化、资本利润率最大化或每股利润最大化、股东财富最大化、企业价值最大化。其中，企业价值最大化目标逐渐得到了广泛认可。财务管理的环节是指财务管理的工作步骤与一般程序。一般来说，企业财务管理包括以下五个基本环节：财务预测、财务决策、财务预算、财务控制和财务分析。财务管理环境是指对企业财务活动和财务管理产生影响作用的企业内外各种条件的统称，主要包括技术环境、经济环境、金融环境和法律环境等。

项目强化训练

一、单项选择题

1. 财务管理的重点是(　　)。
   A. 筹资管理　　　　　　　　　　B. 投资管理
   C. 收益分配管理　　　　　　　　D. 利润管理
2. 理财管理的基本特征是(　　)。

A. 价值管理　　　　B. 生产管理　　　　C. 技术管理　　　　D. 销售管理
3. 公司筹措和集中资金的财务活动是(　　)。
   A. 分配活动　　　　B. 投资活动　　　　C. 决策活动　　　　D. 筹资活动
4. 反映公司价值最大化目标实现程度的指标是(　　)。
   A. 利润率　　　　　　　　　　　　　B. 总资产报酬率
   C. 每股市价　　　　　　　　　　　　D. 市场占有率
5. 公司价值最大化目标强调的是企业的(　　)。
   A. 预期获利能力　　　　　　　　　　B. 实际利润率
   C. 实际利润额　　　　　　　　　　　D. 生产能力
6. (　　)是财务管理的基本属性。
   A. 综合性管理　　　　　　　　　　　B. 价值管理
   C. 使用价值管理　　　　　　　　　　D. 资本管理
7. 相对于每股利润最大化目标而言,企业价值最大化目标的不足之处是(　　)。
   A. 没有考虑资金的时间价值　　　　　B. 没有考虑投资的风险价值
   C. 不能反映企业潜在的获利能力　　　D. 不能直接反映企业当前的获利水平
8. 所有者通常同时采取(　　)两种办法来协调自己与经营者的利益。
   A. 解聘和接收　　B. 解聘和激励　　C. 激励和接收　　D. 监督和激励
9. 下列各项环境中,(　　)是企业最为主要的环境因素。
   A. 金融市场环境　　B. 法律环境　　C. 经济环境　　D. 政治环境
10. 财务管理的核心工作环节是(　　)。
    A. 财务预测　　　　B. 财务决策　　　　C. 财务预算　　　　D. 财务控制
11. 下列项目中,不属于财务管理的基本环节的是(　　)。
    A. 财务预测　　　　B. 财务决策　　　　C. 财务控制　　　　D. 资金循环
12. (　　)是进行财务决策的基础,是编制财务预算的前提。
    A. 财务预测　　　　B. 财务核算　　　　C. 财务控制　　　　D. 财务分析

二、多项选择题

1. 下列各项中,属于公司财务活动的有(　　)。
   A. 筹资活动　　　　B. 投资活动　　　　C. 资金营运活动　　D. 分配活动
2. 下列各项中,属于企业财务关系的有(　　)。
   A. 企业与政府之间的财务关系　　　　B. 企业与受资者之间的财务关系
   C. 企业内部各单位之间的财务关系　　D. 企业与职工之间的财务关系
3. 下列各项中,属于狭义投资项目的有(　　)。
   A. 股票投资　　　　B. 债券投资　　　　C. 购置投资　　　　D. 购置原材料
4. 公司目标主要概括为(　　)。
   A. 竞争　　　B. 生存　　　C. 效益　　　D. 发展　　　E. 获利
5. 企业价值最大化作为财务管理目标的优点有(　　)。
   A. 有利于克服企业在追求利润上的短期行为

B. 考虑了风险与收益的关系
   C. 考虑了货币的时间价值
   D. 便于客观准确地计量
6. 影响企业价值的因素有( )。
   A. 投资报酬率　　　　　　B. 投资风险　　　　　　C. 企业的目标
   D. 资本结构　　　　　　　E. 股利政策
7. 企业的财务目标综合表达的主要观点有( )。
   A. 产值最大化　　　　　　　　　　B. 利润最大化
   C. 每股盈余最大化　　　　　　　　D. 企业价值最大化
8. 财务管理十分重视股价的高低，其原因是( )。
   A. 代表了投资大众对公司价值的客观评价
   B. 反映了资本和获利之间的关系
   C. 反映了每股盈余大小和取得的时间
   D. 受企业风险大小的影响，反映了每股盈余的风险
9. 金融市场对企业财务活动的影响，主要表现在( )。
   A. 金融市场是企业投资和筹资的场所
   B. 企业通过金融市场使长短期资金相互转化
   C. 金融市场为企业理财提供有意义的信息
   D. 企业是金融市场的主体
10. 企业财务管理的基本内容包括( )。
    A. 筹资管理　　　B. 投资管理　　　C. 利润分配管理　　　D. 经营管理

三、判断题

1. 企业与政府之间的财务关系体现为投资与受资的关系。　　　　　　　　　　(　　)
2. 以企业价值最大化作为理财目标，有利于社会资源的合理配合。　　　　　　(　　)
3. "解聘"是一种通过市场约束经营者的办法。　　　　　　　　　　　　　　　(　　)
4. 企业在追求自己的目标时，会使社会受益，因此企业目标和社会目标是一致的。
　　　　　　　　　　　　　　　　　　　　　　　　　　　　　　　　　　　　(　　)
5. 任何要迅速扩大经营规模的企业，都会遇到相当严重的现金短缺情况。　　　(　　)
6. 利润最大化是现代企业财务管理的最优目标。　　　　　　　　　　　　　　(　　)
7. 企业价值最大化强调的是企业预期获利能力而非当前的利润。　　　　　　　(　　)
8. 在较成熟的资本市场里，股东财富最大化目标可以理解为最大限度地提高股票的市场价格。　　　　　　　　　　　　　　　　　　　　　　　　　　　　　　　　(　　)
9. 财务经理的职责是组织财务活动、处理财务关系。　　　　　　　　　　　　(　　)
10. 企业与债权人之间的财务关系，是一种债权与债务的关系。　　　　　　　(　　)

四、名词解释

财务管理　财务活动　财务关系　财务管理环境

五、思考题

1. 何谓企业财务管理？
2. 企业价值最大化的优缺点有哪些？
3. 企业的财务活动有哪些？
4. 财务管理目标的冲突是如何表现的？怎么协调解决？

 微课视频

扫一扫，获取本项目相关微课视频。

任务一、任务二　财务管理概述、　　　任务三、任务四　财务管理的基本环节、
　　　　　　财务管理的目标　　　　　　　　　　　　　财务管理的环境

项目二 财务管理的价值观念

【知识目标】

- 熟悉资金时间价值的概念，风险与收益的一般关系，单项资产风险报酬的计算。
- 掌握一次性收付款项的终值与现值、年金终值与现值的计算。
- 了解债券、股票价值的决定因素，风险的概念与种类，收益的概念与种类。

【技能目标】

- 资金时间价值的理解与计算。
- 单项资产风险的衡量。
- 系统风险及其衡量指标的计算。

● 案例引导

永东秀公司张总经理预测其女儿(目前正读高中一年级)三年后能够顺利考上大学,届时需要一笔学费,预计为 2 万元。他问会计小林:如果按目前的存款年利率 3%给女儿存上一笔钱,以备上大学之需,那么现在要一次性存入多少钱?

分析:①请根据资料计算单利现值是多少?②如果银行存款按复利计算,请计算复利现值是多少?

● 理论认知

任务一 资金时间价值

资金时间价值是现代财务管理重要的基础观念,也是经济活动中客观存在的重要经济现象。企业的任何财务活动都是在一定的时间和空间中进行的,不同时间的货币具有不同的价值,离开了时间价值因素,就无法正确计算不同时期的财务收支,也无法正确评价企业盈亏。在企业财务管理活动的诸多领域,如筹资决策、项目投资决策、股票和债券的估价等都离不开资金时间价值观念,因此掌握现代财务管理工具就必须深刻理解资金时间价值。

一、资金时间价值的概念

资金的时间价值又称货币的时间价值,是指货币经历一定时间的投资和再投资所增加的价值。

一定数量的货币在不同时点上具有不同的价值,随着时间的推移,货币将会发生增值。在日常生活中,我们经常会遇到这样一种现象,现在的 1 元钱比将来的 1 元钱更值钱。例如,我们现在有 1 000 元,存入银行,银行的年利率为 3%,1 年后可得到 1 030 元,于是现在的 1 000 元与 1 年后的 1 030 元相等。因为这 1 000 元经过 1 年的时间增值了 30 元,这增值的 30 元就是资金的时间价值。同样,企业的资金投到生产经营中,经过生产过程的不断运行,资金的不断运动,随着时间的推移,会创造新的价值,使资金得以增值。因此,一定量的资金投入生产经营或存入银行,会取得一定的利润和利息,从而产生资金的时间价值。

但是,并非所有货币都具有时间价值,货币要具有时间价值,需要一个条件,就是必须将货币有目的地进行投资,即将货币直接或者间接地作为资本投入生产经营过程。货币投入生产经营过程后,企业用它来购买所需的资源,然后劳动者利用劳动资料生产出新的产品。产品出售时得到的货币量大于最初投入的货币量,实现货币增值。周转的次数越多,所得利润就越多,增值额也就越大。因此,资金的时间价值是在生产经营过程中产生的。

资金的时间价值可用绝对数(利息)和相对数(利息率)两种形式表示,但通常用相对数表示。资金时间价值的实际内容是没有风险和没有通货膨胀条件下的社会平均资金利润率,是企业资金利润率的最低限度,也是使用资金的最低成本率。

由于资金在不同时点上具有不同的价值，不同时点上的资金不能直接比较，必须换算到相同的时点上才能比较，因此掌握资金时间价值的计算很重要。资金时间价值的计算包括一次性收付款项和非一次性收付款项(年金)的终值、现值。

二、资金时间价值的计算

资金时间价值的计算，涉及两个重要的概念：终值和现值。终值又称为本利和，是指一个或多个现在或即将发生的现金流量相当于将来某一时点上的价值，通常记为 F。现值又称为本金，是指一个或多个发生在未来的现金流量折算到现在的价值，通常记为 P。将来的资金包括本利和，计算现值就是将所包含的利息去掉。由于终值与现值的计算与利息的计算方法有关，而利息的计算有单利和复利两种，因此终值与现值的计算也有单利和复利之分。在财务管理中，一般按复利来计算。

(一)一次性收付款项的计算

一次性收付款项是指在某一特定时点上一次性支出或收入，经过一段时间后再一次性收回或支出的款项。例如，现在将一笔 50 000 元的现金存入银行，5 年后一次性取出本利和。

1. 单利的计算

单利是指只对本金计算利息，利息部分不再计息，通常用 P 表示现值，F 表示终值，i 表示利率(贴现率、折现率)，n 表示计算利息的期数，I 表示利息。

1) 单利终值的计算

单利终值是按单利计算的某一特定金额在未来某一时点上的本利和。单利终值的计算公式可推导如下。

第一年终值：$F=P+Pi=P(1+i)$；
第二年终值：$F=P+Pi+Pi=P(1+2i)$；
第三年终值：$F=P+Pi+Pi+Pi=P(1+3i)$；
以此类推，即可推导出第 n 年单利终值的计算公式如下。

$$F=P\times(1+n\times i)$$

2) 单利现值的计算

单利现值是指未来某一时点上的某一特定金额按单利折算的现有价值。单利现值的计算同单利终值的计算是互逆的，由终值计算现值，称为折现。将终值计算公式变形，即可得到单利现值的计算公式如下。

$$P=F\div(1+n\times i)$$

【例 2-1】某人将一笔 5 000 元的现金存入银行，银行一年期定期利率为 3%。
要求：计算第一年和第二年的利息、终值。
解：$I_1=P\times i\times n=5\,000\times3\%\times1=250$(元)
　　$I_2=P\times i\times n=5\,000\times3\%\times2=500$(元)
　　$F_1=P\times(1+i\times n)=5\,000\times(1+3\%\times1)=5\,150$(元)
　　$F_2=P\times(1+i\times n)=5\,000\times(1+3\%\times2)=5\,300$(元)

从上面的计算中，显而易见，第一年的利息在第二年不再计息，只有本金在第二年计息。此外，无特殊说明，给出的利率均为年利率。

【例 2-2】 某人希望 2 年后获得 5300 元本利和，银行利率为 3%。

要求：计算此人现在须存入银行多少资金？

解：$P=F\div(1+i\times n)$

$\quad\quad\quad =5\,300\div(1+3\%\times 2)=5\,000(元)$

上面求现值的计算，也可称贴现值的计算，贴现使用的利率称为贴现率。

2. 复利的计算

复利是指不仅本金计算利息，而且需将本金所生的利息在下期转为本金，再计算利息，即本能生利，利也能生利，俗称"利滚利"。

1) 复利终值的计算

复利终值是指一定量的本金按复利计算的若干年后的本利和，复利终值的计算公式可推导如下。

第一年终值：$F=P+Pi=P(1+i)$；

第二年终值：$F=P(1+i)+P(1+i)i=P(1+i)^2$；

第三年终值：$F=P(1+i)^2+P(1+i)^2 i=P(1+i)^3$；

以此类推，即可推导出第 n 年复利终值的计算公式如下。

$$F=P\times(1+i)^n$$

式中，$(1+i)^n$ 表示 1 元本金、n 期期末的复利终值，称为复利终值系数，用符号 $(F/P, i, n)$ 表示。在实际工作中，复利终值系数可以通过复利终值系数表查得。

【例 2-3】 某人现在将 5 000 元存入银行，银行利率为 3%。

要求：计算第一年和第二年的本利和。

解：第一年的终值 $F=P\times(1+i)^1$

$\quad\quad\quad =5\,000\times(F/P, 3\%, 1)$

$\quad\quad\quad =5\,000\times 1.03=5\,150(元)$

第二年的终值 $F=P\times(1+i)^2$

$\quad\quad\quad =5\,000\times(F/P, 3\%, 2)$

$\quad\quad\quad =5\,000\times 1.060\,9=5\,304.5(元)$

式中，$(F/P, 3\%, 2)$ 表示利率为 3%、期限为 2 年的复利终值系数，在复利终值表上，我们可以在横行中找到利息为 3%，纵列中找到期数为 2 年的纵横相交处，查到 $(F/P, 3\%, 2)=1.060\,9$。该系数表明，在年利率为 3%的条件下，现在的 1 元与 2 年后的 1.060 9 元相等。

将单利终值与复利终值做比较可以发现，在第一年，单利终值和复利终值是相等的；但在第二年，单利终值和复利终值不相等，两者相差 4.5(5 304.5−5 300)元。这是因为第一年本金所生的利息在第二年也要计算利息，即 4.5(150×3%)元。因此，从第二年开始，单利终值和复利终值就不再相等。

2) 复利现值的计算

复利现值是指在将来某一特定时间取得或支出一定数额的资金，按复利折算到现在的价值。根据复利终值的计算公式，可推导出复利现值的计算公式如下。

$$P=F\div(1+i)^n=F\times(1+i)^{-n}$$

式中，$(1+i)^{-n}$ 称为复利现值系数或 1 元复利现值系数，用符号$(P/F, i, n)$表示，其数值可查阅 1 元复利现值表。

【例 2-4】 某人希望 5 年后获得 10 000 元本利，银行利率为 3%。

要求：计算此人现在应存入银行多少资金？

解：$P = F \times (1+i)^{-n}$

$= F \times (P/F, 3\%, 5)$

$= 10\ 000 \times 0.862\ 6$

$= 8\ 626(元)$

$(P/F, 3\%, 5)$表示利率为 3%、期限为 5 年的复利现值系数。同样，我们在复利现值表上，从横行中找到利率为 3%，从纵列中找到期限为 5 年的纵横相交处，查到$(P/F, 3\%, 5)=0.862\ 6$。该系数表明，在年利率为 3%的条件下，5 年后的 1 元与现在的 0.862 6 元相等。

3）复利利息的计算

复利利息的计算公式如下。

$$I = F - P$$

【例 2-5】 承例 2-4 的资料。

要求：计算 5 年的利息。

解：$I = F - P = 10\ 000 - 8\ 626 = 1\ 374(元)$

4）名义利率和实际利率

在前面的复利计算中，所涉及的利率均假设为年利率，并且每年复利一次。但在实际业务中，复利的计算期不一定是 1 年，可以是半年、一季、一月或一天复利一次。当利息在一年内要复利几次时，给出的年利率便称为名义利率，用 r 表示。根据名义利率计算出的每年复利一次的年利率称为实际利率，用 i 表示。名义利率和实际利率之间的关系如下。

$$i = (1 + r \div m)^m - 1$$

式中，m 为每年复利的次数。

【例 2-6】 某人现存入银行 10 000 元，年利率为 5%，每季度复利一次。

要求：计算 2 年后能取得的本利和。

解：先根据名义利率与实际利率的关系，将名义利率折算成实际利率。

$i = (1 + r \div m)^m - 1$

$= (1 + 5\% \div 4)^4 - 1$

$= 5.09\%$

再按实际利率计算资金的时间价值。

$F = P \times (1+i)^n$

$= 10\ 000 \times (1 + 5.09\%)^2$

$= 11\ 043.91(元)$

将已知的年利率 r 折算成期利率 r/m，期数变为 $m \times n$。

$F = P \times (1 + r \div m)^{m \times n}$

$= 10\ 000 \times (1 + 5\%/4)^{2 \times 4}$

$= 10\ 000 \times (1 + 0.012\ 5)^8$

$= 11\ 044.86(元)$

(二)年金的计算(非一次性收付款项的计算)

在现实经济生活中，除了上面介绍的一次性收付款项外，还存在一定时期内多次收付相等金额的款项。例如，支付保险费、年折旧、支付退休金及零存整取和分期付款等款项，这些都归类为年金。所谓年金，是指一定时期内每次等额收付的一系列款项，通常记作 A。年金具有连续性和等额性的特点。连续性要求在一定时间内，间隔相等时间就要发生一次收支业务，中间不得中断，必须形成系列。等额性要求每期收、付款项的金额必须相等。

年金的形式多种多样，按其每次收付发生的时点不同，可分为普通年金、预付年金、递延年金和永续年金等四种。需要注意的是，在财务管理中，若讲到年金，一般都是指普通年金。

1. 普通年金的计算

普通年金是指在每期的期末，间隔相等时间，收入或支出相等金额的系列款项。每一个间隔期，都有期初和期末两个时点，由于普通年金是在期末这个时点上发生的收付款项，故又称后付年金。普通年金有三个特点：①年金 A 连续地发生在每期期末；②现值 P 发生于第一个 A 所在计息周期的期初；③终值 F 发生的时间与第 n 个 A 相同。

1) 普通年金的终值

普通年金的终值是指每期期末收入或支出的相等款项，按复利计算，在最后一期所得的本利和。每期期末收入或支出的款项用 A 表示，利率用 i 表示，期数用 n 表示，普通年金终值的计算原理如图 2-1 所示。横线代表时间的延续，用数字标出各期的顺序号；竖线的位置表示支付的时刻，竖线所指的数字表示支付的金额。

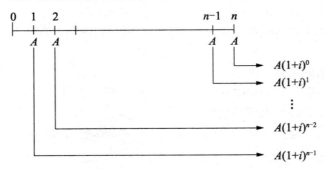

图 2-1 普通年金终值计算原理图解

由图 2-1 可知，年金终值的计算公式如下。

$$F=A(1+i)^0+A(1+i)^1+A(1+i)^2+\cdots+A(1+i)^{n-2}+A(1+i)^{n-1}$$

式中，各项为等比数列，首项为 A，公比为 $(1+i)$，根据等比数列求和公式计算可得：

$$F = A \times \frac{(1+i)^n - 1}{i}$$

式中，$\frac{(1+i)^n - 1}{i}$ 通常称作年金终值系数，记作 $(F/A, i, n)$，可通过查 1 元年金终值表求得，上式也可表示为：

$$F=A\times(F/A, i, n)$$

项目二　财务管理的价值观念

【例 2-7】 某人连续 5 年每年年末存入银行 10 000 元，利率为 3%。

要求：计算第 5 年年末的本利和。

解：$F=A\times(F/A，3\%，5)$

　　　$=10\,000\times5.309\,1$

　　　$=53\,091(元)$

上面计算表明，每年年末存入银行 10 000 元，连续存 5 年，到第 5 年年末可得本利和 53 091 元。

【例 2-8】 A 公司决定将其一处矿产开采权公开拍卖，因此它向世界各国煤炭企业招标开矿。已知甲公司和乙公司的投标书最具有竞争力，甲公司的投标书显示，如果该公司投标成功并取得开采权，从获得开采权的第 1 年开始，每年年末向 A 公司交纳 10 亿美元的开采费，直到 10 年后开采结束。乙公司的投标书显示，该公司若投标成功，在取得开采权时，直接付给 A 公司 40 亿美元，在 8 年后开采结束，再付给 A 公司 60 亿美元。A 公司要求的年投资回报率达到 15%。

要求：请计算并回答，A 公司应接受哪个公司的投标？

解：要回答上述问题，主要是要比较甲乙两个公司给 A 公司的开采权收入的多少。但由于两个公司支付开采权费用的时间不同，因此不能直接比较，而应比较这些收入在第 10 年终值的大小。

甲公司的方案对 A 公司来说是一笔年收款 10 亿美元的 10 年年金，其终值计算如下。

$F=10\times(F/A，15\%，10)=10\times20.304=203.04(亿美元)$

乙公司的方案对 A 公司来说是两笔收款，分别计算其终值如下。

第 1 笔收款(40 亿美元)的终值$=40\times(1+15\%)^{10}=40\times4.045\,6=161.824(亿美元)$

第 2 笔收款(60 亿美元)的终值$=60\times(1+15\%)^2=60\times1.322\,5=79.35(亿美元)$

两笔收款的终值合计$=161.824+79.35=241.174(亿美元)$

因此，甲公司付出的款项终值小于乙公司付出的款项终值，A 公司应接受乙公司的投标。

2) 偿债基金

偿债基金是指为了在约定的未来一定时点清偿某笔债务或积聚一定数额的资金而必须分次等额形成的存款准备金，也就是为使年金终值达到既定金额的年金数额。从计算的角度来看，就是在普通年金终值中解出 A，这个 A 就是偿债基金。

根据年金终值计算公式：

$$F=A\times(F/A，i，n)$$

可知：

$$A=F/(F/A，i，n)=F\times[1/(F/A，i，n)]$$

式中，$1/(F/A，i，n)$ 是年金终值系数的倒数，称作偿债基金系数，记作 $(A/F，i，n)$。

【例 2-9】 某人拟在 5 年后还清 10 000 元的债务，从现在起每年存入银行一笔款项。假设银行利率为 3%。

要求：计算他每年需要存入银行多少资金？

解：$A=10\,000\times[1\div(F/A，3\%，5)]$

　　　$=10\,000\times(1\div5.309\,1)$

　　　$=1\,883.56(元)$

3) 普通年金现值的计算

普通年金现值是指一定时期内每期期末应付款项的复利现值之和。其计算办法如图 2-2 所示。

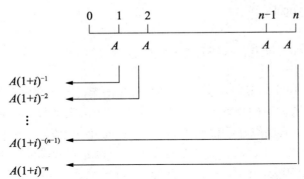

图 2-2 普通年金现值

由图 2-2 可知，普通年金现值的计算公式如下。

$$P = A(1+i)^{-1} + A(1+i)^{-2} + \cdots + A(1+i)^{-(n-1)} + A(1+i)^{-n}$$

式中，各项为等比数列，首项是 $A(1+i)^{-1}$，公比是 $(1+i)^{-1}$，根据等比数列求和公式计算可得：

$$P = A \times \frac{1-(1+i)^{-n}}{i}$$

式中，$\frac{1-(1+i)^{-n}}{i}$ 称作年金现值系数，记作 $(P/A, i, n)$，可通过查 1 元年金现值表求得。上式也可以写作：

$$P = A \times (P/A, i, n)$$

【例 2-10】某人出国 3 年，请你代付房租，每年租金 1 000 元，假设银行利率为 3%。

要求：计算此人现在应当在银行给你存入多少资金？

解：$P = A \times (P/A, i, n)$
　　　$= 1\,000 \times (P/A, 3\%, 3)$
　　　$= 1\,000 \times 2.828\,6$
　　　$= 2\,828.6(元)$

【例 2-11】钱小姐最近准备买房，对比了几家开发商的售房方案，其中一个方案是 A 开发商出售一套 100 平方米的住房，要求首期支付 10 万元，然后分 6 年每年年末支付 3 万元。

要求：钱小姐每年付 3 万元相当于现在多少钱，以便让她与现在 2 000 元/平方米的市场价格进行比较。贷款利率为 6%。

解：$P = 3 \times (P/A, 6\%, 6) = 3 \times 4.917\,3 = 14.751\,9(万元)$

钱小姐付给 A 开发商的资金现值 = 10 + 14.751 9 = 24.751 9(万元)

如果直接按每平方米 2 000 元购买，钱小姐只需要付出 20 万元，可见分期付款不合算。

4) 年资本回收额

年资本回收额是指在约定年限内等额收回初始投入资本或清偿所欠的债务。从计算的角度来看，就是在普通年金现值公式中解出 A，这个 A 就是资本回收额。其计算公式如下。

$$A=P\times(P/A, i, n)=P\times[1\div(P/A, i, n)]$$

式中，$1\div(P/A, i, n)$ 称为资本回收系数，记作 $(A/P, i, n)$，可通过年金现值系数的倒数求得。

【例 2-12】某人购入一套商品房，须向银行按揭贷款 100 万元，准备 20 年内于每年年末等额偿还，银行贷款利率为 5%。

要求：计算每年应归还银行多少元？

解：$A=P\times(A/P, i, n)$

$=100\times(A/P, 5\%, 20)$

$=100\times[1\div(P/A, 5\%, 20)]$

$=100\times(1\div12.462\ 2)$

$=8.024\ 3(万元)$

2. 预付年金的计算

预付年金又称即付年金、先付年金，是指一定时期内每期期初等额收付的系列款项。在 n 期内，预付年金是指每期期初收入或付出的年金。预付年金与普通年金的区别在于收付款项的时点不同，普通年金在每期的期末收付款项，预付年金在每期的期初收付款项，收付时间如图 2-3 所示。

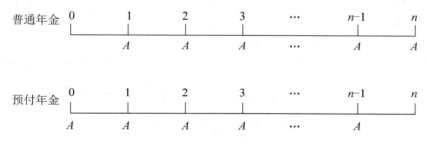

图 2-3 普通年金、预付年金收付时间图

从图 2-3 可以看出，预付年金与普通年金的区别仅在于付款时间不同，两者支付期数相差为 1 年。如果计算年金终值，预付年金要比普通年金多计 1 年的利息；如果计算年金现值，则预付年金要比普通年金少折现 1 年。

1) 预付年金终值的计算

预付年金终值是其最后一期期末的本利和，是各期收付款项的复利终值之和。n 期预付年金终值与 n 期普通年金终值的关系如图 2-4 所示。

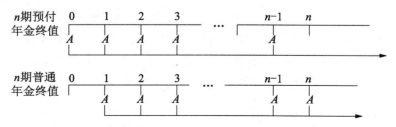

图 2-4 n 期预付年金终值与 n 期普通年金终值的关系

从图 2-4 可以看出，n 期预付年金与 n 期普通年金的付款次数相同，但由于其付款时间不同，n 期预付年金终值比 n 期普通年金终值多计算一期利息。因此，在 n 期普通年金终值的基础上乘以 $(1+i)$，就是 n 期预付年金终值。预付年金终值的计算公式如下。

$$F = A \times (1+i) + A \times (1+i)^2 + \cdots + A \times (1+i)^n$$

或

$$F = \frac{A \times (1+i) \times [1-(1+i)^n]}{1-(1+i)}$$

$$= A \times (1+i) \times \frac{(1+i)^n - 1}{i} = A \times (1+i) \times (F/A, i, n)$$

$$= A \times \left[\frac{(1+i)^{n+1} - 1}{i} - 1\right] = A \times [(F/A, i, n+1) - 1]$$

式中，$\left[\dfrac{(1+i)^{n+1}-1}{i} - 1\right]$ 是预付年金终值系数，或者称为 1 元的预付年金终值。它和普通年金终值系数 $\{[(1+i)^n - 1]/i\}$ 相比，期数要加 1，而系数要减 1，用符号 $[(F/A, i, n+1)-1]$ 表示，并可通过年金终值系数表查得 $(n+1)$ 期的数值，减去 1 后，得出 1 元的预付年金终值。

【例 2-13】为给儿子上大学准备资金，王先生连续 6 年于每年年初存入银行 3 000 元。假设银行存款利率为 5%。

要求：计算王先生在第 6 年年末能一次性取出的本利和是多少钱？

解：$F = A[(F/A, i, n+1)-1] = 3\,000 \times [(F/A, 5\%, 7)-1] = 3\,000 \times (8.142-1) = 21\,426$ (元)

2) 预付年金现值的计算

n 期预付年金现值与 n 期普通年金现值付款期数相同，但前者是在期初付款，而后者是在期末付款。因此，预付年金现值与普通年金现值的关系如图 2-5 所示。

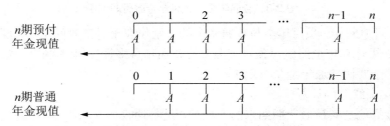

图 2-5 预付年金现值与普通年金现值的关系

从图 2-5 可以看出，n 期预付年金现值与 n 期普通年金现值虽然期限相同，但其付款时间是不同的，即 n 期预付年金现值比 n 期普通年金现值多折现一期。因此，在普通年金现值基础上乘以 $(1+i)$，就可以求出 n 期预付年金的现值。预付年金现值的计算公式如下。

$$P = A + A \times (1+i)^{-1} + A \times (1+i)^{-2} + \cdots + A \times (1+i)^{-(n-1)}$$

或

$$P = A \times \left[\frac{1-(1+i)^{-(n-1)}}{i} + 1\right] = A \times [(P/A, i, n-1) + 1]$$

$$= A \times \frac{1-(1+i)^{-n}}{i} \times (1+i) = A \times (P/A,\ i,\ n) \times (1+i)$$

式中，$\left[\frac{1-(1+i)^{-(n-1)}}{i}+1\right]$是预付年金现值系数，或者称为1元的预付年金现值。它和普通年金现值系数$\{[1-(1+i)^{-n}]/i\}$相比，期数减1，而系数要加1，用符号$[(P/A,\ i,\ n-1)+1]$表示，并可通过年金现值系数表查得(n-1)期的数值，然后加1，得出1元的预付年金现值。

【例2-14】张先生采用分期付款方式购入商品房一套，每年年初需付款15 000元，分10年付清。假设银行利率为6%。

要求：计算该项分期付款相当于一次性现金支付的购买价是多少？

解：$P=A \times [(P/A,\ i,\ n-1)+1]$
　　　$=15\ 000 \times [(P/A,\ 6\%,\ 9)+1]$
　　　$=15\ 000 \times (6.801\ 7+1)=117\ 025.5(元)$

3. 递延年金的计算

前两种年金的第一次收付时间都发生在整个收付期的第一期，要么在第一期期末，要么在第一期期初。但有时会遇到第一次收付不发生在第一期，而是隔了几期才在以后的每期期末发生的一系列的收支款项，这种年金形式就是递延年金，它是普通年金的特殊形式。因此，凡是不在第一期开始收付的年金，都称为递延年金。图2-6可表示递延年金的支付特点。

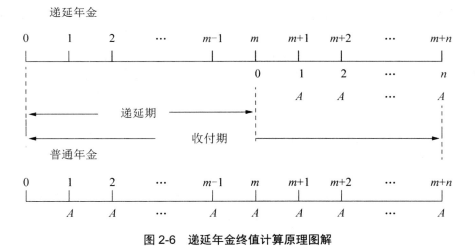

图2-6　递延年金终值计算原理图解

从图2-6可知，递延年金的第一次年金收付没有发生在第一期，而是隔了m期(这m期就是递延期)，在第m+1期的期末才发生第一次收付，并且在以后的n期内，每期期末均发生等额的现金收支。与普通年金相比，尽管期限一样，都是(m+n)期，但普通年金在(m+n)期内，每个期末都要发生收支，而递延年金在(m+n)期内，只在后n期发生收支，前m期无收支发生。

1) 递延年金终值的计算

在图2-6中，先不看递延期，年金一共支付了n期。只要将这n期年金折算到期末，即可得到递延年金终值。因此，递延年金终值的大小，与递延期无关，只与年金共支付了多少期有关，它的计算方法与普通年金相同，具体公式如下。

$$F=A\times(F/A, i, n)$$

【例 2-15】某企业于年初投资一个项目，估计从第 5 年开始至第 10 年，每年年末可取得收益 10 万元，假定年利率为 5%。

要求：计算该投资项目年收益的终值。

解：$F_A=A\times(F/A, i, n)$
$\quad\quad =10\times(F/A, 5\%, 6)$
$\quad\quad =10\times 6.801\ 9$
$\quad\quad =68.019(万元)$

2) 递延年金现值的计算

递延年金的现值可用以下三种方法来计算。

(1) 把递延年金视为 n 期的普通年金，求出年金在递延期期末 m 点的现值，再将 m 点的现值调整到第一期期初。其计算公式如下。

$$P=A\times(P/A, i, n)\times(P/F, i, m)$$

(2) 先假设递延期也发生收支，则变成一个 $(m+n)$ 期的普通年金，先计算出 $(m+n)$ 期的年金现值，再扣除并未发生年金收支的 m 期递延期的年金现值，即可求得递延年金现值。其计算公式如下。

$$P=A\times[(P/A, i, m+n)-(P/A, i, m)]$$

(3) 先算出递延年金的终值，再将终值折算到第一期期初，即可求得递延年金的现值。其计算公式如下。

$$P=A\times(F/A, i, n)\times(P/F, i, m+n)$$

【例 2-16】某企业年初投资一个项目，希望从第 5 年开始每年年末取得 10 万元收益，投资期限为 10 年，假定年利率为 5%。

要求：计算该企业年初最多投资多少元才有利？

解：方法(1) $P=A\times(P/A, i, n)\times(P/F, i, m)$
$\quad\quad\quad\quad =10\times(P/A, 5\%, 6)\times(P/F, 5\%, 4)$
$\quad\quad\quad\quad =10\times 5.075\ 7\times 0.822\ 7$
$\quad\quad\quad\quad =41.76(万元)$

方法(2) $P=A\times[(P/A, i, m+n)-(P/A, i, m)]$
$\quad\quad\quad\quad =10\times[(P/A, 5\%, 10)-(P/A, 5\%, 4)]$
$\quad\quad\quad\quad =10\times(7.721\ 7-3.546)$
$\quad\quad\quad\quad =41.76(万元)$

方法(3) $P=A\times(F/A, i, n)\times(P/F, i, m+n)$
$\quad\quad\quad\quad =10\times(F/A, 5\%, 6)\times(P/F, 5\%, 10)$
$\quad\quad\quad\quad =10\times 6.801\ 9\times 0.613\ 9$
$\quad\quad\quad\quad =41.76(万元)$

从以上三种计算方法中可知，该企业年初的投资额不超过 41.76 万元才有利。

4．永续年金的计算

永续年金是指无限期地收入或支出相等金额的年金，也称永久年金。它也是普通年金的一种特殊形式，由于永续年金的期限趋于无限，没有终止时间，因此没有终值，只有现值。永续年金现值的计算公式如下。

$$P = A \times \frac{1-(1+i)^{-n}}{i}$$

当 $n \to +\infty$，$(1+i)^{-n} \to 0$，$P = A/i$。

【例 2-17】某企业要建立一项永久性帮困基金，计划每年拿出 5 万元帮助失学儿童，年利率为 5%。

要求：计算现在应筹集多少资金？

解：$P=A/i=5÷5\%=100$(万元)

现在应筹集到 100 万元资金，每年就可拿出 5 万元帮助失学儿童。

(三) 时间价值计算中的特殊问题

1．贴现率的计算

1) 一次性收付款项贴现率的计算

对于一次性收付款项，根据其复利终值(或现值)的计算公式可以推导出贴现率的计算公式如下。

$$F = P \times (1+i)^n$$

$$i = (F/P)^{\frac{1}{n}} - 1$$

如果已知 F，P，n，不需要查表便可以直接计算出一次性收付款项的贴现率 i。

【例 2-18】已知 F=15 000 元，P=10 000 元，n=5 年。

要求：计算利率是多少？

解：$i=[\,(15\,000÷10\,000)^{\frac{1}{3}}-1\,]×100\%=(1.084\,5-1)×100\%=8.45\%$

2) 普通年金贴现率的计算

对于普通年金中利率的计算，应根据普通年金终值或现值的计算公式进行计算。

由于在普通年金终值和现值的计算公式中，利率和期数共同组成了年金终值系数或年金现值系数，而且是系列收付款项的系数，因此无法直接根据公式计算年金终值或年金现值中的利率，而是需要根据有关的系数表，采用内插法计算利率。利用年金现值系数表计算贴现率的具体步骤如下。

(1) 计算出 P/A 的值，设 $P/A=\alpha$。

(2) 查普通年金现值系数表。沿着 n 已知所在的行横向查找，若能恰好找到某一系数值等于 α，则该系数值所在的列相对应的利率即为所求利率 i。

(3) 若无法找到恰好 α 等于的系数值，就应在表中行上找与之最接近的两个左右临界值，设为 β_1、β_2（$\beta_1<\alpha<\beta_2$ 或 $\beta_1>\alpha>\beta_2$），查出所对应的临界利率 i_1、i_2，然后进一步运用内插法。

(4) 在内插法下，假定利率 i 同相关的系数在较小范围内线性相关，就可根据临界系数和临界利率计算出利率。其计算公式如下：

$$\frac{i_1 - i}{i_2 - i_1} = \frac{\beta_1 - \alpha}{\beta_2 - \beta_1}$$

代入已知值解此式即可求得利率 i。

【例2-19】 已知 P=20 000，A=4 000，n=9。

要求：计算利率是多少？

解：$(P/A, i, 9)$=20 000÷4 000=5

查普通年金现值系数表，发现 n=9 时，无法找到恰好为 5 的系数值，所以用内插法，即：

i	年金现值系数
12%	5.328 2
x	5
14%	4.916 3

$$\frac{x - 12\%}{14\% - 12\%} = \frac{5 - 5.328\ 2}{4.916\ 3 - 5.328\ 2}$$

得 x=13.59%。

2. 期数的计算

期数 n 的推算，其原理与步骤同折现率 i 的推算是一致的，即已知 P 或 F，A 和 i，求期数 n，现以普通年金现值计算为例进行说明。

【例2-20】 永东秀有限责任公司拟购买一台设备，以更新目前的设备。该设备价格较其他设备高出 2 000 元，但每年可节约维护费用 500 元。假设利率为 10%。

要求：计算该设备应至少使用多少年才对企业有利？

解：根据题意，已知 P=2 000，A=500，i=10%，则

$P = A \times (P/A, i, n)$

2 000=500×$(P/A, 10\%, n)$

得 $(P/A, 10\%, n)$=2 000÷500=4。

通过查普通年金现值系数表，在 i=10% 的列上纵向查找，无法找到恰好为 4 的系数值，所以，用内插法求解，即：

n	年金现值系数
5	3.790 8
x	4
6	4.355 3

$$\frac{x - 5}{6 - 5} = \frac{4 - 3.790\ 8}{4.355\ 3 - 3.790\ 8}$$

得 x=5.37(年)。

因此，该设备至少应使用 5.37 年才对企业有利。

任务二　风　险　价　值

一、风险的概念与种类

(一)风险的概念

风险是指在一定条件下、一定时期内,某一项行动具有多种可能但结果不确定。风险是由于缺乏信息和决策者不能控制未来事物的发展过程而引起的。风险具有多样性和不确定性,可以事先估计采取某种行动可能导致的各种结果,以及每种结果出现的可能性大小,但无法确定最终结果是什么。例如,掷一枚硬币,可事先知道硬币落地时会有正面朝上和反面朝上两种结果,并且每种结果出现的可能性均为50%,但谁也无法事先知道硬币落地时是正面朝上还是反面朝上。

值得注意的是,风险和不确定性是不同的。不确定性是指对于某种行动,人们知道可能出现的各种结果,但不知道每种结果出现的概率,或者可能出现的各种结果及每种结果出现的概率都不知道,只能作出粗略的估计。例如,购买股票,投资者无法在购买前确定所有可能达到的期望报酬率及该报酬率出现的概率。而风险问题出现的各种结果的概率一般可事先估计和测算,只是不准确而已。如果对不确定性问题先估计一个大致的概率,则不确定性问题就转化为风险性问题了。在财务管理实务中,对风险和不确定性两者不作严格区分。讲到风险,可能是指一般意义上的风险,也可能是指不确定性问题。

风险是客观的、普遍的,广泛地存在于企业的财务活动中,并影响着企业的财务目标。由于企业的财务活动经常是在有风险的情况下进行的,因此各种难以预料和无法控制的原因都有可能使企业遭受风险,蒙受损失。如果只有损失,就没人会去冒风险,企业冒着风险投资的最终目的是得到额外收益。因此,风险不仅带来预期的损失,而且还可以带来预期的收益。仔细分析风险,以承担最小的风险来换取最大的收益,就十分必要。

(二)风险的种类

企业面临的风险主要有两种:系统风险和非系统风险。

1. 系统风险

系统风险是指影响所有企业的风险,由企业的外部因素引起,企业无法控制、无法分散,涉及所有的投资对象,又称市场风险或不可分散风险,如战争、自然灾害、利率的变化、经济周期的变化等。

2. 非系统风险

非系统风险是指个别企业的特有事件造成的风险,是随机发生的,只与个别企业和个别投资项目有关,不涉及所有企业和所有项目,可以分散,又称企业特有风险和可分散风险,如产品开发失败、销售份额减少、工人罢工等。非系统风险根据风险形成的原因不同,又可分为经营风险和财务风险。

1) 经营风险

经营风险是指由于企业生产经营条件的变化对企业收益带来的不确定性，又称商业风险。这些生产经营条件的变化可能来自企业内部的原因，也可能来自企业外部的原因，如顾客购买力发生变化、竞争对手增加、政策变化、产品生产方向不正确、生产组织不合理等因素。这些内外因素使企业的生产经营产生不确定性，最终引起收益变化。

2) 财务风险

财务风险是指由于企业举债而给财务成果带来的不确定性，又称筹资风险。企业借款，虽可以解决企业资金短缺的困难、提高自有资金的盈利能力，但也改变了企业的资金结构和自有资金利润率，还须还本付息，并且借入资金所获得的利润是否大于支付的利息额，具有不确定性，因此借款就有风险。在全部资金来源中，若借入资金所占的比重大，则企业的负担相对就较重，风险程度就会增加；若借入资金所占的比重小，则企业的负担相对就较轻，风险程度就会减轻。因此，必须确定合理的资金结构，既提高资金盈利能力，又防止财务风险加大。

二、资产收益的含义与类型

(一)资产收益的含义

资产收益是指资产的价值在一定时期的增值，有以下两种表示方式。

第一是以绝对数表示，称为资产的收益额或报酬额，通常以资产价值在一定期限内的增值量来表示。该增值量来源于两个部分：一是期限内资产的现金净收入；二是期末资产的价值(或市场价格)相对于期初价值(价格)的升值。前者多为利息、红利或股息收益，后者为资本利得。

第二是以相对数表示，称为资产的收益率或报酬率，是资产增值量与期初资产价值(价格)的比值。该收益率也包括两个部分：一是利(股)息的收益率，二是资本利得的收益率。

由于以绝对数表示的收益与期初资产的价值(价格)相关，不利于不同规模资产之间收益的比较，而以相对数反映的收益率便于不同规模下资产收益的分析和比较，因此在实际中通常用收益率来表示资产的收益。

另外，由于收益率是相对于特定期限而言的，其大小受计算期限的影响，而计算期限常常又不确定是一年，为了便于比较分析，对于计算期限短于或长于一年的资产，在计算收益率时一般要将不同期限的收益率转化成年收益率。

因此，如果不作特殊说明，资产收益指的就是资产的年收益率，又称为资产的报酬率。

(二)资产收益率的类型

在实际财务工作中，资产收益率可以分为以下六种类型。

(1) 实际收益率，表示已经实现的或者确定可以实现的资产收益率。

(2) 名义收益率，仅指在资产合约上标明的收益率，如借款协议上的借款利率。

(3) 预期收益率，也称期望收益率，是指在不确定的条件下，预测的某资产未来可能实现的收益率。

(4) 必要收益率，也称最低必要报酬率或最低要求的收益率，表示投资者对某资产合理要求的最低收益率。

(5) 无风险收益率，也称无风险利率，是指可以确定可知的无风险资产的收益率，由纯粹利率(资金的时间价值)和通货膨胀补贴两部分组成。在实务中，通常用短期国库券利率代替无风险收益率。

(6) 风险收益率，是指某资产持有者因承担该资产的风险而要求的超过无风险利率的额外收益，它等于必要收益率与无风险收益率之差。

(三)风险和收益的关系

风险和收益的基本关系是：风险越大，所要求的收益率越高。如前所述，各投资项目的风险大小是不同的，在投资收益率相同的情况下，人们都会选择风险小的投资，结果竞争使其风险增加，收益率下降。最终，高风险的项目必须有高收益率，否则就没有人投资；低收益的项目必须风险很低，否则也不会有人投资。风险和收益所形成的这种关系，是市场竞争的结果。

风险收益的表现形式是风险收益(报酬)率，就是指投资者因冒风险进行投资而要求的，超过资金时间价值的那部分额外收益率。

如果不考虑通货膨胀的话，投资者进行风险投资所要求或所期望的投资收益率便是资金的时间价值(无风险收益率)与风险收益率之和。风险和必要收益率的关系可用公式表示如下。

$$必要收益率=无风险收益率+风险收益率$$

人们在选择风险时，应遵循这样的原则：风险越大要求的风险收益率越高；在收益率相同时，选择风险小的项目；在风险相同时，选择风险收益率高的项目。

三、单项资产的风险与收益

风险客观存在，广泛影响着企业的财务和经营活动，因此正视风险并将风险程度予以量化，进行较为准确的衡量，便成为企业财务管理中的一项重要工作。对风险的衡量需要使用概率和统计方法。

(一)概率分布

在经济活动中，某一事件在相同的条件下可能发生，也可能不发生，这类事件称为随机事件。概率就是用来表示随机事件发生可能性大小的数值。通常，把必然发生的事件的概率定为1，把不可能发生的事件的概率定为0，而一般随机事件概率是介于0与1之间的一个数。概率越大就表示事件发生的可能性越大。若概率用 P 表示，则概率必须符合以下两个要求。

(1) $0 \leqslant P_i \leqslant 1$

(2) $\sum_{i=1}^{n} P_i = 1$

将随机事件各种可能发生的结果按一定的规则进行排列，同时列出各种结果出现的相应概率，这一完整的描述称为概率分布。

【例 2-21】某公司有两个投资机会，A 项目是一个高科技项目，该领域竞争很激烈，如果发展迅速并且该项目投资好,将会取得较大市场占有率,利润会很大,否则利润很小甚至亏本。B 项目是一个老产品并且是必需品,销售前景可以准确预测出来。假设未来的经济情况只有三种:繁荣、正常、衰退,有关概率分布和预期收益率如表 2-1 所示。

表 2-1 有关概率分布和预期收益率

经济情况	发生概率(P_i)	预期收益率 A 项目	预期收益率 B 项目
繁荣	0.3	90%	20%
正常	0.4	15%	15%
衰退	0.3	-60%	10%

(二)期望值

期望值是一个概率分布中的所有可能结果以各自相应的概率为权数计算的加权平均值,通常用符号 E 表示。其计算公式如下。

$$E = \sum_{i=1}^{n} X_i P_i$$

式中,E 为收益率的期望值;P_i 为第 i 种结果出现的概率;X_i 为第 i 种结果出现后的预期收益率;n 为所有可能结果的数目。

据此计算:

预期收益率 $E_A = 0.3 \times 90\% + 0.4 \times 15\% + 0.3 \times (-60\%) = 15\%$

预期收益率 $E_B = 0.3 \times 20\% + 0.4 \times 15\% + 0.3 \times 10\% = 15\%$

二者的预期收益率相同,但其概率分布不同。A 项目收益率的分散程度大,变动范围在 -60%~90%之间;B 项目收益率的分散程度小,变动范围在 10%~20%之间,这说明两个项目的收益相同,但风险不同。为了衡量风险大小,还要使用统计学中衡量概率分布离散程度的指标。

(三)标准差

标准差是反映概率分布中各种可能发生的结果对期望值的偏离程度,即离散程度的一个数值,通常用符号 δ 表示。其计算公式如下。

$$\delta = \sqrt{\sum (X_i - E)^2 \times P_i}$$

标准差以绝对数衡量决策方案的风险,在期望值相同的情况下,标准差越大,风险就越大;反之,则风险越小。

以例 2-21 中的数据为例计算:

$\delta_A = \sqrt{(90\% - 15\%)^2 \times 0.3 + (15\% - 15\%)^2 \times 0.4 + (-60\% - 15\%)^2 \times 0.3} \times 100\% = 58.09\%$

$\delta_B = \sqrt{(20\% - 15\%)^2 \times 0.3 + (15\% - 15\%)^2 \times 0.4 + (10\% - 15\%)^2 \times 0.3} \times 100\% = 3.87\%$

A 项目的标准差是 58.09%,B 项目的标准差是 3.87%,说明 A 项目的风险比 B 项目的风险大。标准差作为绝对数,只适用于期望值相同的决策方案风险程度的比较,对于期望值不同的决策方案,评价和比较其各自的风险程度只能借助于标准离差率这一相对数值。

(四)标准离差率

标准离差率是标准差与期望值之比,通常用符号 V 表示。其计算公式如下。

$$V = \frac{\delta}{E} \times 100\%$$

在期望值不同的情况下,标准离差率越大,风险也就越大;反之,风险越小。

现仍以例 2-21 的有关数据为例计算:

$$V_A = \frac{58.09\%}{15\%} \times 100\% = 387.30\%$$

$$V_B = \frac{3.87\%}{15\%} \times 100\% = 25.82\%$$

显然,A 项目的标准离差率大于 B 项目的标准离差率,说明 A 项目风险大于 B 项目。

通过上述方法将决策方案的风险加以量化后,决策者便可据此作出决策。对于单个方案,决策者可根据其标准差的大小,同设定的可接受的此项指标最高限值对比,看前者是否低于后者,然后作出取舍。对于多方案择优,决策者的行为准则应是选择低风险、高收益的方案,即选择标准离差率最低、期望值最高的方案。

(五)风险收益率

标准离差率虽然能评价投资风险的大小,但这还不是风险收益率。要计算风险收益率,还必须借助一个系数,即风险收益系数。风险收益率、风险收益系数的关系表示如下。

$$R_R = bv$$

式中,R_R 为风险收益率;b 为风险收益系数;v 为风险程度(常用标准离差率计量)。

那么,期望投资总报酬率可以表示如下。

$$K = R_F + R_R = R_F + bv$$

式中,K 为期望投资总收益率;R_F 为无风险收益率(通常用国库券利率代替)。

风险收益率如图 2-7 所示。

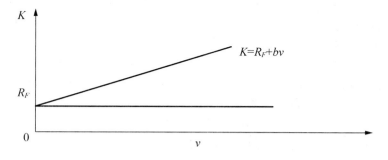

图 2-7 风险收益率分析

无风险收益率就是加上通货膨胀贴水后的货币时间价值,西方一般把投资于国库券的收益率视为无风险收益率。

风险收益系数是将标准离差率转化为风险收益的一种系数。承例 2-21,假设 A 项目的风险收益系数为 5%,B 项目的风险收益系数为 6%,则两个项目的风险收益率分别为:

$R_{RA} = bv = 5\% \times 387.30\% = 19.37\%$

$R_{RB} = bv = 6\% \times 25.82\% = 154.92\%$

如果无风险报酬率为 10%，则两个项目的期望投资收益率分别为：

$K_A = 10\% + 5\% \times 387.30\% = 29.37\%$

$K_B = 10\% + 6\% \times 25.82\% = 164.92\%$

其中，风险收益系数取决于各项目投资者的风险厌恶程度，可以通过统计方法来测定。如果大家都愿意冒险，则竞争者多，收益率下降，风险收益系数就小，风险溢价也就小；反之，如果大家都不愿冒风险，则竞争者少，收益率上升，风险收益系数就大，风险溢价就大。

案例解析

单利下：$20\,000 = P \times (1 + 3\% \times 3)$ $P = 18\,349(元)$;

复利下：$20\,000 = P \times (1 + 3\%)^3$ $P = 20\,000 \times (P/F, 3\%, 3) = 20\,000 \times 0.915\,1 = 18\,302(元)$。

项 目 小 结

资金的时间价值是货币资金经历一定时间的投资和再投资所增加的价值。它有其产生的前提条件和源泉，资金的时间价值一般用利率来表示。计算资金的时间价值涉及终值和现值两个概念，它们是不同时点上的价值。现值也称本金，一般是指现在的价值；终值一般是指将来的价值。根据收付款项的情况不同，现值和终值可分为一次性收付款项的现值与终值和年金的现值与终值。年金具体又分为普通年金、预付年金、永续年金和递延年金四种形式。值得注意的是，现值与终值一般按复利计算。

风险是某项行动结果的不确定性，但风险与不确定性又不同，财务活动经常是在有风险的条件下进行的。企业面临的主要风险有系统风险和非系统风险两种。系统风险是指影响所有资产的、不能通过资产组合而分散的风险，通常用 β 系数来衡量；非系统风险是指个别企业的特有事件造成的风险，又称企业特有风险和可分散风险。非系统风险根据风险形成的原因不同，又可分为经营风险和财务风险。

资产的收益是指资产的价值在一定时期的增值。通常用收益率来表示，其类型主要有：实际收益率、名义收益率、预期收益率、必要收益率、无风险收益率和风险收益率等六种。风险和收益之间存在密切关系，风险越大，所期望的收益越高。投资收益由风险收益和无风险收益构成。

单项资产的风险可用期望值和标准差(系数)来衡量。

项目强化训练

一、单项选择题

1. 一定数量的货币资金一定时期后的价值，称为(   )。

A. 复利终值　　　B. 复利现值　　　C. 年金终值　　　D. 年金现值

2. 每年年底存款100元,求第五年年末的价值总额,应用(　　)来计算。

　　A. 复利终值系数　　　　　　　　B. 复利现值系数
　　C. 年金终值系数　　　　　　　　D. 年金现值系数

3. 某大学决定建立科学奖金,现准备存入一笔资金,预计以后无限期地在每年年末支取利息20 000元用来发放奖金。在存款年利率为10%的条件下,现在应存入(　　)元。

　　A. 25 000　　　B. 200 000　　　C. 215 000　　　D. 16 000

4. 某人将现金100元存入银行,存期5年,按照单利计算,年利率为10%,到期时此人可得本利和(　　)元。

　　A. 1 500　　　B. 1 250　　　C. 1 100　　　D. 1 050

5. 假设企业按照12%的年利率取得贷款200 000元,要求在5年内每年年末等额偿还,每年的偿还额应为(　　)元。

　　A. 40 000　　　B. 52 000　　　C. 55 482　　　D. 65 400

6. 以下关于年金的说法中,正确的是(　　)。

　　A. 期末年金的现值大于期初年金的现值
　　B. 期初年金的现值大于期末年金的现值
　　C. 期末年金的终值大于期初年金的终值
　　D. A和C都正确

7. 企业打算在未来3年每年年初存入2 000元,年利率为2%,单利计息,则在第三年年末存款的终值是(　　)元。

　　A. 6 120.8　　　B. 6 243.2　　　C. 6 240　　　D. 6 606.6

8. A方案在3年中每年年初付款100元,B方案在3年中每年年末付款100元,若利率为10%,则二者在第3年年末时的终值之差为(　　)元。

　　A. 33.1　　　B. 31.3　　　C. 133.1　　　D. 13.31

9. 甲方案的标准离差是1.42,乙方案的标准离差是1.06。如果甲乙两个方案的期望值相同,则两个方案的风险关系为(　　)。

　　A. 甲大于乙　　　B. 甲小于乙　　　C. 甲乙相等　　　D. 无法确定

10. 某项目的风险系数为0.8,标准离差率为16%,则风险收益率为(　　)。

　　A. 16%　　　B. 10%　　　C. 12.8%　　　D. 24%

二、多项选择题

1. 在利率一定的条件下,随着期限的增加,下述表达中不正确的有(　　)。

　　A. 复利现值系数变大　　　　　　B. 复利终值系数变大
　　C. 普通年金现值系数变小　　　　D. 普通年金终值系数变大

2. 影响资金时间价值大小的因素主要包括(　　)。

　　A. 单利　　　B. 复利　　　C. 资金额　　　D. 利率和期限

3. 递延年金的特点包括(　　)。

　　A. 年金的第一次支付发生在若干期之后
　　B. 没有终值

C. 年金的现值和与递延期无关
D. 年金的终值和与递延期无关
4. 企业的财务风险主要来自(　　)。
   A. 市场销售带来的风险　　　　　B. 生产成本带来的风险
   C. 借款筹资增加的风险　　　　　D. 筹资决策带来的风险
5. 在财务管理中，经常用来衡量风险大小的指标有(　　)。
   A. 标准离差　　　　　　　　　　B. 边际成本
   C. 风险收益率　　　　　　　　　D. 标准离差率

三、判断题

1. 在同期、同利率的情况下，预付年金终值系数同普通年金终值系数相比，是"期数加1、系数减1"。（　）
2. 若A投资方案的标准离差率为5.67%，B投资方案的标准离差率为3.46%，则可以判断B投资方案的风险一定比A投资方案的风险小。（　）
3. 普通年金与预付年金的区别仅在于计息时间的不同。（　）
4. 永续年金与其他年金一样，既有现值，又有终值。（　）
5. 对于多个单项资产投资方案而言，无论各个方案的期望值是否相同，标准离差率最大的方案一定是风险最大的方案。（　）
6. 在利率和计息期数相同的条件下，复利现值系数与复利终值系数互为倒数。（　）
7. 在两个方案对比时，标准离差越小，说明风险越大。（　）
8. 标准离差反映风险的大小，可以用来比较各种不同投资方案的风险程度。（　）
9. 风险总是和收益并存，因此高风险的投资项目一定会带来高收益。（　）
10. 对于多个投资方案而言，无论各个方案的期望值是否相同，标准离差率最大的方案一定是风险最小的方案。（　）

四、名词解释

资金时间价值　　终值　　现值　　年金　　风险　　资产收益率

五、思考题

1. 什么是资金时间价值？如何理解这一概念？
2. 什么是复利？复利和单利有何区别？
3. 简述年金的概念和种类。
4. 简述普通年金和预付年金的区别及其计算之间的联系。
5. 递延年金的计算方法有几种？
6. 简述名义利率与实际利率的定义。二者在什么时候不同？
7. 什么是风险？风险有哪些种类？
8. 如何计量单项资产、资产组合的风险程度及其风险收益？

六、计算题

1. 永东秀有限责任公司拟购置一处房屋，房主提出以下两种付款方案。

方案一：从现在起，每年年初支付 20 万元，连续支付 10 次，共 200 万元。

方案二：从第 5 年开始，每年年初支付 25 万元，连续支付 10 次，共 250 万元。

要求：假设该公司的最低收益率为 10%，则该公司应选择哪种付款方案？

2. 某人现在存入银行 20 000 元，假设银行利率为 6%。

要求：今后 10 年内每年年末可提取本利和多少元？

3. 永东秀有限责任公司有一项付款业务，有甲乙两种付款方式可供选择。甲方案：现在支付 10 万元，一次性结清；乙方案：分 3 年付款，1～3 年每年年初的付款额分别为 3 万元、4 万元、4 万元，假定年利率为 10%。

要求：按照现值计算，从甲乙两种方案中选优。

4. 永东秀有限责任公司准备以 1 500 万元投资筹建一个工厂。根据市场预测，每年可获得的收益及其概率的资料如下所示。

市场情况	每年收益	概率
繁荣	360 万元	0.2
一般	300 万元	0.5
较差	180 万元	0.3

已知水泥行业的风险收益系数为 6%，市场无风险利率为 8%。

要求：根据上述资料，计算并回答下列问题。

(1) 该项投资的收益期望值为多少？

(2) 该项投资的标准离差为多少？

(3) 该项投资的标准离差率为多少？

(4) 导入风险收益系数，投资者要求的风险收益率为多少？

(5) 该方案预测风险收益率为多少？评价方案是否可行。

微课视频

扫一扫，获取本项目相关微课视频。

任务一　资金时间价值(一)

任务一　资金时间价值(二)

任务二　风险价值

项目三 资金筹集

【知识目标】

- 了解企业筹资的概念和动因。
- 熟悉权益资金的各种筹资方式及其优缺点。
- 熟悉债务资金的各种筹资方式及其优缺点。

【技能目标】

- 短期借款实际利率的计算。
- 融资租赁的租金计算。
- 确定是否享受现金折扣的决策。

案例引导

迪士尼公司的债券发行

迪士尼公司是一家多样化经营的国际娱乐公司，其业务包括主题公园和旅游胜地、电影业及消费品等。主题公园和旅游胜地业务所产生的收入约占其总收入的40%，电影业约占40%，消费品约占20%。

1993年7月，迪士尼公司决定增发长期负债。迪士尼公司的资本状况很稳健，它的长期负债被穆迪投资者服务公司评为A级，被标准普尔公司评为AA级。迪士尼公司在1993年6月30日的资本总额如表3-1所示。

表3-1　资本总额　　　　　　　　　　　　　　　　　　　　单位：百万美元

项　目	账面价值(1993年6月30日)
短期负债	503.7
长期负债	1 455.5
股东权益	5 169.1
资本总额	6 624.6
资本总额(包括短期负债)	7 128.3

迪士尼公司在至1993年6月30日为止的12个月内的利息保障如表3-2所示。

表3-2　利息保障　　　　　　　　　　　　　　　　　　　　金额单位：百万美元

项　目	账面价值(1993年6月30日)
息税前盈余	1 640.5
利息费用	122.4
利息保障比率	13.4

在过去几年中，利率在下降，而且接近过去20年来的最低水平，这使长期负债成为一种有吸引力的融资方式。当时固定利率的长期债券的众多投资者开始相信，美国已控制住了通货膨胀，长期利率不可能再回到20世纪80年代初期的那种高利率水平。

(资料来源：王化成. 财务管理教学案例[M]. 北京：中国人民大学出版社，2001.)

分析：迪士尼公司为什么选择债券融资而不是股票融资？

理论认知

任务一　企业筹资概述

资金是企业创建、生存和发展的必要条件。企业筹资是指企业根据经营活动、投资活动、资本结构管理和其他需要，通过一定的筹资渠道，采取一定的筹资方式，获取所需资金的一种财务行为。

一、筹资动机

筹资动机是企业筹资活动的基本出发点。企业筹资最基本的目的是维持和发展企业经营,但每次具体的筹资活动通常受特定动机的驱动,归纳起来主要有以下五种筹资动机类型。

1. 创立性筹资动机

创立性筹资动机是指企业创建时为筹集正常经营活动所需资金而产生的筹资动机。在企业创建时,要购建厂房设备、安排流动资金等,以形成企业的经营能力。因此,首先需要筹集注册资本和资本公积等股权资金,股权资金不足时还需要筹集银行借款等债务资金。

2. 支付性筹资动机

支付性筹资动机是指企业为满足经营活动的正常波动所形成的支付需要,而产生的筹资动机。企业在生产经营活动中,常常会出现各种各样临时性的交易支付需要,如大量储备存货以消除涨价风险、员工工资的集中发放、股东股利的发放等。这些情况都会导致企业资金需求的骤然增加,必然需要通过临时性筹资来维持企业经营活动的正常进行。

3. 扩张性筹资动机

扩张性筹资动机是指企业因扩大经营规模或对外投资需要而产生的筹资动机。因应付激烈市场竞争的需要和对于利润的更高追求,企业会扩大生产经营规模、开展对外投资。这时,原有的资金规模就难以满足需要,只能大量追加筹资。具有良好发展前景、处于成长期的企业,通常会产生扩张性筹资动机。扩张性筹资活动往往会使企业资产总规模增加,资本结构发生明显变化。

4. 调整性筹资动机

调整性筹资动机是指企业为调整资本结构而产生的筹资动机。资本结构调整的目的在于降低资本成本,控制财务风险,提升企业价值。随着相关情况的变化,现有的资本结构可能不再合理,需要相应地予以调整,以达到优化资本结构的目的。调整性筹资是为了调整资本结构,而不是为企业经营活动追加资金,因此通常不会增加企业的资本总额。

5. 混合性筹资动机

混合性筹资动机是指企业为满足多种资金需要而产生的筹资动机。在实际工作中,企业筹资的目的可能不是单一的,往往通过筹资,企业既满足了经营活动、投资活动的资金需要,又达到了调整资本结构的目的。混合性筹资动机往往会增加企业的资本规模,同时企业的资本结构也会发生变化。

二、筹资渠道和筹资方式

企业需要通过一定的筹资渠道,采用一定的筹资方式来筹集资金。同一筹资渠道的资金可以采用不同的筹资方式取得,同一筹资方式也可以通过不同的筹资渠道来获取资金。

(一)筹资渠道

筹资渠道是指企业筹集资金来源的方向和通道，体现资金的源泉和流量，也就是"资金从哪里来"。目前，我国企业筹资渠道主要有以下七种。

1. 政府财政资金

政府财政资金是指由政府通过财政部门以拨款或注资的方式投入企业的资金。政府财政资金是国有企业筹资的主要来源，政策性很强，通常只有国有独资或国有控股企业才能利用。

2. 银行信贷资金

银行信贷资金贷款方式灵活多样，可以适应各类企业资金筹集的需要，是各类企业筹资的重要来源。

3. 非银行金融机构资金

非银行金融机构是指除银行以外的各种金融机构及金融中介机构。我国非银行金融机构主要有租赁公司、保险公司、证券公司、企业集团的财务公司及信托投资公司等。虽然这种筹资渠道筹集的资金规模比银行小，但具有广阔的发展前景。

4. 其他法人资金

在我国，法人可分为企业法人、事业法人和团体法人等。法人单位在日常的资金运转中可能形成部分暂时闲置的资金，为了让其发挥一定的效益，也需要相互融通。因此，其他法人资金也为筹资企业提供一定的资金来源。

5. 民间资金

随着居民收入水平的不断提高，民间资金越来越多地流向资本市场，它可以对一些企业直接进行投资，为企业筹资提供资金来源，并逐渐成为一些企业的重要筹资渠道。

6. 企业内部资金

企业内部资金主要包括企业提取的盈余公积和未分配利润而形成的资金。这是企业内部的筹资渠道，比较便捷，只要有留存收益的企业都可以使用。

7. 境外资金

境外资金是指我国香港、澳门和台湾地区，以及国外的投资者持有的资金，是我国外商投资企业资金的主要来源。

(二)筹资方式

筹资方式是指企业筹集资金所采用的具体形式，体现资金的属性和期限，也就是"如何筹措资金"。一般来说，企业最基本的筹资方式有两种：股权筹资和债务筹资，具体分为以下七种。

1. 吸收直接投资

吸收直接投资是指企业以投资合同、协议等形式直接获取国家、法人单位、自然人等投资主体的资金,是一种权益筹资方式。这种筹资方式不以股票为载体,主要适用于非股份制公司。

2. 发行股票

发行股票是指企业以发售股票的方式获取资金的筹资方式,是一种权益筹资方式。这种筹资方式必须以股票为载体,只适用于股份有限公司。股票的发售对象可以是社会公众,也可以是定向的特定投资主体。

3. 向金融机构借款

向金融机构借款是指企业按照借款合同从银行等金融机构获取资金的筹资方式。这种筹资方式广泛适用于各类企业,是一种债务筹资方式。

4. 发行债券

发行债券是指企业发售公司债券获取资金的筹资方式,是一种债务筹资方式。发行债券适用于向法人单位和自然人两种渠道筹资。

5. 融资租赁

融资租赁是指企业与租赁公司签订租赁合同,从租赁公司租入资产,通过对租赁物的占有、使用从而获取资金的筹资方式,是一种债务筹资方式。融资租赁不直接取得货币性资金,而是通过租赁信用关系直接获取实物资产,然后通过分期支付租金的方式偿还资产的价款。

6. 商业信用

商业信用是指企业之间在商品或劳务交易中,由于延期付款或延期交货所形成的借贷信用关系,是一种债务筹资方式。商业信用是由于企业交易活动而形成的,广泛应用于各类企业,是企业获取短期资金的一种重要的且经常性的来源。

7. 留存收益

留存收益是指企业提取的盈余公积和企业留存的未分配利润。留存收益实质上是企业将当年利润转化为股东对企业追加投资的过程,是一种权益筹资方式。

三、筹资分类

企业筹资按照不同的标准可分为不同的筹资类别。

(一)按资金属性分类

按企业筹集资金的属性不同,企业筹资可以分为权益筹资、债务筹资及衍生工具筹资三种类型。

1. 权益筹资

权益筹资形成企业的所有者权益，权益筹资形成的资金也称为自有资金，是企业依法取得并长期拥有，且可自主调配运用的资金。权益筹资一般采用吸收直接投资和发行股票等方式取得。权益资金一般不用偿还，形成了企业的永久性资金，因此财务风险小，但付出的资金成本相对较高。

2. 债务筹资

债务筹资形成企业的负债，该筹资形成的资金也称为借入资金，是企业按照合同约定向债权人取得的，在规定期限内需要清偿的债务。债务筹资主要采用向金融机构借款、发行债券、融资租赁等方式取得。债务资金到期要归还本金和支付利息，具有较大的财务风险，但付出的资金成本相对较低。

3. 衍生工具筹资

衍生工具筹资包括具有权益与债务筹资双重性质的混合筹资和其他衍生工具筹资。我国上市公司目前最常见的混合筹资方式是发行可转换债券，最常见的其他衍生工具筹资方式是发行认股权证。

(二)按是否借助于金融机构分类

按企业是否借助于金融机构分类，企业筹资可以分为直接筹资与间接筹资两种类型。

1. 直接筹资

直接筹资是指企业不通过金融机构直接与资金所有者协商获取资金的筹资活动。直接筹资主要有吸收直接投资、发行股票、发行债券等方式，既可以筹集权益资金，也可以筹集债务资金。一般来说，直接筹资的手续比较复杂，筹资费用较高；但筹资领域广阔，可提高企业的知名度和资信度。

2. 间接筹资

间接筹资是指企业借助金融机构筹集资金。间接筹资是一种传统的筹资方式，金融机构发挥中介作用，先集聚资金，然后再提供给企业。间接筹资的基本方式是通过有银行借款、融资租赁，形成的主要是债务资金。间接筹资手续相对简便，筹资效率较高、费用较低，但范围相对较窄，而且容易受金融政策的制约和影响。

(三)按资金的来源范围分类

按资金的来源范围不同分类，企业筹资可以分为内部筹资与外部筹资两种类型。

1. 内部筹资

内部筹资是指企业通过留存利润而形成资金的筹资活动。内部筹资一般没有筹资费用，筹资规模受企业可分配利润的多少和利润分配政策的限制。

2. 外部筹资

外部筹资是指企业向外部获取资金的筹资活动。处于初创期和成长期的企业，内部筹资规模往往难以满足资金需求,因而企业需要广泛地开展外部筹资。因为外部筹资大多都需要一定的筹资费用,所以会相对提高资金成本。

(四) 按筹集资金的使用期限分类

按筹集资金的使用期限不同分类,企业筹资可以分为长期筹资与短期筹资两种类型。

1. 长期筹资

长期筹资是指企业筹集使用期限在 1 年以上的资金。长期筹资通常采取吸收直接投资、发行股票、发行债券、长期借款、融资租赁等方式来取得。从资金性质来看,长期资金可以是权益资金,也可以是债务资金。

2. 短期筹资

短期筹资是指企业筹集使用期限在 1 年以内的资金。短期资金主要用于企业的流动资产和资金日常周转,一般在短期内需要偿还。短期筹资通常采用商业信用、短期借款等方式,所筹资金一般是债务资金。

四、筹资原则

企业筹资管理的基本要求,是在严格遵守国家法律、法规的基础上,分析影响筹资的各种因素,权衡资金的性质、数量、成本和风险,合理选择筹资方式,提高筹资效果。企业筹资具体应遵循以下五个原则。

1. 合法筹资原则

企业的筹资活动影响着社会资金及资源的流向和流量,涉及相关投资者的经济利益,影响着社会经济秩序,因此企业的筹资活动必须遵循国家的相关法律、法规,依法履行合同约定的责任,依法披露信息,维护各方的合法权益。

2. 规模适当原则

不同时期的企业资金需求会发生变化,企业要根据生产经营及其发展的实际需要,合理预测并确定筹资的规模。筹资规模与资金需要量应当平衡,既要避免因筹资不足影响生产经营的正常进行,也要防止因筹资过剩形成资金闲置。

3. 筹资及时原则

企业筹资要合理预测并确定资金需要的时间,根据资金需求的具体情况合理安排资金到位时间,使筹资与投资在时间上相衔接。既要避免过早筹集资金形成的资金闲置,也要防止取得资金的时间滞后,贻误投资时机而造成损失。

4. 方式经济原则

企业筹资渠道和方式多种多样,不同渠道和方式下资金成本、财务风险各有差异,企业应综合考虑各种筹资渠道和方式,选择经济、可行的资金来源,寻求最优的筹资组合,力求降低筹资成本。

5. 来源合理原则

企业筹资要综合考虑权益资金与债务资金的关系、长期资金与短期资金的关系、内部筹资与外部筹资的关系，合理安排资本结构，既要有效地利用负债经营，提高权益资金的收益水平，又要避免债务资金比例过高，导致财务风险过大，偿债负担过重。

五、资金需要量预测

资金需要量预测的方法有很多，本书主要介绍销售百分比法。所谓"销售百分比法"，是指以未来销售收入变动的百分比为主要参数，考虑随销售变动的资产负债项目及其他因素对资金需求的影响，从而预测未来需要追加的资金量的一种计算方法。

该方法有两个基本假设：一是部分资产和负债随销售的变化而成正比例变化，其他资产和负债固定不变；所有者权益中除留存收益变动外，其他项目不变。二是假设未来的销售额已知。销售百分比法下企业需要追加资金量的基本计算公式如下：

$$\Delta F = K(A-L) - R$$

式中，ΔF 表示企业在预测年度需从企业外部追加筹资的数额。K 表示预测年度销售收入对于基期年度增长的百分比。A 表示随销售收入变动而成正比例变动的资产项目基期金额，如货币资金、应收账款、存货等流动资产项目。对于固定资产，若假定基期固定资产的利用已经饱和，那么增加销售必须追加固定资产投资，且一般可以认为与销售增长成正比，应把基期固定资产净额计入 A 之内。A 是企业需要运用的资金。L 表示随销售收入变动而成正比例变动的负债项目基期金额，如应付账款、应交税费等流动负债项目。L 能给企业带来可用资金。R 表示预测年度增加的可以使用的留存收益，在销售净利率、股利发放率等确定的情况下计算得到。R 是企业内部形成的可用资金，可以作为向外界筹资的扣减数。

【例 3-1】榕辉机械有限责任公司 2023 年实现销售额 300 万元，销售净利率为 10%，并按净利润的 40%发放股利，假定公司的固定资产利用能力已经饱和，2023 年年底的资产负债表如表 3-1 所示。

表 3-1　榕辉机械有限责任公司资产负债表　　　　　　　　　　　单位：万元

资产		负债及所有者权益	
货币资金	100	负债：应付账款	250
应收账款	200	应交税费	50
存货	300	长期负债	100
固定资产	550	所有者权益：实收资本	600
无形资产	50	留存收益	200
合计	1 200	合计	1 200

若该公司计划在 2024 年把销售额提高到 360 万元，销售净利率、股利发放率仍保持 2023 年的水平。要求：用销售百分比法预测该公司 2024 年需要向外界融资的融资额。

解：K= (360−300)÷300=20%

A=100+200+300+550=1 150(万元)

L=250+50=300(万元)

$R=360×10\%×(1-40\%)=21.6(万元)$

$\Delta F=20\%×(1\ 150-300)-21.6=148.4(万元)$

任务二 权益资金的筹集

权益资金是企业所有者投入企业的资本金和企业在生产经营过程中形成的留存收益等,是企业筹集债务资金的前提与基础。权益资金的筹资方式包括吸收直接投资、发行股票和利用留存收益三种主要形式。

一、吸收直接投资

吸收直接投资是指企业按照"共同投资、共同经营、共担风险、共享收益"的原则,直接吸收国家、法人、个人和外商投入资金的一种筹资方式。吸收直接投资不以股票为媒介,不需要公开发行证券。吸收直接投资是非股份制企业筹集权益资金的基本方式。

(一)吸收直接投资的种类

吸收直接投资按照资金来源不同可分为以下四种类型。

1. 吸收国家投资

国家投资是指有权代表国家投资的政府部门或机构,以国有资产投入公司,这种情况下形成的资本称为国有资本。吸收国家投资的产权归属国家,资金的运用和处置受国家约束较大,通常国有公司才能采用。

2. 吸收法人投资

法人投资是指法人单位将其依法可支配的资产投入公司,这种情况下形成的资本称为法人资本。吸收法人投资一般发生在法人单位之间,出资方式灵活多样,以参与公司利润分配或控制为目的。

3. 吸收社会公众投资

社会公众投资是指社会个人或本公司职工将个人合法财产投入公司,这种情况下形成的资本称为个人资本。吸收社会公众投资参加投资的人员一般较多,每人投资的数额相对较少。

4. 吸收外商投资

吸收外商投资是指我国香港、澳门、台湾地区与外国投资者将合法资金投入企业,共同投资创办中外合资经营企业或者中外合作经营企业的一种直接投资方式。

(二)吸收直接投资的方式

1. 货币资金投资

货币资金投资是吸收直接投资中最主要的出资方式。货币资金具有很大的灵活性,便于获取其他物资，支付各种费用，满足企业创建开支和日常周转需要。我国《公司法》规定，公司全体股东或者发起人的货币出资金额不得低于公司注册资本的30%。

2. 实物资产投资

实物资产投资是指投资者以房屋、建筑物、设备等固定资产和材料、燃料、商品产品等流动资产所进行的投资。企业吸收实物资产投资应符合以下三个条件：一是适合企业生产、经营、研发等活动的需要；二是技术性能良好；三是作价公平合理。

3. 土地使用权投资

投资人依法可利用土地使用权进行投资。企业吸收土地使用权投资应符合以下三个条件：一是适合企业生产、经营、研发等活动的需要；二是地理、交通条件适宜；三是作价公平合理。

4. 工业产权投资

工业产权通常是指专有技术、商标权、专利权、非专利技术等无形资产。企业吸收工业产权投资应符合以下四个条件：一是有助于企业研究、开发和生产新的高科技产品；二是有助于企业提高生产效率，改进产品质量；三是有助于企业降低生产消耗、能源消耗等各种消耗；四是作价公平合理。

5. 特定债权投资

特定债权是指企业依法发行的可转换债券，以及按照国家有关规定可以转作股权的债权。

(三)吸收直接投资的程序

1. 确定筹资数量

企业应先根据生产经营的规模确定资金的总需求量及合理的资本结构，然后据以确定吸收直接投资的资金数量。

2. 寻找投资单位

企业既要广泛了解有关投资者的资信、财力和投资意向，又要积极宣传，使出资方了解企业的经营能力、财务状况及未来预期，投资者与出资者双向选择，寻找最合适的合作伙伴。

3. 协商和签署投资协议

投资单位确定后，双方进行具体协商，确定出资数额、出资方式和出资时间，然后签署投资协议或合同，以明确双方的权利和责任。

4. 取得所筹集的资金

签署投资协议后，企业按协议规定或计划取得资金。通常要编制拨款计划，明确拨款期限、每期数额及拨款方式。如为实物、工业产权、土地使用权投资，要核实财产数量是否准确，然后再办理产权的转移手续以取得资产。

(四)吸收直接投资的优缺点

1. 吸收直接投资的优点

(1) 手续相对简便,筹资费用相对较低。吸收直接投资的双方直接接触磋商,没有中间环节,容易进行信息沟通,有助于筹资快速完成。

(2) 能够尽快形成生产经营能力。吸收直接投资不仅可以取得货币资金,而且能够直接获得所需的先进设备和技术,尽快形成生产经营能力。

(3) 有利于增强企业信誉。吸收直接投资筹集的资金属于权益资金,与债务筹资相比,能提高企业的信誉和借款能力。

(4) 财务风险较低。与债务筹资相比,吸收直接投资没有固定的还本付息的压力,财务风险较低。

2. 吸收直接投资的缺点

(1) 资金成本较高。吸收直接投资后要用税后利润向投资者支付报酬,不能减少企业所得税,当企业盈利较高时,投资者往往也要求支付高额的红利。

(2) 企业控制权分散。采用吸收直接投资方式筹资,投资者一般都要求获得相应的经营管理权。这会造成原有投资者控制权的分散与减弱。

(3) 不易进行产权交易。吸收直接投资没有证券为媒介,不利于产权交易,产权转让较难。

二、发行股票

股票是股份有限公司为筹集权益资金而发行的有价证券,是公司签发的证明股东持有公司股份的凭证,代表着股东对发行公司净资产的所有权。

(一)股票的特征

(1) 永久性。发行股票所筹集的资金属于公司的长期自有资金,没有期限,无须归还。

(2) 流通性。股票作为一种有价证券,在资本市场上可以自由转让、买卖,也可以继承、赠送或作为抵押品。

(3) 风险性。股东是企业风险的主要承担者。风险的主要表现在股票价格的波动、股利的不确定、剩余财产分配时居于最后顺序等。

(4) 参与性。股东作为股份公司的所有者,有权参与企业的经营管理,包括参与经营者选择、重大决策、财务监控等。

(二)股票的种类

1. 根据股东权利和义务的不同

根据股东权利和义务的不同进行分类,股票可以分为普通股股票和优先股股票。

普通股股票是指公司发行的代表股东享有平等权利和义务,没有特别限制的,股利不固定的股票。普通股是最基本的股票,在通常情况下,,股份有限公司只发行普通股。

优先股股票是指公司发行的、在分配股利和剩余财产时相对于普通股具有一定优先权的股票。优先股股东在参与公司经营管理上受一定限制,如在股东大会上仅对涉及优先股权利的问题有表决权。

2. 根据票面是否记名分类

根据票面是否记名进行分类，股票可以分为记名股票和无记名股票。

记名股票是指在股票票面上记载有股东姓名或将名称记入公司股东名册的股票。无记名股票是指不登记股东姓名，只记载股票数量、编号及发行日期的股票。

我国《公司法》规定，公司向发起人、国家授权投资机构、法人发行的股票，应为记名股票；向社会公众发行的股票，可以为记名股票，也可以为无记名股票。

3. 根据发行对象和上市地点的不同分类

根据发行对象和上市地点的不同进行分类，股票可以分为 A 股、B 股、H 股、N 股和 S 股等。

A 股是指我国境内公司发行、境内上市交易，以人民币标明面值，并以人民币认购和交易的股票。B 股是指我国境内公司发行、境内上市交易，以人民币标明面值，以外币认购和交易的股票。H 股是指注册地在内地、在香港上市的股票。N 股是指在纽约上市的股票。S 股是指在新加坡上市的股票。

(三)普通股筹资

1. 普通股股东的权利

(1) 经营管理权。股东有权参与重大决策、经营者选择、财务监控、公司经营的建议和质询、股东大会召集等。

(2) 收益分享权。股东有权通过股利方式获取公司的税后利润。

(3) 股份转让权。股东有权出售或转让所持有的股票。

(4) 优先认股权。原有股东拥有优先认购本公司增发股票的权利。

(5) 剩余财产要求权。当公司解散、清算时，股东有对清偿债务、清偿优先股股东之后的剩余财产索取的权利。

2. 普通股筹资的优缺点

(1) 普通股筹资的优点。

① 有利于公司自主经营管理。通过对外发行股票，公司的所有权与经营权相分离，分散了公司的控制权，有利于公司自主管理、自主经营。

② 能增强公司的社会声誉。发行普通股筹集的资金是权益资金，而且股东的大众化，可以为公司带来广泛的社会影响，增强企业的举债能力。

③ 财务风险较小。普通股没有固定的到期日，不用偿还本金，也没有固定的股利支付压力，因此财务风险较小。

(2) 普通股筹资的缺点。

① 资金成本较高。股票投资的收益具有不确定性，风险较大，投资者会要求较高的风险补偿。另外，股利是从税后利润中支付的，因此股票筹资的成本较高。

② 分散控制权。普通股筹资的股东众多，公司的控制权分散，公司也容易被经理人控制。

③ 不易及时形成生产能力。普通股筹资吸收的一般都是货币资金，需要通过购置和建造形成生产经营能力，相对于吸收直接投资来说，不易及时形成生产经营能力。

(四) 优先股筹资

优先股是股份公司发行的具有一定优先权的股票。它既具有普通股的某些特征，又与债券有相似之处。从法律上讲，企业对优先股不承担还本义务，因此它是企业自有资金的一部分。

1. 优先股股东的权利

(1) 优先分配股利权。优先股股利的分配在普通股之前，其股利是固定的，一般按面值的一定百分比计算。

(2) 优先分配剩余财产权。当企业清算时，优先股的剩余财产请求权位于债权人之后，但位于普通股之前。

(3) 部分管理权。优先股股东的管理权有严格限制，比普通股股东的管理权小。一般没有投票表决权，只有与优先股有关的事项，优先股股东才有表决权。

2. 优先股筹资的优缺点

(1) 优先股筹资的优点如下。

① 优先股没有固定的到期日，是自有资金，不用偿还。

② 股利支付虽然固定，但无约定性。当公司财务状况不佳时，也可暂不支付，不像债券到期无力偿还本息有破产风险。

③ 优先股属于自有资金，既能增强公司信誉及借款能力，又能保持原普通股股东的控制权。

(2) 优先股筹资的缺点如下。

① 资金成本高。优先股股利要从税后利润中支付，不像债券利息可以税前支付。股利支付虽无约定性且可以延时，但终究是一种较重的财务负担。

② 优先股较普通股限制条款多。发行优先股，通常有许多的限制条款，如对股利支付的限制、对公司借款的限制等，不利于公司的自主经营。

三、利用留存收益

留存收益是指企业从历年实现的净利润中提取或留存于企业的内部积累，主要包括盈余公积和未分配利润两部分。留存收益实际上是投资者对企业的再投资。利用留存收益的优缺点如下。

1. 利用留存收益的优点

(1) 没有筹资费用。与发行普通股筹资相比较，利用留存收益不需要发生筹资费用，资金成本较低。

(2) 维持普通股股东的控制权。利用留存收益筹资，不用对外发行新股或吸收新投资者，不会稀释原有股东的控制权。

(3) 增强公司信誉。留存收益属于权益资金,而且能够使企业保持较大的可支配现金流,解决公司经营发展的资金需要,相应地提高企业举债的能力。

2. 利用留存收益的缺点

(1) 筹资规模有限。留存收益来源于企业净利润,受当年盈利情况和股利发放政策的影响,筹资规模有限。如果企业发生亏损,则当年没有利润留存。

(2) 资金使用受限。留存收益中的某些项目,如法定盈余公积等的使用要受国家有关规定的制约。

四、权益筹资的优缺点

(一)权益筹资的优点

1. 权益筹资是企业稳定的资本基础

权益资金没有固定的到期日,无须偿还,是企业的永久性资本。这对于保障企业对资金的最低需求、促进企业长期持续稳定经营具有重要意义。

2. 权益筹资是企业良好的信誉基础

权益资金作为企业最基本的资本,代表了公司的实力,是企业与其他单位组织开展经营业务、进行业务活动的信誉基础。同时,权益资金也是其他方式筹资的基础,可以为债务筹资提供信用保障。

3. 企业的财务风险较小

权益资金没有定期还本付息的财务压力,企业可以根据其盈利状况,来决定向投资者支付多少报酬,财务风险较小。另外,相对于债务资金而言,权益筹资所受限制较少,资金使用上一般也无特别限制。

(二)权益筹资的缺点

1. 资金成本负担较重

投资者进行权益资金投资,承担较高风险,也要求较高的报酬率。另外,股利、红利从税后利润中支付,不能减少所得税。因此,权益筹资的资金成本一般要高于债务筹资。

2. 控制权变更可能影响企业长期稳定发展

利用权益筹资,由于引进新的投资者或发行新的股票,必然会导致公司控制权分散,因此会影响公司管理层的人事变动和决策效率,不利于公司的正常经营。

3. 信息沟通与披露成本较大

投资者或股东作为企业的所有者,企业需要通过各种渠道和方式加强与投资者的关系,这需要公司花更多的精力进行公司的信息披露和投资者关系管理。

任务三　债务资金的筹集

债务资金是指企业债权人按契约约定借给企业,并要求按时还本付息的资金,即负债。企业债务筹资主要有银行借款、发行公司债券、融资租赁、商业信用等形式。

一、银行借款

银行借款是指企业向银行或其他非银行金融机构借入的、需要还本付息的款项。

(一)银行借款的种类

1. 按借款期限的不同分类

按借款期限的不同进行分类,银行借款可分为长期借款和短期借款。

长期借款是指贷款期限超过1年的贷款,主要用于企业购建固定资产和满足长期流动资金周转的需要。

短期借款是指贷款期限在1年以内的贷款,主要用于满足企业短期流动资金周转的需要。

2. 按贷款的机构不同分类

按贷款的机构不同进行分类,银行借款可分为政策性银行贷款、商业性银行贷款和其他金融机构贷款。

政策性银行贷款是指国家政策性银行向企业发放的贷款,主要为执行国家重点扶持行业和支持的项目服务。

商业性银行贷款是指各商业银行向企业提供的贷款,用以满足企业生产经营的资金需要。

其他金融机构贷款是指信托投资公司、保险公司等非银行金融机构向企业提供的贷款。一般期限较长,利率较高,对借款企业的信用要求和担保要求比较严格。

3. 按贷款有无担保要求分类

按贷款有无担保要求进行分类,银行借款可分为信用贷款和担保贷款。

信用贷款是指以借款人的信誉或保证人的信用为依据而获得的贷款。信用贷款无须以财产做抵押,风险较高,银行通常要收取较高的利息,往往还附加一定的限制条件。

担保贷款是指由借款人或第三方依法提供担保而获得的贷款。担保贷款又可分为保证贷款、抵押贷款和质押贷款三种。

4. 按贷款的用途不同分类

按贷款的用途不同进行分类,银行借款可分为基本建设贷款、专项贷款和流动资金贷款。

基本建设贷款是指企业因新建、改建、扩建等基本建设项目需要而向银行申请的贷款。

专项贷款是指企业因专门用途而向银行申请的贷款,如研发和新产品研制贷款。

流动资金贷款是指企业为满足流动资金的需求而向银行申请的贷款，包括流动资金借款、生产周转贷款、临时借款等。

(二)长期借款的保护性条款

在长期负债筹资中，长期借款是一种重要的筹资方式。长期借款具有筹集速度快、灵活性较大，筹资成本较低等优点，但也有限制性条款多的缺点。由于长期借款金额大、期限长，银行收回贷款具有很多不确定性，承担的风险较大，因此在借款合同中，银行一般对企业都有限制性条款，以确保企业按要求使用借款和按时足额偿还借款。限制性条款有一般性限制条款和特殊性限制条款两种。

一般性限制条款是指大多数借款合同都具备的限制性条款，如流动资金的限制、现金支付的限制、资本支出规模的限制、定期提供财务报表等；特殊性限制条款是指为了解决某些特殊情况的出现而特别规定的限制性条款，如贷款专款专用、限制高层领导人的薪酬、为高层领导人购买人寿保险等。

(三)短期借款的信用条件

短期借款种类很多，可以根据企业的需要安排，便于灵活使用，但其通常会附带很多附加条件。

1. 信贷额度

信贷额度即贷款限额，是指借款企业与银行在协议中规定的借款最高数额。在信贷额度内，企业可以随时按需要支用借款，超过限额则不予办理。但是，如果企业信誉恶化，即使在信贷额度内，银行也可不发放贷款，并且不承担法律责任。

2. 周转信贷协定

周转信贷协定是指银行承诺提供不超过某一最高限额的贷款协定。银行对周转信贷协定负有法律责任，在协定的有效期内，只要企业借款总额未超过最高限额，银行必须满足企业任何时候提出的借款要求。但是，企业要享用周转信贷协定，一般要对未使用的贷款部分付给银行一笔承诺费用。

【例 3-2】榕辉机械有限责任公司与某银行签订的周转信贷额度为 1 000 万元，2023 年实际使用了 800 万元，承诺费率为 0.5%。

要求：计算该公司应向银行支付的承诺费是多少？

解：承诺费=(1 000−800)×0.5%=1 (万元)

3. 补偿性余额

补偿性余额是指银行为了降低贷款风险，要求借款企业在银行中保留按贷款限额或实际借用额的一定比例(通常为 10%~20%)计算的最低存款余额。对借款企业来说，补偿性余额减少了实际贷款额，提高了借款的实际利率，加重了企业的负担。

【例 3-3】榕辉机械有限责任公司向某银行借款 500 万元，利率为 5%。银行要求保留 15%的补偿性余额。

要求：计算该笔借款的实际利率是多少？

解：实际借款利率 = $\dfrac{500 \times 5\%}{500 \times (1-15\%)} = \dfrac{5\%}{1-15\%} = 5.88\%$

4. 借款抵押

为了降低风险，银行发放贷款时往往需要企业提供应收账款、存货、应收票据、债券等抵押品担保。银行根据抵押品面值的30%~90%发放贷款，具体比例取决于抵押品的变现能力和银行对风险的态度。

(四) 短期借款的利息支付方式

短期借款的利息支付方式一般有收款法、贴现法和加息法三种。

1. 收款法

收款法是指在贷款到期时向银行支付利息的方法。银行向企业贷款一般采用这种方法。采用收款法时，短期贷款的实际利率等于名义利率。

2. 贴现法

贴现法又称折价法，是指银行向企业发放贷款时，先将利息从本金中扣除，企业到期时偿还全部本金的方法。采用贴现法时，企业没有使用到全部贷款，贷款的实际利率要高于名义利率。

【例3-4】榕辉机械有限责任公司从某银行取得1年期贷款100万元，利率为5%，按贴现法支付利息。

要求：计算该笔借款的实际利率是多少？

解：实际利率 = $\dfrac{100 \times 5\%}{100 \times (1-5\%)} = \dfrac{5\%}{1-5\%} = 5.26\%$

3. 加息法

加息法是分期等额偿还贷款法。在这种方式下，银行要求企业在贷款期内分期等额偿还贷款本息之和。由于贷款本金分期均衡偿还，借款企业实际上只使用了贷款本金的一半，却支付了全额利息，实际利率大约是名义利率的两倍。

【例3-5】榕辉机械有限责任公司向某银行借入一笔12万元的贷款，年利率为6%，分12个月等额偿还。

要求：计算该笔借款的实际年利率是多少？

解：实际利率 = $\dfrac{12 \times 6\%}{12/2} = 12\%$

(五) 银行借款筹资的优缺点

1. 银行借款筹资的优点

(1) 筹资速度快。与发行证券等其他筹资方式相比，银行借款的程序相对简单，所需时间较短，能迅速筹集所需资金。

(2) 资金成本低。相比发行公司债券和融资租赁，银行借款的利息和筹资费用都要低。

另外，跟权益筹资相比，银行借款利息在所得税前支付，具有抵税作用。

(3) 筹资弹性大。企业可以与银行等金融机构直接商定贷款的时间、金额、利率等条件；借款后若企业的财务状况有变，也可与金融机构再协商，变更贷款条件或提前偿还本息。

(4) 维持股东控制权。提供贷款的金融机构无权参与企业的经营管理，不会分散股东对企业的控制权。

2. 银行借款筹资的缺点

(1) 限制条款多。银行借款合同一般都有一些限制性条款，对公司资本支出额度、再筹资、股利支付等行为有严格的约束，会给企业的生产经营活动和财务政策带来一定的影响。

(2) 筹资金额有限。银行借款的金额受到金融机构资金实力的制约，一般无法像发行公司债券、股票一样一次筹集大量资金，难以满足企业大规模资金需求。

(3) 财务风险较大。银行借款必须定期还本付息，若经营不善可能导致无法偿付。

二、发行公司债券

公司债券又称企业债券，是指企业依照法定程序发行的、承诺在一定期限内还本付息的有价证券。

(一)公司债券的种类

1. 按是否记名分类

按是否记名进行分类，公司债券可以分为记名债券和无记名债券。

记名债券是指将债券持有人的姓名、住所等相关信息在公司债券存根簿上载明的债券。记名债券须以背书方式或法律、行政法规规定的其他方式转让。

无记名债券是指不载明持有人姓名及住所的债券。无记名债券由债券持有人将该债券交付给受让人后即发生转让的效力。

2. 按能否转换成股权分类

按能否转换成股权进行分类，公司债务可以分为可转换债券和不可转换债券。

可转换债券是指债券持有者在规定的时间内可以按规定的价格转换为发行公司股票的债券。

不可转换债券是指不能转换为发行公司股票的债券。大多数公司债券属于不可转换债券。

3. 按有无特定财产担保分类

按有无特定财产担保进行分类，公司债券可以分为抵押债券和信用债券。

抵押债券是指以一定抵押品作抵押担保而发行的债券。分为不动产抵押债券、动产抵押债券和证券信托抵押债券三种。

信用债券是指仅凭公司自身的信用发行的、没有抵押品作抵押担保的债券。

(二)债券的偿还

债券的偿还分为提前偿还和到期偿还两种，其中到期偿还又包括到期分批偿还和到期一次偿还两种。

1. 提前偿还

提前偿还又称提前赎回，是指在债券尚未到期之前就给予偿还。只有在发行债券的契约中规定了有关允许提前偿还的条款，才可以提前赎回。提前偿还所支付的金额一般要高于债券的面值，并且随着到期日的临近而逐渐下降。发行具有提前偿还条款的债券可使企业筹资有较大的弹性。

2. 到期分批偿还

分批偿还是指在发行同一种债券时就规定了不同的到期日。因为各批债券的到期日不同，发行价格和票面利率也可能不相同，从而导致发行费用较高；但这种债券有利于投资人挑选最合适的到期日，因而便于发行。

3. 到期一次偿还

一次偿还是指在债券到期日一次性归还债券本金，并结算债券利息。大多数发行的债券属于到期一次偿还。

(三) 发行公司债券筹资的优缺点

1. 发行公司债券筹资的优点

(1) 筹资规模较大。与其他债务筹资方式相比，发行公司债券能够筹集大量的资金，可满足大型公司经营规模的需要。

(2) 资金的使用限制条件少。与银行借款相比，发行公司债券筹集的资金限制条件较少，在使用上具有相对自主性。

(3) 增强公司的社会声誉。通过发行公司债券，一方面筹集了大量资金，另一方面也扩大了公司的社会影响力。

(4) 资金成本相对较低。公司债券的期限长、利率相对固定，发行公司债券筹资能够锁定资金成本，如果未来市场利率持续上升，则减轻了企业负担。债券的利息在税前支付，有抵税作用。

(5) 保障股东控制权。债券持有人无权参与企业的经营管理，不会分散股东对企业的控制权。

2. 发行公司债券筹资的缺点

财务风险大，相对于银行借款筹资，发行债券的利息和筹资费用都比较高，而且债券不能同银行借款一样进行债务展期，在固定的到期日将会对公司现金流量产生巨大的财务压力。

三、融资租赁

租赁是指出让资产的一方(出租人)通过签订资产出让合同的方式，以收取租金为条件，在合同规定的期限内将资产使用权让渡给使用资产的一方(承租人)的一种交易行为。

(一)租赁的分类

租赁分为经营租赁和融资租赁。

1. 经营租赁

经营租赁是指由出租人向承租人在短期内提供设备,并提供维修、保养、人员培训等服务的一种服务性业务。经营租赁的租赁期一般较短,而且在合理的限制条件内承租人可以中途解约;租赁设备的维修、保养由出租人负责;租赁期满或合同中止以后,设备由出租人收回。经营租赁通常适用于租用技术过时较快的生产设备。

2. 融资租赁

融资租赁是指由出租人按承租人要求出资购买设备,在较长的合同期内提供给承租人使用的融资信用业务,是以融通资金为主要目的的租赁。融资租赁的设备是根据承租人提出的要求购买的,租赁期较长,一般接近于设备的寿命期,而且在租赁期间双方都无权中止合同;租赁设备由承租人负责维修、保养;租赁期满,按事先约定的方法处理设备,包括退还出租人、继续租赁或承租人留购等。

(二)融资租赁的形式

融资租赁按照业务形式的不同分类,可以分为以下三种类型。

1. 直接租赁

直接租赁是指出租人按照承租人的要求选购设备并直接出租给承租人,是融资租赁的主要形式。直接租赁只涉及出租人和承租人两方当事人。

2. 售后回租

售后回租是指承租人先将自己的资产出售给出租人,然后再从出租人那里租回资产的使用权。售后回租只涉及出租人和承租人两方当事人,出租人先通过出售资产获得一笔资金,再通过回租保留资产的使用权。

3. 杠杆租赁

杠杆租赁涉及承租人、出租人和资金出借人三方当事人。在杠杆租赁方式下,出租人一般只投入资产价值 20%~40%的资金,其余资金则通过将该资产向第三方(通常为银行)抵押担保申请贷款来支付。这时,出租人既是债权人也是债务人,既要收取租金又要偿还债务。

(三)融资租赁租金的构成和计算

1. 租金的构成

(1) 设备的购置成本,包括设备买价、运输费、安装调试费、保险费等。它是租金的主要组成部分。

(2) 利息,是指出租人为承租人购置设备所垫付资金的成本。

(3) 租赁手续费,是指出租人承办租赁设备所发生的业务费用和必要的利润。

(4) 预计设备残值,是指设备租赁期满后出售可取得的收入,是租金的减项。

2. 租金的计算

在财务管理实务中,租金的计算大多采用等额年金法。在等额年金法下,通常根据利率和租赁手续费率确定一个租费率,作为折现率,将租金折算为等额支付的年金。其计算公式如下。

$$R = \frac{C - S \times (P/F, i, n)}{(P/A, i, n)}$$

式中,R 为每期应支付的租金;C 为设备的购置成本;S 为租赁期满留购时的转让价格;i 为租费率,n 为支付租金次数。

【例 3-6】榕辉机械有限责任公司从租赁公司租入一套设备,价值 100 万元,租期 10 年,租赁期满预计残值 10 万元,归租赁公司所有。年利率为 10%,租赁手续费率每年为 2%。租金每年年末支付一次。

要求:请计算租赁该设备的年租金支付额。

解:年租金支付额 $= \frac{100 - 10 \times (P/F, 12\%, 10)}{(P/A, 12\%, 10)} = \frac{100 - 10 \times 0.322}{5.650\,2} = 17.13$(万元)

(四)融资租赁筹资的优缺点

1. 融资租赁筹资的优点

(1) 能迅速获得资产。融资租赁集"融资"与"融物"于一体,一般要比先筹措资金再添置设备来得快,企业可尽快形成生产经营能力。

(2) 融资期限长,财务风险小。融资租赁能够避免一次性支付的负担,而且融资租赁的融资期限接近设备使用寿命期限,企业将全部租金在整个租期内分期支付,降低了企业不能偿付的风险。

(3) 限制条件少。企业采用发行股票、公司债券、长期借款等方式,都会受到相当多资格条件的限制,而融资租赁筹资的限制条件却很少。

2. 融资租赁筹资的缺点

资金成本相对较高,因为融资租赁的租金通常比银行借款或发行债券所负担的利息要高得多,租金总额通常要比设备价值高出 30%。

四、商业信用

商业信用是指商品交易中的延期付款或延期交货所形成的借贷关系。商业信用是商品交易中钱与货分离而产生的企业之间的直接信用行为,是一种自然性筹资方式。

(一)商业信用的形式

利用商业信用筹资,主要有以下四种形式。

1. 应付账款

应付账款是企业赊购商品形成的,是一种最典型、最常见的商业信用形式。这种方式相当于买方先占用了应属于卖方的一笔资金,是买方进行短期筹资的行为。当企业扩大生产规模时,其进货量和应付账款相应增加,商业信用就提供了增产需要的部分资金。

2. 应付票据

应付票据是指企业在经济业务结算中,因采用商业汇票结算方式而产生的商业信用。

3. 预收货款

预收货款是指卖方先向买方收取全部或部分货款,但要延迟一定时间后交货。这种方式等于卖方向买方先借一笔资金,是卖方进行短期筹资的行为。

4. 应计未付款

应计未付款是企业在生产经营和利润分配过程中已经计提但尚未以货币支付的款项,主要包括应付职工薪酬、应缴税金、应付利润或应付股利等。例如,应付职工薪酬,在应付职工薪酬已计提但未支付的这段时间,相当于职工给企业的一个信用。企业使用这些自然形成的资金无须付出任何代价。

(二)应付账款的信用条件及现金折扣的决策

1. 应付账款的信用条件

应付账款的信用条件是指卖方对付款时间和现金折扣所做的具体规定,主要包括以下两种。

(1) 延期付款,且不提供现金折扣。在这种信用条件下,卖方允许买方在交易发生后一定时期内按发票金额支付货款。例如,"n/30"表示信用期为30天,在30天内必须全额付款。

(2) 延期付款,若早付款有现金折扣。在这种信用条件下,卖方针对买方提前付款给予一定的现金折扣,若买方不享受现金折扣,则必须在一定时期内付清账款。例如,"3/10,n/30"表示信用期为30天,其中折扣期为10天,在10天内付款可以享受3%的现金折扣,若放弃折扣,则必须在30天内全额付款。

2. 是否享受现金折扣的决策

卖方提供折扣条件是为了促进买方提前付款,加速账款的收现,而对于买方来说,就存在是否利用折扣的决策问题,要解决这一问题就要计算放弃现金折扣的成本。企业放弃现金折扣成本的计算公式如下。

$$放弃现金折扣成本 = \frac{现金折扣率 \times 360}{(1-现金折扣率) \times (信用期 - 折扣期)} \times 100\%$$

如果企业能以低于现金折扣成本的利率借入资金,则应该选择享受现金折扣。如果企业借入资金的利率高于现金折扣成本的利率,则应该放弃现金折扣。

另外,如果企业在折扣期内将应付账款用于短期投资,获得的收益率高于现金折扣利率,则应放弃现金折扣,去投资。反之,获得的收益率低于现金折扣利率,则应享受现金折扣。

【例3-7】榕辉机械有限责任公司按"3/10,n/40"的条件从甲供应商处购入价值10 000

元的原材料，假设此时银行短期贷款利率为 12%。

要求：确定该公司应作出怎样的决策？

解：企业可以在第 40 天付款 10 000 元，也可以在第 10 天付款 9 700 元，放弃现金折扣，把 9 700 元占用 30 天，需支付 300 元的代价。

$$放弃甲供应商现金折扣成本 = \frac{3\% \times 360}{(1-3\%) \times (40-10)} \times 100\% = 37.11\%$$

因为放弃现金折扣的成本大于银行短期贷款利率，所以应当享受现金折扣，在第 10 天付款 9 700 元。

(三) 商业信用筹资的优缺点

1. 商业信用筹资的优点

(1) 筹资方便。商业信用与商品买卖同时进行，是一种自然性筹资，不用进行额外的安排，而且不需要办理手续。

(2) 筹资成本低。利用商业信用，不仅没有筹资费用，而且没有利息支付。如果没有现金折扣，或企业不放弃现金折扣，则利用商业信用筹资没有实际成本。

(3) 限制条件少。利用所有筹资方式都有一些限制条件，而商业信用则限制较少，比较灵活且具有弹性。

2. 商业信用筹资的缺点

商业信用的时间一般较短，尤其是应付账款，不利于企业对资金的统筹运用，如果拖欠账款，则可能导致企业信用下降。另外，如果企业享受现金折扣，则付款时间会更短；而如果放弃现金折扣，则公司会付出较高的资金成本。

五、债务筹资的优缺点

(一) 债务筹资的优点

1. 筹资速度较快

与权益筹资相比，债务筹资不需要经过复杂的审批手续和证券发行程序，如银行借款、融资租赁等，可以迅速获得所需资金。

2. 筹资弹性较大

从企业的角度来看，由于权益资金不能退还，因此权益资本在未来永久性地给企业带来了资金成本的负担。而债务筹资则可以根据企业的经营情况和财务状况，灵活地商定债务条件，控制筹资数量，合理安排取得资金的时间。

3. 资金成本较低

债务筹资的利息、租金等筹资费用及取得资金的筹资费用比权益资金要低，而且利息等筹资费用可以在税前支付，所以一般来说，债务筹资的资金成本要低于权益筹资的资金成本。

4. 可以利用财务杠杆

债权人从企业那里只能获得固定的利息或租金，不能参加公司剩余收益的分配。当企业的资金报酬率高于债务利率时，会增加普通股股东的每股收益，提升企业价值。

5. 稳定公司的控制权

债权人无权参与企业的经营管理，债务筹资不会改变和分散股东对公司的控制权。

(二)债务筹资的缺点

1. 不能形成企业稳定的资金基础

债务资金有固定的到期日，只能作为企业的补充性资金来源，而且取得债务往往需要进行信用评级，没有信用基础的企业和新创企业难以获取足够的债务资金。另外，当现有债务资金在企业的资本结构中达到一定比例后，往往会因为财务风险增大而不容易再取得新的债务资金。

2. 财务风险较大

债务资金有固定的还本付息负担，企业要保持资产的流动性和资产收益水平，以作为债务清偿的保障，否则会给企业带来财务危机，甚至导致企业破产。

3. 筹资数额有限

债务筹资的数额往往受到贷款机构资金实力的制约，除发行公司债券方式外，一般难以像权益筹资那样一次性筹集大笔资金，无法满足公司大规模筹资的需求。

案例解析

迪士尼公司的资本结构为：长期负债21.97%，股东权益78.03%，公司的负债率很低。如果继续发行股票筹资，将会进一步分散公司的控制权，不利于公司的经营管理。而且股本比例的进一步提高，可能降低普通股每股收益，损害原有股东的利益。而公司息税前利润是利息费用的13.4倍(利息保障倍数)，相当高，偿还债务有保障，财务风险低。因此，公司可以通过发行债券来调整资本结构，从而降低资金成本，并且利用债务利息抵税和财务杠杆作用来增加股东的收益。

项 目 小 结

企业筹资是指企业根据经营活动、投资活动、资本结构管理和其他需要，通过一定的筹资渠道，采取一定的筹资方式，获取所需资金的一种财务行为。企业筹集的资金主要分为权益资金和债务资金两种。权益资金是企业所有者投入企业的资本金和企业在生产经营过程中形成的留存收益等，是企业筹集债务资金的前提与基础。权益筹资方式包括吸收直接投资、发行股票和利用留存收益等形式。债务资金是指企业债权人按契约约定借给企业，并要求按时还本付息的资金,即负债。企业债务筹资主要有银行借款、发行公司债券、融资租赁、商业信用等形式。

项目强化训练

一、单项选择题

1. 与银行借款筹资相比,发行普通股筹资的优点是( )。
   A. 筹资速度快   B. 筹资风险小   C. 筹资成本小   D. 筹资弹性大
2. 从筹资的角度来看,下列筹资方式中,筹资风险较小的是( )。
   A. 债券   B. 银行借款   C. 融资租赁   D. 发行普通股
3. 乙公司应收账款条件为"2/10,n/30",则债务人放弃现金折扣的成本为( )。
   A. 20%   B. 10%   C. 36.73%   D. 15%
4. 下列属于吸收直接投资特点的是( )。
   A. 能够尽快形成生产力   B. 不容易进行信息沟通
   C. 资金成本较低   D. 易于进行产权交易
5. 相对于股票筹资而言,银行借款的缺点是( )。
   A. 筹资速度慢   B. 筹资成本高   C. 借款弹性差   D. 财务风险大
6. 一笔50 000元的贷款,期限1年,年利率10%,银行采用贴现法计算利息,则该笔贷款的实际利率是( )。
   A. 11.11%   B. 12.5%   C. 低于10%   D. 13.33%
7. 采用销售百分比法预测企业资金需要量时,下列项目中被视为不随销售收入变动而变动的是( )。
   A. 现金   B. 应付账款   C. 存货   D. 公司债券
8. 出租人既出租某项资产,又以该项资产为担保借入资金的租赁方式是( )。
   A. 直接租赁   B. 售后回租   C. 杠杆租赁   D. 经营租赁
9. 下列选项中,不属于发行普通股筹资优点的是( )。
   A. 没有固定的利息负担   B. 没有到期日,不需要偿还
   C. 能够提高公司的信誉   D. 资金成本较低
10. 下列各项中,能够为企业筹集权益资金的是( )。
    A. 吸收直接投资   B. 银行借款   C. 融资租赁   D. 利用商业信用
11. 发行债券筹资的优点是( )。
    A. 不分散控制权   B. 财务风险大   C. 筹资数额有限   D. 限制条件较多
12. 某企业向银行取得一年期贷款50万元,年利率为8%,银行要求贷款本息分12个月等额偿还,则该项借款的实际利率约为( )。
    A. 4%   B. 12%   C. 16%   D. 20%
13. 下列各项中,能够增加企业自有资金的筹资方式是( )。
    A. 吸收直接投资   B. 发行公司债券
    C. 利用商业信用   D. 融资租赁

14. 下列各项中,不能作为投资者出资的是(　　)。
    A. 实物资产　　　B. 商标　　　　C. 土地使用权　　D. 担保权
15. 下列各种筹资方式中,属于间接筹资的是(　　)。
    A. 发行股票　　　B. 银行借款　　C. 发行债券　　　D. 吸收直接投资
16. 某企业向银行借入一笔 300 000 元的一年期贷款,年利率为 6%,贷款银行要求补偿性余额比例为 10%,则企业实际贷款利率为(　　)。
    A. 5.88%　　　　B. 6.96%　　　C. 6.67%　　　　D. 7.2%
17. 下列筹资方式中,无法筹集长期资金的是(　　)。
    A. 商业信用　　　B. 吸收直接投资　C. 发行普通股　　D. 融资租赁
18. 相对于借款购置设备而言,融资租赁的主要缺点是(　　)。
    A. 筹资速度较慢　　　　　　　B. 筹资成本高
    C. 到期还本负担过重　　　　　D. 设备淘汰风险大

二、多项选择题

1. 普通股股东拥有的权利包括(　　)。
    A. 股利分配请求权　　　　　　B. 优先认股权
    C. 股份转让权　　　　　　　　D. 剩余财产分配优先权
2. 银行借款的缺点主要表现在(　　)。
    A. 财务风险较高　　　　　　　B. 限制条件较多
    C. 筹资数量有限　　　　　　　D. 筹资速度快
3. 发行普通股筹资的优点是(　　)。
    A. 有利于增强企业信誉　　　　B. 资金成本较低
    C. 有利于降低财务风险　　　　D. 不容易分散企业控制权
4. 下列关于公司债券与股票的区别有(　　)。
    A. 债券是税前支付,股票股利必须于税后支付
    B. 债券风险较小,股票风险较大
    C. 债券到期必须还本付息,股票一般不退还股本
    D. 债券在剩余财产分配中先于股票
5. 与发行公司债券相比,银行借款筹资的优点有(　　)。
    A. 筹资速度快　　B. 借款弹性大　　C. 使用限制少　　D. 筹资费用低
6. 与股权筹资相比,债务筹资的优点有(　　)。
    A. 筹资弹性大　　　　　　　　B. 资金成本较高
    C. 可以利用财务杠杆　　　　　D. 稳定公司的控制权
7. 相比较发行普通股筹资,留存收益筹资的特点有(　　)。
    A. 资金成本较发行普通股低　　B. 保持普通股股东的控制权
    C. 增加公司的信誉　　　　　　D. 筹资限制少
8. 下列筹资方式中,资金成本高而财务风险低的有(　　)。
    A. 发行公司债券　　　　　　B. 银行借款　　　　C. 发行普通股
    D. 吸收直接投资　　　　　　E. 商业信用

9. 相对于普通股股东而言，优先股股东所拥有的优先权是( )。
   A. 优先管理权　　　　　　　　B. 优先表决权
   C. 优先分配股利权　　　　　　D. 优先分配剩余财产权
10. 下列有关债务筹资的表述中，不正确的有( )。
    A. 可以作为企业的永久性资本　B. 财务风险较大，资金成本较高
    C. 筹资数额有限　　　　　　　D. 可以稳定公司的控制权
11. 企业吸收直接投资包括( )等出资形式。
    A. 实物资产　　　　　　　　B. 货币资金　　　　C. 有价证券
    D. 无形资产　　　　　　　　E. 借款
12. 短期借款往往带有一定的信用条件，其内容有( )。
    A. 信贷额度　　B. 补偿性余额　　C. 借款抵押　　D. 周转信贷协定
13. 融资租赁的具体形式有( )。
    A. 直接租赁　　B. 服务租赁　　C. 售后回租　　D. 杠杆租赁
14. 融资租赁的优点有( )。
    A. 限制条件少　　　　　　　B. 及时获得所需设备
    C. 没有固定的财务负担　　　D. 增强企业财务实力
15. 企业筹措长期资金的筹资方式有( )。
    A. 利用商业信用　　B. 吸收直接投资　　C. 发行公司债券　　D. 融资租赁

三、判断题

1. 根据资金筹集的及时性原则，企业应尽早地筹集生产所需要的资金，以免影响正常经营。( )
2. 发行普通股所筹集的资金在公司存续期间不需要偿还，所以不需要成本。( )
3. 某企业计划购入材料，供应商给出的付款条件为"1/20, n/50"。若银行短期借款利率为10%，则企业应在折扣期内支付货款。( )
4. 如果在折扣期内将应付账款用于短期投资，所得的投资收益率低于放弃折扣的成本，则应放弃折扣。( )
5. 从出租人的角度来看，杠杆租赁与售后回租或直接租赁并无区别。( )
6. 公司债券发行的价格可以按票面金额，也可以高于或低于票面金额。( )
7. 债券利息和优先股股利都作为财务费用在所得税前支付。( )
8. 补偿性余额有助于降低银行贷款风险，但同时减少了企业的实际借款额，提高了贷款的实际利率。( )

四、名词解释

企业筹资　筹资渠道　筹资方式　权益筹资　债务筹资　融资租赁　商业信用

五、思考题

1. 企业筹集资金的动机有哪些？都可以通过哪些渠道筹集资金？
2. 企业筹资的原则有哪些？
3. 权益筹资的方式有哪些？各有什么优缺点？

4. 债务筹资的方式有哪些？各有什么优缺点？

5. 比较权益筹资和债务筹资，它们各自的优缺点有哪些？

六、计算分析题

1. 大洋公司拟向银行申请 1 年期贷款，甲银行的贷款年利率为 10%，要求补偿性余额的比例为 15%，到期一次还本付息；乙银行的贷款年利率为 12%，不要求补偿性余额，但采用贴现法计算利息。

要求：在不考虑其他条件的情况下，确定该公司应该向哪家银行借款比较有利？

2. 飞扬公司由于业务需要，采用融资租赁方式于 2024 年 1 月 1 日从某租赁公司租入一台机器设备，设备价款为 200 万元，租赁期为 8 年，期满后设备归飞扬公司所有，租赁费率为 10%。

要求：如果租赁协议规定租金于每年年末等额支付，那么请确定每年年末应支付的租金为多少？

3. 某企业向租赁公司融资租入一套设备，设备价款 120 万元，租赁期为 5 年，预计租赁期满时残值 6 万元，年利率 8%，手续费为设备价款的 3%，租金于每年年末支付。

要求：计算该企业每年年末应支付的租金。

4. 某公司拟采购一批材料，供应商规定的付款条件如下："3/10，n/60"。

要求：

(1) 假设银行短期贷款利率为 12%，确定公司的最佳付款日期。

(2) 假设目前有一短期投资，收益率为 40%，确定公司的最佳付款日期。

5. 某公司 2023 年实现销售额 100 万元，销售净利率为 8%，并按净利润的 75%发放股利，2023 年年底的资产负债表如表 3-2 所示。

表 3-2 公司资产负债表　　　　　　　　　　　　　　　　　　单位：万元

资产		负债及所有者权益	
货币资金	20	负债：短期借款	10
应收账款	80	应付账款	80
存货	140	长期债券	60
固定资产	150	所有者权益：实收资本	150
无形资产	10	留存收益	100
合计	400	合计	400

该公司计划在 2024 年把销售额提高到 120 万元，现有固定资产足以满足生产增长需要，销售净利率、股利发放率仍保持 2023 年的水平。

要求：用销售百分比法预测该公司 2024 年需向外界融资的筹资额。

微课视频

扫一扫,获取本项目相关微课视频。

任务一　资金筹集概述(一)

任务一　资金筹集概述(二)

任务二　权益资金的筹集(一)

任务二　权益资金的筹集(二)

任务三　债务资金的筹集(一)

任务三　债务资金的筹集(二)

任务三　债务资金筹集(三)

项目四 资金成本和资本结构

【知识目标】

- 了解资金成本的含义和作用。
- 了解杠杆基本原理。
- 了解资本结构的含义和影响因素。

【技能目标】

- 个别资金成本、综合资金成本和边际资金成本的计算。
- 边际贡献和息税前利润的计算。
- 经营杠杆系数、财务杠杆系数和总杠杆系数的计算。

案例引导

大宇资本结构的神话

韩国第二大企业集团大宇集团1999年11月1日向新闻界正式宣布,该集团董事长金宇中及14名下属公司的总经理决定辞职,以表示对大宇的债务危机负责,并为推行结构调整创造条件。韩国媒体认为,这意味着"大宇集团解体进程已经完成","大宇集团已经消失"。

大宇集团于1967年开始奠基立厂,其创办人金宇中当时是一名纺织品推销员。经过30年的发展,通过政府的政策支持、银行的信贷支持和在海内外的大力购并,大宇集团成为直逼韩国最大企业——现代集团的庞大商业帝国:1998年年底,总资产高达640亿美元,营业额占韩国GDP的5%;业务涉及贸易、汽车、电子、通用设备、重型机械、化纤、造船等众多行业;国内所属企业曾多达41家,海外公司数量创下过600家的纪录,鼎盛时期,海外雇员多达几十万人,成为国际知名品牌。大宇是"章鱼足式"扩张模式的积极推行者,认为企业规模越大,就越能立于不败之地,即所谓的"大马不死"。据报道,1993年金宇中提出"世界化经营"战略时,大宇在海外的企业只有15家,而到1998年年底已增至600多家,相当于每3天增加1家企业。还有更让韩国人为大宇着迷的是:在韩国陷入金融危机的1997年,大宇不仅没有被危机困倒,反而在国内的集团排名中由第4位上升到第2位,金宇中本人也被美国《财富》杂志评为亚洲风云人物。

1997年年底韩国发生金融危机后,其他企业集团都开始收缩,唯有大宇集团仍然我行我素,结果债务越背越重。尤其是1998年年初,韩国政府提出"五大企业集团进行自律结构调整"方针后,其他集团把结构调整的重点都放在改善财务结构方面,努力减轻债务负担。大宇集团却认为,只要提高开工率,增加销售额和出口就能躲过这场危机,因此继续大量发行债券,进行"借贷式经营"。1998年大宇集团发行的公司债券达7万亿韩元(约58.33亿美元)。1998年第4季度,大宇集团的债务危机已初露端倪,在各方援助下才避过债务灾难。此后,在严峻的债务压力下,大梦方醒的大宇集团虽作出了种种努力,但为时已晚。1999年7月中旬,大宇集团向韩国政府发出求救信号;7月27日,大宇因集团"延迟重组",被韩国4家债权银行接管;8月11日,大宇集团在压力下屈服,割价出售两家财务出现问题的公司;8月16日,大宇集团与债权人达成协议,在1999年年底前,将出售盈利最佳的大宇证券,以及大宇电器、大宇造船、大宇建筑等,大宇集团的汽车项目资产免遭处理。"8月16日协议"的达成,表明大宇集团已处于破产清算前夕,遭遇"存"或"亡"的险境。由于在此后的几个月中,经营依然不善,资产负债率仍然居高,大宇集团最终不得不走向本文开头所述的那一幕。

(资料来源: https://www.renrendoc.com/paper/227289652.html)

分析:
1. 在本案例中,财务杠杆起到了什么样的作用?
2. 什么是最佳资本结构?我们应当从"大宇神话"中汲取哪些教训?

> 理论认知

任务一 资 金 成 本

一、资金成本概述

(一)资金成本的含义

资金成本是指企业为筹集和使用资金而付出的代价。由于短期资金规模较小、时间较短，其成本的高低对企业筹资决策影响不大，因此资金成本通常是指长期资金成本，又称资本成本，通常用资金成本率表示。它是衡量资本结构优化程度的标准，也是对投资获得经济效益的最低要求，企业所筹集的资金付诸使用后，只有项目的投资报酬率高于资金成本率，才能表明所筹集的资金取得了较好的经济效益。

资金成本是资金所有权与资金使用权分离的结果。从出资者的角度来看，资金成本表现为因让渡资金使用权所要求得到的投资报酬率；从筹资者的角度来看，资金成本表现为取得资金使用权所付出的代价。资金成本从绝对量的构成来看，包括筹资费用和占用费用。

1. 筹资费用

筹资费用是指企业在筹措资金的过程中为获取资金而付出的各项费用。例如，向银行支付的借款手续费，因发行股票、公司债券而支付的发行费等。筹资费用通常在筹措资金时一次性发生，在使用资金过程中不再发生，因此可视为筹资总额的一项扣除。

2. 占用费用

占用费用是指企业在资金使用过程中因占用资金而向出资者支付的费用。例如，向银行等债权人支付的利息，向股东支付的股利等。占用费用是因为占用了他人的资金而必须支付的，是资金成本的主要内容。

(二)资金成本的作用

资金成本是企业筹资管理的一个重要概念，资金成本对于企业筹资管理、投资管理，乃至整个财务管理和经营管理都有着重要的作用。

1. 资金成本是比较筹资方式、选择筹资方案的依据

企业在选择筹资方式时，一般会从多方面进行考虑，而资金成本是其中的重要因素。在其他条件基本相同的情况下，企业应选择资金成本率最低的筹资方式。资金成本也就成了确定最佳资本结构的主要因素之一。

2. 资金成本是评价投资项目可行性的主要标准

任何投资项目，只有它预期的投资报酬率高于该项目使用资金的成本率，在经济上才是可行的，否则该项目就是无利可图甚至亏损的项目。因此，资金成本率成为用以确定项目投资报酬率的最低标准。

3. 资金成本是评价企业整体业绩的重要依据

企业的生产经营活动,实际上就是将筹集的资金投放后形成的资产营运,企业的总资产报酬率应高于其平均资金成本率,这样才能带来剩余收益,否则就说明企业资本的运用效益差,经营业绩不佳。

(三)影响资金成本的因素

1. 总体经济环境

如果国民经济保持健康、稳定、持续增长,整个社会经济的资金供给和需求相对均衡且通货膨胀水平低,那么资金所有者投资的风险小,预期报酬率低,相应的资金成本率就较低。相反,如果经济过热,通货膨胀持续居高不下,资金成本率就比较高。

2. 资本市场条件

如果资本市场缺乏效率,证券市场流动性低,则投资者投资风险大,要求的预期报酬率高,那么通过资本市场融通的资金成本就比较高;反之就比较低。

3. 企业经营状况和融资状况

如果企业经营风险高,财务风险大,投资者要求的预期报酬率就高,企业筹资成本相应就大;反之就比较小。

4. 企业筹资规模和时限的需求

资本是一种稀缺资源,在一定时期内,资金供给总量是一定的。因此,企业一次性需要筹集的资金规模越大,占用资金时限越长,资金成本就越高;反之就比较低。

(四)资金成本的一般模式

为了便于分析比较,资金成本通常用不考虑资金时间价值的一般通用模式计算。其计算公式如下:

$$资金成本 = \frac{年资金占用费}{筹资总额 - 筹资费用} \times 100\% = \frac{年资金占用费}{筹资总额 \times (1 - 筹资费率)} \times 100\%$$

二、个别资金成本

个别资金成本是指单一筹资方式所筹资金本身的成本,主要包括银行借款的资金成本、公司债券的资金成本、优先股的资金成本、普通股的资金成本和留存收益的资本成本等。其中,前两者属于债务资金成本,后三者属于权益资金成本。

(一)银行借款的资金成本

银行借款的资金成本包括借款利息和借款手续费用,借款手续费用是筹资费用的具体表现。利息费用在税前支付,可以起抵税作用,因此企业实际负担的利息为:利息×(1-所得税税率)。银行借款的资金成本按一般模式计算的公式如下。

$$K_t = \frac{I_t(1-T)}{L(1-f_t)} = \frac{i_t(1-T)}{1-f_t}$$

式中，K_t 为银行借款资金成本率；I_t 为银行借款年利息；L 为银行借款筹资额；T 为所得税税率；f_t 为筹资费用率；i_t 为银行借款年利率。

【例 4-1】 榕辉机械有限责任公司准备从银行借款 100 万元，年利率为 6%，期限为 5 年，每年付息一次，手续费率为 1%，企业所得税税率为 25%。

要求：计算该银行借款的资金成本是多少？

解：$K_t = \dfrac{6\% \times (1-25\%)}{1-1\%} = 4.55\%$

在实际工作中，银行借款的手续费一般比较低，往往可以忽略不计，因此银行借款的资金成本的计算公式可简化为：

$$K_t = i_t(1-T)$$

(二) 公司债券的资金成本

公司债券的资金成本主要包括债券利息和发行费用。债券利息在税前支付，其发行费用一般较高，不能忽略不计。另外，债券发行价格与其面值可能存在差异。因此，公司债券的资金成本的计算与银行借款的资金成本有所不同，按照一般模式计算的公式如下。

$$K_b = \frac{I_b(1-T)}{B(1-f_b)} = \frac{B_0 \times i_b(1-T)}{B(1-f_b)}$$

式中，K_b 为公司债券资金成本率；I_b 为债券年利息；B 为债券筹资额，按发行价格确定；T 为所得税税率；f_b 为筹资费用率；B_0 为债券面值；i_b 为债券票面利率。

【例 4-2】 榕辉机械有限责任公司准备以 110 元的价格，溢价发行面值为 100 元、票面利率为 8% 的 5 年期公司债券一批。每年付息一次，到期一次还本，发行费率为 2%，企业所得税税率为 25%。

要求：计算该批债券的资金成本是多少？

解：$K_b = \dfrac{100 \times 8\% \times (1-25\%)}{110 \times (1-2\%)} = 5.57\%$

(三) 优先股的资金成本

优先股的资金成本主要是向优先股股东支付的各期股利和发行费用。优先股的股利通常是固定的，但其股利是在税后支付，不存在抵税作用。优先股资金成本率按一般模式计算的公式如下。

$$K_p = \frac{d}{P_p(1-f_p)}$$

式中，K_p 为优先股资金成本率；d 为优先股年股利；P_p 为优先股筹资额，按发行价格确定；f_p 为筹资费用率。

【例 4-3】 榕辉机械有限责任公司准备发行一批优先股，每股发行价格为 5 元，发行费率为 4%，预计年股利为 0.5 元。

要求：计算该批优先股的资金成本是多少？

解：$K_p = \dfrac{0.5}{5 \times (1-4\%)} = 10.42\%$

(四)普通股的资金成本

普通股的资金成本主要包括向普通股股东支付的各期股利和发行费用。由于各期股利并不固定，随企业各期收益波动，其估算难度很大，因此只能假定各期股利的变化呈一定的规律性。如果是上市公司普通股，其资金成本还可以根据该公司股票收益率与市场收益率的相关性，按资本资产定价模型法估计。

1. 股利增长模型

假定资本市场有效，股票市场价格与价值相等，则普通股的资金成本的计算公式如下。

$$K_c = \dfrac{d_0 \times (1+g)}{P_c(1-f_c)} + g = \dfrac{d_1}{P_c(1-f_c)} + g$$

式中，K_c 为普通股资金成本率；d_0 为本期已支付的普通股股利；P_c 为普通股筹资额，按发行价格确定；f_c 为筹资费用率；g 为普通股股利年增长率；d_1 为预期第一年普通股股利。

【例4-4】榕辉机械有限责任公司准备发行一批普通股，每股发行价格为10元，发行费率为5%，预计发行后第一年年末每股发放现金股利1元，以后每年股利固定增长3%。

要求：计算该普通股的资金成本率是多少？

解：$K_c = \dfrac{1}{10 \times (1-5\%)} + 3\% = 13.53\%$

2. 资本资产定价模型

资本资产定价模型是从投资者角度来计算资金成本的，投资者要求的必要报酬率正是筹资者的资金成本率。其计算公式如下。

$$K_c = R_f + \beta \times (R_m - R_f)$$

式中，K_c 为普通股资金成本率；R_f 为无风险收益率，通常用短期国债利率为替代；β 为股票的系统性风险系数；R_m 为市场平均收益率。

【例4-5】榕辉机械有限责任公司普通股股票的 β 值为1.2，当时一年期国债利率为5%，市场平均收益率为12%。

要求：计算该普通股的资金成本率是多少？

解：$K_c = 5\% + 1.2 \times (12\% - 5\%) = 13.4\%$

(五)留存收益的资金成本

留存收益是由企业税后净利润形成的，是一种所有者权益。从表面上来看，留存收益并不花费成本。实际上，留存收益相当于股东对企业追加的投资，股东对这部分投资总是要求获得与普通股等价的报酬。因此，留存收益的资金成本的计算方法与普通股基本相同，只是不考虑筹资费用。其计算公式如下。

$$K_s = \frac{d_0 \times (1+g)}{P_c} + g = \frac{d_1}{P_c} + g$$

式中，K_s 为留存收益资金成本率；d_0 为本期已支付的普通股股利；P_c 为普通股筹资额，按发行价格确定；g 为普通股股利年增长率；d_1 为预期第一年普通股股利。

【例 4-6】榕辉机械有限责任公司准备对外发行普通股，每股发行价格为 10 元，发行费率为 5%，预计发行后第一年年末每股发放现金股利 1 元，以后每年股利固定增长 3%。

要求：计算该公司留存收益的资金成本率是多少？

解：$K_s = \frac{1}{10} + 3\% = 13\%$

(六)个别资金成本的比较

从总体上来看，债务资金的风险比权益资金的风险低，并且债务利息有抵税作用，因此债务资金的成本比权益资金的成本低。从债务资金来看，债券的利率与筹资费率都高于银行借款，所以债券的成本高于银行借款的成本。从权益资金来看，普通股与留存收益都属于普通股权益，股利支付不固定，且求偿权位于最后，其投资风险高于优先股，因此普通股与留存收益的成本均高于优先股的成本；由于留存收益不需要支付筹资费用，因此其成本低于普通股成本。一般来说，按资金成本由低到高的顺序排列，依次为：银行借款、公司债券、优先股、留存收益、普通股。

三、综合资金成本

在实际筹资活动中，由于受各种制约条件的影响，企业很难只通过单一的筹资方式筹措所有的资金，往往需要采用多种筹资方式共同筹集。为了正确进行筹资和投资决策，需要对企业的综合资金成本进行计算分析。

综合资金成本又称为加权平均资金成本，是以各种个别资金在企业总资金中的比重为权数，对各种个别资金成本率进行加权平均而得到的总资金成本率。其计算公式如下。

$$K_w = \sum_{j=1}^{n} K_j W_j$$

式中，K_w 为综合资金成本率；K_j 为第 j 种个别资金成本率；W_j 为第 j 种个别资金在全部资金中的比重。

【例 4-7】榕辉机械有限责任公司现拥有资金 1 000 万元。其中，银行借款 300 万元，长期债券 100 万元，普通股 600 万元，其个别资金成本率分别为：5%，6%，15%。

要求：计算该公司的综合资金成本率是多少？

解：$K_w = \frac{300}{1\,000} \times 5\% + \frac{100}{1\,000} \times 6\% + \frac{600}{1\,000} \times 15\% = 11.1\%$

四、边际资金成本

企业的个别资金成本和综合资金成本是企业目前使用的资金的成本。但是，企业在追加筹资时，不仅要考虑目前所使用资金的成本，还要考虑新筹集资金的成本，即边际资金成本。

边际资金成本是指资金新增加一个单位而增加的成本。企业无法以某一固定的资金成本来筹集无限的资金,当其筹集的资金超过一定限度时,相应的资金成本就会增加。当企业需要追加投资时,应考虑边际资金成本的高低。边际资金成本计算步骤如下。

(1) 确定目标资本结构。

(2) 计算个别资金成本。

(3) 计算筹资总额分界点,得出若干组筹资总额范围。

$$筹资总额分界点 = \frac{某种筹资方式的资金成本分界点资金额}{该种资金在目标成本结构中所占的比重}$$

(4) 分别计算各组筹资总额范围的加权平均资金成本,即为各组范围的边际资金成本。

【例 4-8】榕辉机械有限责任公司理想的目标资本结构为银行借款资金占 20%,普通股资金占 80%。该公司通过分析资本市场状况和融资能力,已经测算出各种筹资方式的资金成本随着筹资额的变化而变化的数据,如表 4-1 所示。

要求:(1) 计算筹资总额分界点。

(2) 计算边际资金成本。

(3) 如果该公司准备筹资 200 万元,计算其边际资金成本是多少?

表 4-1　榕辉机械有限责任公司筹资资料

资金种类	新筹资范围	个别资金成本
银行借款	0~50 万元	5%
	50 万元以上	6%
普通股	0~100 万元	12%
	100 万元以上	14%

解:(1) 计算筹资总额分界点如下。

银行借款的筹资总额分界点=50÷20%=250(万元)

说明当筹资总额在 250 万元以下时,银行借款在 50 万元以下,其资金成本率为 5%,当筹资总额超过 250 万元时,银行借款的资金成本率为 6%。

普通股的筹资总额分界点=100÷80%=125(万元)

说明当筹资总额在 125 万元以下时,普通股在 100 万元以下,其资金成本率为 12%,当筹资总额超过 125 万元时,普通股的资金成本率为 14%。

根据筹资总额分界点,可以得出新的筹资范围:①0~125 万元;②125 万~250 万元;③250 万元以上。

(2) 计算各筹资范围的边际资金成本,如表 4-2 所示。

(3) 从表 4-2 中可以得出,新筹集资金为 200 万元时,属于 125 万~250 万元的筹资范围,边际资金成本为 12.2%。

表4-2　边际资金成本的计算

序号	筹资总额范围	筹资方式	资本结构 ①	个别资金成本 ②	边际资金成本 ③=①×②
1	0~125万元	银行借款	20%	5%	1%
		普通股	80%	12%	9.6%
		第一筹资范围的边际资金成本=10.6%			
2	125万~250万元	银行借款	20%	5%	1%
		普通股	80%	14%	11.2%
		第二筹资范围的边际资金成本=12.2%			
3	250万元以上	银行借款	20%	6%	1.2%
		普通股	80%	14%	11.2%
		第三筹资范围的边际资金成本=12.4%			

任务二　杠杆效应

物理学中的杠杆效应是指人们利用杠杆，可以用较小的力量移动较重物体的现象。财务管理中也存在类似的杠杆效应，表现为由于特定费用的存在，当某一财务变量以较小幅度变动时，则另一相关财务变量会以较大幅度变动。财务管理中的杠杆效应主要包括经营杠杆、财务杠杆和复合杠杆三种效应形式。企业在取得杠杆效益的同时，也加大了收益波动的风险性，因此通过计算有关杠杆系数，有助于企业合理地规避风险，提高资本营运效率。

一、与杠杆效应相关的概念

想要运用财务管理中的杠杆效应，首先需要了解成本习性、边际贡献和息税前利润的含义及其计算。

(一)成本习性

成本习性又称成本性态，是指成本总额与产销量(或业务量)之间的依存关系。分析成本习性有利于从数量上把握产品成本与生产能力之间的规律性。对于正确进行财务决策有重要意义。

成本按其性态不同可分为固定成本、变动成本和混合成本三种类型。

1. 固定成本

固定成本是指在一定时期和一定业务量范围内，总额不受业务量的变动影响而保持不变的成本。企业按直线法计提的折旧、房屋设备的租赁费、管理人员的工资、财产保险费等都属于固定成本。

例如，某企业租用一种生产设备，月租金为6 000元，该设备最大生产能力为1 000件。

解：月生产量与租金的关系如表 4-3 所示。

表 4-3　产量与租金之间的关系

产量/件	固定成本总额/租金元	单位固定成本
20	6 000	300
200	6 000	30
1 000	6 000	6

从上面的例子中，我们可以看出固定成本具有两个特点：在相关范围内，成本总额不受产量变化的影响；单位产品分摊的固定成本随着产量的增加而减少。固定成本与产量的关系如图 4-1、图 4-2 所示。

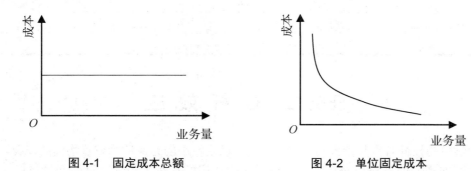

图 4-1　固定成本总额　　　　　　图 4-2　单位固定成本

固定成本按其支出的数额是否受管理当局的决策行为影响分类，又可以分为约束性固定成本和酌量性固定成本。

(1) 约束性固定成本　约束性固定成本属于企业"经营能力"成本，是企业维持一定业务量所必须负担的成本，如固定资产折旧费、管理人员工资、保险费等。企业经营能力一经形成，短期内很难改变，其支出数额不受管理当局的决策行动影响。

(2) 酌量性固定成本　酌量性固定成本属于企业"经营方针"成本，是能够通过管理当局的决策行为改变的固定成本，其支出数额受企业经营方针的影响，如广告费、职工培训费、研究开发费等。

2．变动成本

变动成本是指在一定时期和一定业务量范围内，总额随着业务量的变动而成正比变动的成本。企业生产中发生的原材料消耗，生产工人的工资都属于变动成本。

例如：某企业生产某种机器消耗钢材，每件产品耗用钢材 50 元，该企业产品产量与钢材消耗之间的关系如表 4-4 所示。

表 4-4　机器产量与钢材成本之间的关系

产量/件	变动成本总额/元	单位变动成本/元
100	5 000	50
200	10 000	50
300	15 000	50

可见变动成本具有两个特点：一是总成本随产量成正比例变动；二是相关范围内，单位变动成本总保持不变。变动成本与产量的关系如图 4-3、图 4-4 所示。

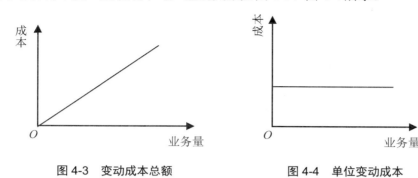

图 4-3　变动成本总额　　　　　　图 4-4　单位变动成本

3. 混合成本

有些成本虽然也是随业务量的变动而变动，但不成同比例变动，不能简单地归入变动成本或固定成本，这类成本称为混合成本。混合成本按其与业务量的关系可以分为半固定成本、半变动成本、延期变动成本、曲线变动成本四类型。

(1) 半固定成本。这类成本随产量变化而呈阶梯形增长，产量在一定限度内，成本总量不变，当产量增长到一定限度后，半固定成本就跳跃到一个新水平，然后在新的业务量范围内又保持不变，直到遇到另一个新的跳跃，如图 4-5 所示。化验员、质量检查员的工资都属于这类成本。

(2) 半变动成本。它通常有一个初始量，类似于固定成本，在这个初始量的基础上随产量的增长而增长，又类似于变动成本，如图 4-6 所示。例如，在租用机器设备时，有的租约规定租金同时按两种标准计算：一种是每年支付一定租金数额(固定部分)；另一种是每运转一个小时支付一定租金数额(变动部分)。企业电话费就属于这类成本。

(3) 延期变动成本。这类成本总额在一定的业务量范围内保持稳定，但超过一定业务量后，便随业务量成正比例变动，如图 4-7 所示。例如，生产工人的工资平常按基本工资来支付，便但当产量加大需要加班时，如工资成本就随产量的增长成正比例变动。

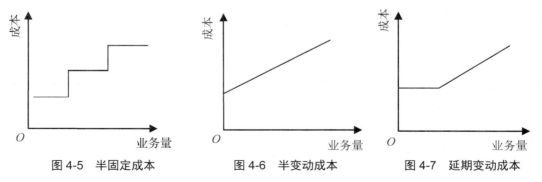

图 4-5　半固定成本　　　　图 4-6　半变动成本　　　　图 4-7　延期变动成本

(4) 曲线变动成本。这类成本通常有一个初始量，在一定条件下保持不变，类似于固定成本，在这个初始量的基础上，成本随业务量的增加而呈曲线式增加。曲线变动成本可以分为两种类型：一是递增曲线成本，随着业务量的增加，成本逐步增加，并且增加幅度是递增的，如累进计件工资、违约金等。二是递减曲线成本，随着业务量的增加，成本逐步增加，并且增加幅度是递减的，如有价格折扣的水电费成本。曲线变动成本习性模型如图4-8所示。

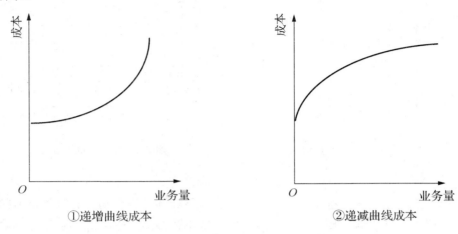

图4-8　曲线变动成本

4. 总成本习性模型

在实际工作中，大多数成本属于混合成本，为了经营管理的需要，需要采用一定的方法对混合成本进行分解，将其中的变动部分和固定部分分离出来，最终将全部成本分为固定成本和变动成本两大类，并建立起相应的成本函数模型。

可表示为：

$$y = a + bx$$

式中，y为总成本，x为业务量，a为固定成本总额，b为单位变动成本。

需要指出的是，固定成本与变动成本的特性有个相关范围的问题，固定成本只在一定时间和一定业务量范围内保持不变，超过了相关范围，固定成本也会发生变动，从较长的时间来看，没有绝对不变的成本。同样，只有在一定的范围内变动成本和产量才完全成同比例变动，超过了一定范围，这种关系就不存在了。因此，成本习性是相对的，也是暂时的。

(二)边际贡献

边际贡献是指产品的销售收入扣减其变动成本后的余额，又称贡献毛益。边际贡献是反映企业盈利能力的一个重要指标，它与利润的形成有密切的关系。边际贡献通常有两种表现形式：一种是以绝对数表现的边际贡献，分为边际贡献总额和单位边际贡献。另一种是以相对数表示的边际贡献率。

1. 边际贡献总额

边际贡献总额是产品销售收入减去变动成本后的差额，表示销售收入扣除其变动成本后，还能为利润做出多少贡献。其计算公式如下：

边际贡献总额=销售收入总额-变动成本总额

可表示为：
$$TCM = px - bx = (p-b)x = CM \cdot x$$

式中，TCM 为边际贡献总额，CM 为单位边际贡献，p 为销售单价，b 为单位变动成本，x 为销售量。

2. 单位边际贡献

单位边际贡献是产品销售单价减去单位变动成本后的差额。它反映每增加一个产品的销售可提供的盈利能力。其计算公式如下。

单位边际贡献=单位产品售价-单位变动成本

可表示为：
$$CM = p - b$$

3. 边际贡献率

边际贡献率是指边际贡献总额与销售收入的百分比，或单位边际贡献与单价的百分比。其计算公式如下。

边际贡献率 = 边际贡献总额÷销售收入总额
= 单位边际贡献÷单位产品售价

可表示为：
$$CMR = \frac{TCM}{px} = \frac{CM}{p}$$

式中，CMR 为边际贡献率。

(三)息税前利润

息税前利润是指企业支付利息和所得税之前的利润。息税前利润可按下列公式计算。

息税前利润=销售收入总额-变动成本总额-固定成本总额
=(单价-单位变动成本)×销售量-固定成本总额
=边际贡献总额-固定成本总额

可表示为：
$$EBIT = px - bx - a = (p-b)x - a = TCM - a$$

式中，EBIT 为息税前利润。这里的固定成本和变动成本都不包括利息费用。

从上述公式可以看出，企业的边际贡献与息税前利润有着密切的关系。边际贡献首先用于补偿企业的固定成本，只有当边际贡献大于固定成本时才能为企业提供利润，如果边际贡献不足以收回固定成本，企业将发生亏损。

【例 4-9】榕辉机械有限责任公司 2023 年生产甲产品，售价为 100 元/件，单位变动成本为 40 元/件，固定成本总额为 200 000 元，当年产销量为 10 000 件。

要求：计算甲产品 2023 年的边际贡献总额、单位边际贡献、边际贡献率、息税前利润。

解：TCM=(100-40)×10 000=600 000(元)

CM=100-40=60(元/件)

CMR=60÷100×100%=60%

EBIT=600 000-200 000=400 000(元)

二、经营杠杆

(一)经营杠杆的含义

经营杠杆是指由于固定性经营成本的存在，而使企业的息税前利润变动率大于销售量变动率的现象。从息税前利润公式 EBIT=$(p-b)x-a$ 中可以看出，当不存在固定性经营成本时，息税前利润变动率与销售量的变动率完全一致；当存在固定性经营成本时，如果其他条件不变，销售量的增加虽然不会改变固定成本总额，但会降低单位固定成本，这就会使单位产品利润提高，导致息税前利润的增长率大于销售量的增长率；同样，当销售量减少时会提高单位固定成本，这就会使单位产品利润降低，导致息税前利润的下降率大于销售量的下降率，这就是经营杠杆效应。企业利用经营杠杆，有时可以获得一定的杠杆收益，但有时也要承担相应的经营风险，因此经营杠杆是一把双刃剑。从表4-5的资料中可以清楚地看出经营杠杆效应。

表 4-5　榕辉机械有限责任公司盈利情况资料　　　　金额单位：元

指标	2022 年	2023 年	变动率
单价	100	100	
单位变动成本	40	40	
单位边际贡献	60	60	
销售量/件	8 000	12 000	50%
边际贡献总额(TCM)	480 000	720 000	50%
固定成本	200 000	200 000	
息税前利润(EBIT)	280 000	520 000	85.71%

由表4-5可见，从2022年到2023年，销售量增加了50%，息税前利润增加了85.71%，利用经营杠杆效应，企业通过适当增加产销量获得了更多的盈利。

(二)经营杠杆系数

只要企业存在固定成本，就存在经营杠杆效应。但不同的企业或同一企业不同产销量基础上的经营杠杆效应的大小是不完全一致的，也就是说杠杆发挥的撬动作用是不同的。测算经营杠杆大小的指标是经营杠杆系数(DOL)。所谓经营杠杆系数，是指息税前利润变动率相对于产销量变动率的倍数。其计算公式如下。

$$\text{经营杠杆系数(DOL)} = \frac{\text{息税前利润变动率}}{\text{销售量变动率}} = \frac{\Delta \text{EBIT}/\text{EBIT}_0}{\Delta x / x_0}$$

式中：△EBIT 为息税前利润变动额，△x 为销售量变动额。下标"0"表示基期数据。

上述公式是计算经营杠杆系数的理论公式，根据表4-5的资料，可以计算出2022年的经营杠杆系数，DOL=85.71%÷50%=1.71。这意味着榕辉机械有限责任公司在2023年销售量每增长1%，其息税前利润将增长1.71%；销售量每下降1%，则其息税前利润将下降1.71%。

但利用该公式，必须掌握利润变动率和销售量变动率，需要两期的数据才能计算出经营杠杆系数,也不便于预测未来的经营杠杆系数。为了便于计算和预测,根据息税前利润计算公式可以推导出一个简化的计算公式。

$$DOL = \frac{(p-b) \times x_0}{(p-b) \times x_0 - a} = \frac{TCM_0}{EBIT_0} = \frac{EBIT_0 + a}{EBIT_0}$$

【例 4-10】 用表 4-5 的资料,计算榕辉机械有限责任公司 2022 年和 2023 的经营杠杆系数。

解:2022 年 DOL=480 000÷280 000=1.71

2023 年 DOL=720 000÷520 000=1.38

(三)经营杠杆与经营风险

经营风险是指企业由于生产经营上的原因而导致的息税前利润波动的风险。引起经营风险的主要原因是市场需求和生产成本等因素的不确定性。由于经营杠杆的存在,当销售量增加时,息税前利润就以 DOL 倍数增加;当销售量减少时,则息税前利润也将以 DOL 比例减少。可见,经营杠杆扩大了市场和生产等不确定因素对企业的影响。经营杠杆系数越大,企业的经营风险就越大。影响经营杠杆的因素包括企业的销售数量、销售价格、成本水平等。一般来说,在其他因素不变动的情况下,固定成本越高,经营杠杆系数越大,企业经营风险也就越大;固定成本越低,经营杠杆系数越低,经营风险越小。只要有固定性经营成本存在,经营杠杆系数总是大于 1。

三、财务杠杆

(一)财务杠杆的含义

财务杠杆是指由于固定性资金成本的存在,而使企业的普通股每股利润变动率大于息税前利润变动率的现象。财务杠杆反映了普通股每股收益的波动性,用以评价企业的财务风险。产生财务杠杆效应的原因在于,在一定的资本结构下,无论盈利多少,企业支付的债务利息和优先股股利都是固定的,由于这些固定性资金成本的存在,当息税前利润增大时,每 1 元息税前利润所负担的固定财务费用就会相应降低,分配给普通股股东的利润就会大幅增加,导致普通股每股利润的增长率大于息税前利润的增长率;相反,当息税前利润减少时,每 1 元盈余所负担的固定财务费用就会相对增加,使普通股每股利润大幅减少,导致普通股每股利润的下降率大于息税前利润的下降率。企业利用财务杠杆,有时股东可以获得一定的杠杆收益,但有时则可能带来损失,财务杠杆也是一把双刃剑。从表 4-6 的资料可以清楚地看出财务杠杆效应。

表 4-6 榕辉机械有限责任公司利润情况资料 金额单位:元

指 标	2022 年	2023 年	变动率
息税前利润(EBIT)	280 000	520 000	85.71%
债务利息	60 000	60 000	
利润总额	220 000	460 000	109.09%
企业所得税(税率为 25%)	55 000	115 000	

续表

指　　标	2022年	2023年	变动率
税后利润	165 000	345 000	109.09%
普通股股数	100 000	100 000	
普通股每股利润(EPS)	1.65	3.45	109.09%

由表4-6可见，从2022年到2023年，息税前利润增加了85.71%，普通股每股利润增加了109.09%，利用财务杠杆效应，企业适度负债经营，在盈利条件下给普通股股东带来了更多的收益。同样，当企业盈利下降时，普通股股东的收益会以更大幅度减少，因此将会带来财务风险。

(二)财务杠杆系数

只要企业存在固定性资金成本，就存在财务杠杆效应。但不同企业或者同一企业不同时期，财务杠杆效应的大小程度是不一致的。财务杠杆系数是测算财务杠杆效应程度最常用的指标。所谓财务杠杆系数，是指普通股每股利润变动率相当于息税前利润变动率的倍数。其计算公式如下。

$$财务杠杆系数(DFL) = \frac{普通股每股利润变动率}{息税前利润变动率} = \frac{\Delta EPS / EPS_0}{\Delta EBIT / EBIT_0}$$

式中，EPS为每股利润，$EPS = \frac{(EBIT - I)(1 - T) - E}{N}$；$\Delta EPS$为普通股每股利润变动额；$EPS_0$为基期普通股每股利润。

上述公式是计算财务杠杆系数的理论公式，根据表4-6的资料，可以计算出2022年的财务杠杆系数，$DFL = 109.09\% \div 85.71\% = 1.27$。这意味着榕辉机械有限责任公司在2023年息税前利润每增长1%，其普通股每股利润将增长1.27%；息税前利润每下降1%，则其普通股每股利润将下降1.27%。

利用该公式，必须掌握每股利润变动率和息税前利润变动率比较麻烦，也不便于预测未来的财务杠杆系数。为了便于计算和预测，根据普通股每股利润计算公式还可以推导出一个简化的计算公式。

$$DFL = \frac{EBIT_0}{EBIT_0 - I - \dfrac{E}{1 - T}}$$

如果企业没有发行优先股或为非股份制企业，则上述公式可以简化为：

$$DFL = \frac{EBIT_0}{EBIT_0 - I}$$

【例4-11】利用表4-6的资料，计算榕辉机械有限责任公司2022年、2023年的财务杠杆系数。

解：2022年 $DFL = \dfrac{28\ 000}{28\ 000 - 6\ 000} = 1.27$

2023年 $DFL = \dfrac{52\ 000}{52\ 000 - 6\ 000} = 1.13$

(三)财务杠杆与财务风险

财务风险是指企业由于筹资原因而导致的普通股每股收益波动的风险。引起企业财务风险的主要原因是息税前利润的不利变化和资金成本的固定负担。由于财务杠杆的存在,当企业息税前利润增加时,普通股股东的收益就以 DFL 倍数增加;而当息税前利润减少时,普通股股东的收益也将以 DFL 比例减少。财务杠杆放大了盈利情况变动对股东收益的影响,财务杠杆系数越大,企业的财务风险就越大。当其他因素不变时,财务杠杆的大小取决于企业债务利息、优先股股利等固定性资金成本的多少。当企业借入资本越多时,固定性资金成本越多,财务杠杆系数就越大,每股收益因息税前利润变动而变动的幅度就越大;反之,则越小。只要有固定性资金成本的存在,财务杠杆系数就会总是大于 1。因此,企业筹集资本时,应在财务杠杆利益和财务风险之间做出权衡。

四、复合杠杆

(一)复合杠杆的含义

由于存在固定的生产经营成本,因此产生经营杠杆效应,即销售量的增长会引起息税前利润更大幅度增长;同样,由于存在固定资金成本,因此产生财务杠杆效应,即息税前利润的增长会引起普通股每股利润以更大幅度增长。一个企业同时存在固定的生产经营成本和固定的资金成本,那么两种杠杆效应会同时发生,产生连锁作用,导致销售量稍有变动就会使每股利润产生更大的变动。这种由于固定经营成本和固定资金成本共同存在而导致的每股利润变动率大于产销量变动率的杠杆效应,称为复合杠杆效应。它是经营杠杆和财务杠杆的综合作用。复合杠杆用来评价企业整体的风险水平。

从表 4-7 的资料可以清楚地看出复合杠杆效应。

表 4-7 榕辉机械有限责任公司盈利状况及普通股收益状况   金额单位:元

指 标	2022 年	2023 年	变动率
单价	100	100	
单位变动成本	40	40	
单位边际贡献	60	60	
销售量/件	8 000	12 000	50%
边际贡献(TCM)	480 000	720 000	50%
固定成本	200 000	200 000	
息税前利润(EBIT)	280 000	520 000	85.71%
债务利息	60 000	60 000	
利润总额	220 000	460 000	109.09%
企业所得税(税率为25%)	55 000	115 000	
税后利润	165 000	345 000	109.09%
普通股股数	100 000	100 000	
普通股每股利润(EPS)	1.65	3.45	109.09%

从表 4-7 中可以看到,在复合杠杆的作用下,销售量增长 50%,每股利润增长 109.09%,当然,如果销售量下降 50%,企业的每股利润也会下降 109.09%。

(二)复合杠杆系数

只要企业同时存在固定性经营成本和固定性资金成本,就存在复合杠杆效应。但不同企业或者同一企业不同时期,复合杠杆效应的大小程度是不一致的。复合杠杆计量的常用指标是复合杠杆系数。所谓复合杠杆系数,是指普通股每股利润变动率相当于产销量变动率的倍数,它等于经营杠杆系数与财务杠杆系数的乘积。其计算公式如下。

$$DTL = \frac{\text{普通股每股利润变动率}}{\text{销售量变动率}} = DOL \times DFL = \frac{\frac{\Delta EPS}{EPS_0}}{\frac{\Delta x}{x_0}}$$

根据表 4-7 的资料可以计算出榕辉机械有限责任公司 2022 年的复合杠杆系数,$DTL = \frac{109.09\%}{50\%} = 2.18$,说明企业产销量每增减变动 1%,每股利润就会相应增减变动 2.18%,产销量有一个比较小的变动,每股利润就会大幅度变动。

复合杠杆系数还可以通过以下公式计算。

$$DTL = \frac{TCM_0}{EBIT_0 - I - \frac{E}{1-T}}$$

如果企业没有发行优先股或为非股份制企业,则上述公式还可以简化为:

$$DTL = \frac{TCM_0}{EBIT_0 - I}$$

【例 4-12】利用表 4-7 的资料,计算榕辉机械有限责任公司 2022 年、2023 年的复合杠杆系数。

解:2022 年 $DTL = \frac{480\ 000}{280\ 000 - 60\ 000} = 2.18$

2023 年 $DTL = \frac{720\ 000}{520\ 000 - 60\ 000} = 1.57$

(三)复合杠杆与企业风险

企业风险包括企业的经营风险和财务风险,反映了企业的整体风险。在复合杠杆的作用下,当销量增长时,每股利润以 DTL 倍数上升,当销量下降时,每股利润以 DTL 比例下降。复合杠杆系数越大,每股利润随产销量增长而扩张的能力越强,但风险随之也就越大。反之,复合杠杆系数越小,企业风险越小。在复合杠杆系数一定的情况下,经营杠杆系数与财务杠杆系数此消彼长。企业必须根据其可承受风险的程度来确定合适的经营杠杆系数和财务杠杆系数。

一般来说,资本密集型企业,固定资产比重较大,经营杠杆系数就比较高,经营风险大,企业筹资主要筹集权益资金,以保持较小的财务杠杆系数和财务风险;劳动密集型企业,变动成本比重较大,经营杠杆系数小,经营风险小,企业筹资可以主要筹集债务资金,以保持较大的财务杠杆系数和财务风险。

任务三 资 本 结 构

企业从事生产经营活动必须使用资金,资金不可能无偿使用,必定会产生成本。因此,企业除了必须节约使用资金外,还必须分析把握各种来源资金的使用成本,做到合理使用资金,优化资本结构。资本结构决策的核心就是确定最优的资本结构。

一、资本结构的含义和影响因素

(一)资本结构的含义

资本结构通常是指企业各种长期资金来源的构成和比例关系。短期资金不列入资本结构管理范围,而作为营运资金的一部分进行管理。不同的企业长期资金的筹资来源和构成比例是各不相同的,这种不同,会对企业的税后净收益、财务风险、资金成本等产生不同程度的影响,并最终反映在公司股票价格上。因此,资本结构是企业筹资决策的核心问题。

资金的筹集方式虽然很多,但从性质上来看,企业资本只有两种来源:一是自有资本,属于所有者权益;二是借入的债务资本,也就是企业的负债。资本结构问题实际上就是债务资金的比例问题,即在企业全部资金中债务资金所占的比重。

企业利用债务资金进行举债经营,可以降低资金成本,发挥财务杠杆效应,为企业和股东创造更大的经济利益;但随着负债比例的逐步提高,利息等固定费用负担加重,财务风险也不断加大,一旦盈利状况下降,可能导致企业和股东遭受更大损失。因此,企业必须权衡财务风险和资金成本的关系,确定最佳资本结构。所谓最佳资本结构,是指在一定条件下使企业平均资金成本率最低、企业价值最大的资本结构。在此结构下,既能够降低资金成本,提高股权收益,又能够控制财务风险,最终提升企业价值。

(二)影响资本结构的因素

1. 企业的经营状况

如果企业产销量稳定,其获利能力也相对稳定,则企业有能力较多地负担固定的财务费用,可以适当提高债务比例;如果产销量和盈余不稳定或有周期性,则固定的财务费用将会给企业带来较大的财务风险,这时应对负债持慎重的态度。另外,如果预期产销量能够以较高的水平增长,企业可以采用高负债的资本结构,来提高普通股的每股收益。

2. 企业的资产结构

一般来说,拥有大量固定资产的企业,如制造业企业,总资产周转速度慢,必须有相当规模的股权资本做后盾,所以主要通过发行股票等方式筹集权益资金;拥有较多流动资产的企业,如商业企业,资本周转速度快,可适当提高负债比率;资产适用于抵押贷款的企业负债较多,如房地产企业抵押贷款都相当多;以技术研发为主的企业,如软件开发企业,有形资产较少,债务筹资相对较难,负债比率就较低。

3. 行业特征和企业发展周期

不同行业的资本结构差异很大。一般来说，产品市场稳定的成熟产业经营风险低，可提高负债比率，发挥财务杠杆作用；而高新技术企业产品市场尚不成熟，经营风险高，可降低负债比率，以降低财务风险。

另外，同一企业在不同发展阶段，资本结构安排也不同。企业初创阶段，产销不稳定，经营风险高，应控制负债比率；企业成熟阶段，产销量稳定并持续增长，经营风险低，可适度提高负债比率，发挥财务杠杆效应；企业收缩阶段，市场占有率下降，经营风险逐步加大，这时也应逐步降低负债比率，以保证债务到期能够及时偿付，降低破产的风险。

4. 企业所有者和管理层的态度

从企业所有者的角度来看，如果企业股权分散，谁也没有绝对控制权，则企业可能更多地采用权益资金筹资分散企业风险，因为股东并不担心控制权的分散；如果企业为少数股东控制，为保证绝对控制权，企业一般应尽量避免采用普通股筹资，而是采用优先股或债务资金筹资，以防止控股权被稀释。

从企业管理层的角度来看，负债比率高的资本结构财务风险高，一旦经营失败或出现财务危机，管理层将面临市场接管的威胁或者被董事会解聘的结果。因此，稳健的管理层偏好于选择负债比率低的资本结构。

5. 企业的财务状况和信用等级

企业的财务状况越好，信用等级越高，债权人就越愿意向企业提供信用，企业就越容易筹集到债务资金；相反，若企业的财务状况不佳，信用等级不高，债权人投资风险就大，这样就会降低企业对债权人的吸引力，加大企业筹集债务资金的成本。

6. 税收政策和货币金融政策

资本结构决策必然受到宏观经济状况的影响，特别是税收政策和货币金融政策。债务利息具有抵税作用，当所得税税率较高时，债务筹资减税效益多，企业就会偏好于选择负债筹资。货币金融政策影响资本供给，从而影响利率水平的变动，当国家执行紧缩的货币政策时，市场利率较高，企业债务资金成本增大。如果企业管理层认为现有利率较低，但预期不久将会上升，便会大量筹借长期债务，使利率长期保持在较低水平。

二、资本结构决策

由于企业内部条件和外部环境的经常性变化，使得确定最佳资本结构十分困难，并不是所有企业都能达到最佳资本结构。资本结构优化决策就是根据企业的具体情况，在众多的资本结构方案中进行比较、分析和选择，确定最适合于企业的资本结构。常用的方法有平均资金成本比较法和每股收益分析法。

(一)平均资金成本比较法

平均资金成本比较法是通过计算和比较各种可能的筹资组合方案的平均资金成本，选择平均资金成本率最低的方案。这种方法侧重于从资金投入的角度对筹资方案和资本结构进行优选分析，即平均资金成本最低的资本结构，就是较优的资本结构。

【例 4-13】榕辉机械有限责任公司年初资本结构如表 4-8 所示。

表 4-8　榕辉机械有限责任公司年初资本结构表

资金来源	金额/万元
普通股(60万股)	600
长期债券(年利率5%)	400
合计	1 000

普通股每股价格 10 元，预计今年股息为每股 1 元，且以后每年增加 3%。该企业所得税税率为 25%，各种证券发行费率均为 2%。该企业现拟增资 500 万元以扩大经营，有以下两种方案可供选择。

甲方案：发行债券 500 万元，年利率 6%，此时普通股每股股息不变，因风险加大，股价降为每股 9 元。

乙方案：发行债券 200 万元，年利率 6%，另以每股 10 元发行普通股 300 万元，普通股利息及增长率不变。

要求：做出增资决策。

解：(1) 年初综合资金成本。

普通股资金成本 $=\dfrac{1}{10\times(1-2\%)}+3\%=13.2\%$

长期债券资金成本 $=\dfrac{5\%\times(1-25\%)}{(1-2\%)}=3.83\%$

综合资金成本 $=13.2\%\times\dfrac{600}{1\,000}+3.83\%\times\dfrac{400}{1\,000}=9.45\%$

(2) 甲方案综合资金成本。

普通股资金成本 $=\dfrac{1}{9\times(1-2\%)}+3\%=14.34\%$

旧债券资金成本 $=3.83\%$

新债券资金成本 $=\dfrac{6\%\times(1-25\%)}{1-2\%}=4.59\%$

综合资金成本 $=14.34\%\times\dfrac{600}{1\,500}+3.83\%\times\dfrac{400}{1\,500}+4.59\%\times\dfrac{500}{1\,500}=8.29\%$

(3) 乙方案综合资金成本。

普通股资金成本 $=13.2\%$

旧债券资金成本 $=3.83\%$

新债券资金成本 $=\dfrac{6\%\times(1-25\%)}{1-2\%}=4.59\%$

综合资金成本 $=13.2\%\times\dfrac{600+300}{1\,500}+3.83\%\times\dfrac{400}{1\,500}+4.59\%\times\dfrac{200}{1\,500}=9.55\%$

通过以上计算可知，甲方案的综合资金成本低于乙方案，应采用甲方案增资。

(二)每股收益分析法

最优的资本结构应在相同的经营业绩下,使每股收益最高,企业价值最大。因此,能够提高普通股每股收益的资本结构,就是合理的资本结构;反之,就是不合理的。每股收益分析法是通过分析计算不同筹资方案的每股利润无差别点,来确定最优资本结构的。

所谓每股利润无差别点,是指不同资本结构的每股收益相等时的息税前利润点。在每股利润无差别点上,无论是哪种资本结构,每股收益都是相等的。利用每股利润无差别点,可以分析判断在不同的息税前利润水平下,如何选择筹资组合方式。

每股收益无差别点计算步骤如下。

(1) 列出不同筹资方式的每股利润计算公式。

$$EPS = \frac{(EBIT - I)(1 - T) - E}{N}$$

式中,I 为债务利息,T 为所得税税率,E 为优先股股息,N 为普通股股数。

(2) 令两种筹资方式的每股利润相等,即 $EPS_1 = EPS_2$,则有:

$$\frac{(EBIT - I_1)(1 - T) - E_1}{N_1} = \frac{(EBIT - I_2)(1 - T) - E_2}{N_2}$$

(3) 解出上式中的 EBIT,即每股利润无差别点。

(4) 利用上式求出的每股利润无差别点,将其与企业的息税前利润水平对比,即可进行资本结构决策。

① 当企业实际或预期息税前利润大于每股利润无差别点时,债务资金较多的资本结构可获得较高的每股收益,是较优的资本结构。

② 当实际或预期息税前利润小于每股利润无差别点时,权益资金较多的资本结构,可获得较高的每股收益,是较优的资本结构。

图 4-9 为每股收益无差别点分析图。

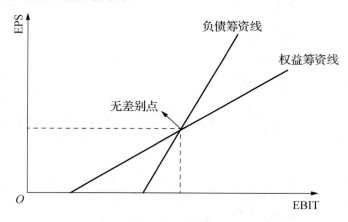

图 4-9 每股收益无差别点分析

【例 4-14】榕辉机械有限责任公司现有资本总额 1 000 万元,其中长期债券 400 万元,年利率为 5%,普通股 600 万元(60 万股),现拟追加投资 500 万元,有两个方案可供选择。

甲方案:发行长期债券 500 万元,年利率 6%。

乙方案：发行长期债券 200 万元，年利率 6%，另发行普通股 300 万元(30 万股)。
假设预计息税前利润为 50 万元，企业所得税税率为 25%。

要求：请确定选择哪种方案追加投资为优？

解：甲方案每股利润：$EPS_1 = \dfrac{(EBIT - 400 \times 5\% - 500 \times 6\%) \times (1 - 25\%)}{60}$

乙方案每股利润：$EPS_2 = \dfrac{(EBIT - 400 \times 5\% - 200 \times 6\%) \times (1 - 25\%)}{90}$

令 $EPS_1 = EPS_2$，即

$$\dfrac{(EBIT - 400 \times 5\% - 500 \times 6\%) \times (1 - 25\%)}{60} = \dfrac{(EBIT - 400 \times 5\% - 200 \times 6\%) \times (1 - 25\%)}{90}$$

求得每股利润无差别点：EBIT=86 万元。此时两种方案的每股收益相等，即 $EPS_1 = EPS_2 = 0.45$ 元/股。

因为公司预计息税前利润 50 万元＜每股收益无差别点 86 万元，所以公司应该选择权益资金较多的资本结构，采用乙方案筹资。

案例解析

1. 大宇集团存在的问题固然是多方面的，但不可否认有财务杠杆的消极作用。财务杠杆是一把双刃剑，即利用财务杠杆，可能产生好的效果，也可能产生坏的效果。当息税前利润率大于债务利息率时，能取得财务杠杆利益；当息税前利润率小于债务利息率时，会产生财务风险。大宇集团在政府政策和银行信贷的支持下，走上了一条"举债经营"之路。试图通过大规模举债，达到大规模扩张的目的，最后实现"市场占有率至上"的目标。1997年亚洲金融危机爆发后，大宇集团已经显现出经营上的困难，其销售额和利润均不能达到预期目的，而与此同时，债权金融机构又开始收回短期贷款，政府也无力再给它更多支持。1998年年初，韩国政府提出"五大企业集团进行自律结构调整"方针后，其他集团把结构调整的重点放在改善财务结构方面，努力减轻债务负担。但大宇集团却认为，只要提高开工率，增加销售额和出口就能躲过这场危机，因此继续大量发行债券，进行"借贷式经营"。正是由于经营上的不善，加上资金周转上的困难，才导致大宇集团最后轰然倒塌。由此可见，大宇集团的举债经营所产生的财务杠杆效应是消极的，不仅难以提高企业的盈利能力，反而因巨大的偿付压力使企业陷入难以自拔的财务困境。

2. 能使企业价值最大化的资本结构才是最优的，企业财务管理人员应通过合理安排资本结构，适度负债，来取得财务杠杆利益，控制财务风险，实现企业价值最大化。过度负债要负担较多的债务成本，相应地要经受财务杠杆作用所引起的普通股收益变动较大的冲击。一旦企业息税前利润下降，企业的普通股收益就会下降得更快，当息税前利润不足以支付固定利息支出时，就会出现亏损，如果不能及时扭亏为盈，可能会引起破产。亚洲金融危机是大宇集团扛不下去的导火索，而真正的危机是因为它债台高筑、大举扩张。

项目小结

资金成本是指企业为筹集和使用资金而付出的代价,是衡量资本结构优化程度的标准,也是对投资获得经济效益的最低要求。资金成本从绝对量的构成来看,包括筹资费用和占用费用;用相对数表示即资金成本率,包括个别资金成本、综合资金成本和边际资金成本。财务管理中的杠杆效应,表现为由于特定费用(固定性经营成本和固定性资金成本)的存在,当某一财务变量以较小幅度变动时,另一相关财务变量会以较大幅度变动。企业在取得杠杆效益的同时,也加大了收益波动的风险性,杠杆主要包括经营杠杆、财务杠杆和复合杠杆。资本结构是指企业各种长期资金(长期负债资金与权益资金)的构成比例。资本结构决策是企业筹资决策的核心,而资本结构决策的核心是确定最优的资本结构,主要择优方法有平均资金成本比较法和每股收益分析法。

项目强化训练

一、单项选择题

1. 某公司拟增发新的普通股,发行价格为 6 元/股,该公司上年支付股利为 0.5 元。预计股利每年增长 3%,所得税税率为 25%,则该普通股的资金成本为( )。
   A. 11.33%　　　　B. 11.58%　　　　C. 11.11%　　　　D. 11.44%

2. 某企业本期财务杠杆系数为 2,本期息税前利润为 500 万元,则本期实际利息费用为( )万元。
   A. 100　　　　　B. 175　　　　　C. 250　　　　　D. 300

3. 某公司的经营杠杆系数为 2,预计息前税前利润将增长 10%,在其他条件不变的情况下,销售量增长率为( )。
   A. 20%　　　　　B. 10%　　　　　C. 15%　　　　　D. 5%

4. 每股利润变动率相对于息税前利润变动率的倍数,即为( )。
   A. 经营杠杆系数　　　　　　　　B. 财务杠杆系数
   C. 复合杠杆系数　　　　　　　　D. 边际资金成本

5. 在个别资金成本的计算中,不用考虑筹资费用影响因素的是( )。
   A. 长期借款　　　B. 债券　　　　C. 留存收益　　　D. 普通股

6. 某公司平价发行公司债券,面值 100 元,期限 5 年,票面利率为 8%,每年付息一次,发行费率为 3%,所得税税率为 25%,则该债券的资金成本为( )。
   A. 6%　　　　　B. 7.76%　　　　C. 6.19%　　　　D. 8.25%

7. 一般来说,在企业各种资金来源中,资金成本最高的是( )。
   A. 留存收益　　　B. 普通股　　　　C. 公司债券　　　D. 银行借款

8. 某公司的经营杠杆系数为 1.3,财务杠杆系数为 2,则该公司销售额每增长 1 倍,就会造成每股收益增加( )倍。

A. 2.6 B. 3 C. 4 D. 3.3

9. 下列各项中不存在财务杠杆作用的筹资方式是(　　)。
   A. 发行普通股 B. 发行优先股 C. 发行债券 D. 举借银行借款

10. 下列各项中既具有抵税效应，又能带来杠杆收益的筹资方式是(　　)。
    A. 发行优先股 B. 发行债券 C. 发行普通股 D. 留存收益

11. 在固定成本不变的情况下，下列表述中正确的是(　　)。
    A. 经营杠杆系数与经营风险成正比例关系
    B. 销售额与经营杠杆系数成正比例关系
    C. 经营杠杆系数与经营风险成反比例关系
    D. 销售额与经营风险成正比例关系

12. 经营杠杆系数是5，财务杠杆系数是1.1，则复合杠杆系数是(　　)。
    A. 5.5 B. 6.5 C. 3.9 D. 7.2

13. 某公司拟发行优先股股票，筹资费率和股息年利率分别为6%和8%，则该优先股成本为(　　)。
    A. 8.51% B. 4.26% C. 5.85% D. 9.37%

14. 一般情况下，各筹资方式资金成本按由小到大的顺序依次是(　　)。
    A. 普通股、银行借款、企业债券
    B. 银行借款、企业债券、普通股
    C. 银行借款、普通股、企业债券
    D. 企业债券、普通股、银行借款

15. 只要企业存在固定成本，当企业息税前利润大于0时，那么经营杠杆系数必(　　)。
    A. 恒大于1
    B. 与销售量成正比
    C. 与固定成本成反比
    D. 与风险成反比

16. 当企业负债筹资额为0时，财务杠杆系数为(　　)。
    A. 0 B. 1 C. 不确定 D. ∞

17. 下列各项中，在计算其资金成本时涉及所得税的是(　　)。
    A. 普通股 B. 优先股 C. 银行借款 D. 留存收益

18. 某企业固定成本为20万元，全部资金均为自有资金，其中优先股占15%，则该企业(　　)。
    A. 只存在经营风险
    B. 只存在财务风险
    C. 存在经营风险和财务风险
    D. 经营风险和财务风险可以相互抵消

19. 财务杠杆系数同企业资本结构密切相关，债务资金所占比重越大，企业的财务杠杆系数(　　)。
    A. 越小 B. 越大 C. 不变 D. 反比例变化

20. 企业向银行借款100万元，年利率为5%，期限为3年，每年付息一次，到期还本，所得税税率为25%，手续费忽略不计，则这项借款的资金成本是(　　)。
    A. 3.75% B. 5% C. 3.85% D. 3.65%

二、多项选择题

1. 关于边际资金成本，下列说法中正确的有(　　)。
   A. 适用于追加筹资的决策
   B. 是按加权平均法计算的

C. 不考虑资本结构的影响　　　　D. 反映资金增加引起成本的变化
2. 下列选项中，会影响资金成本的有(　　)。
　　A. 总体经济环境　　　　　　　　B. 资本市场条件
　　C. 企业经营状况和融资状况　　　D. 企业对筹资规模和时限的需求
3. 财务杠杆效应产生的原因是(　　)。
　　A. 不变的债务利息　　　　　　　B. 不变的固定成本
　　C. 不变的优先股股利　　　　　　D. 不变的销售单价
4. 影响优先股成本的主要因素有(　　)。
　　A. 优先股股利　　　　　　　　　B. 优先股总额
　　C. 优先股筹资费率　　　　　　　D. 企业所得税税率
5. 影响综合资金成本的因素有(　　)。
　　A. 资本结构　　　　　　　　　　B. 个别资金成本
　　C. 筹资期限　　　　　　　　　　D. 企业风险
6. 关于留存收益的资金成本，下列说法中正确的有(　　)。
　　A. 它没有成本
　　B. 它的成本是一种机会成本
　　C. 它的成本计算不考虑筹资费用
　　D. 它相当于股东投资某种股票所要求的必要收益率
7. 在个别资金成本中须考虑抵税因素的有(　　)。
　　A. 债券成本　　　　　　　　　　B. 银行借款成本
　　C. 普通股成本　　　　　　　　　D. 留存收益成本
8. 某企业经营杠杆系数等于3，预计息税前利润增长6%，每股收益增长12%。下列说法中正确的有(　　)。
　　A. 复合杠杆系数等于6　　　　　B. 产销量增长2%
　　C. 财务杠杆系数等于2　　　　　D. 资产负债率等于50%
9. 最佳资本结构的判断标准是(　　)。
　　A. 资本规模最大　　　　　　　　B. 筹资风险最小
　　C. 企业价值最大　　　　　　　　D. 加权平均资金成本最低
10. 确定企业资本结构时，(　　)。
　　A. 如果企业的销售不稳定，则可较多地筹集负债资金
　　B. 所得税税率越高，举债利益越明显
　　C. 为了保证原有股东的绝对控制权，一般应尽量避免普通股筹资
　　D. 若预期市场利率会上升，企业应尽量利用短期负债
11. 下列筹资方式中，筹集资金形成企业负债的有(　　)。
　　A. 银行借款　　B. 公司债券　　C. 融资租赁　　D. 商业信用
12. 下列关于财务杠杆系数表述中正确的有(　　)。
　　A. 它是由企业资本结构决定的，债务资金比例越高，财务杠杆系数越大

B. 它反映企业的财务风险,财务杠杆系数越大,财务风险也就越大
C. 它反映息税前利润随销售量变动而变动的幅度
D. 它反映息税前利润随普通股每股收益变动而变动的幅度

13. 利用每股收益无差别点进行企业资本结构分析,(   )。
    A. 当预计息税前利润高于每股收益无差别点时,权益筹资比债务筹资有利
    B. 当预计息税前利润高于每股收益无差别点时,债务筹资比权益筹资有利
    C. 当预计息税前利润低于每股收益无差别点时,权益筹资比债务筹资有利
    D. 当预计息税前利润等于每股收益无差别点时,两种筹资方式的收益相同

14. 下列(   )因素能够影响企业边际贡献大小。
    A. 固定成本   B. 销售单价   C. 单位变动成本   D. 产销量

15. 吸收一定比例的债务资金,可能产生的结果有(   )。
    A. 降低企业资金成本   B. 加大企业总风险
    C. 加大企业财务风险   D. 提高每股收益

三、判断题

1. 留存收益的资金成本实质上是一种机会成本,它完全可以按照普通股的资金成本的计算公式来计算。   (   )
2. 通常情况下,权益资金的成本要低于债务资金的成本。   (   )
3. 当债务资金比例增加时,企业综合资金成本将下降。   (   )
4. 在其他因素不变的情况下,固定成本越高,经营杠杆系数也就越大,经营风险则越大。   (   )
5. 平均资金成本是衡量资本结构是否合理的重要依据。   (   )
6. 当预计的息税前利润大于每股收益无差别点的息税前利润时,负债筹资方案的普通股每股利润较大。   (   )
7. 由于经营杠杆的作用,当息税前利润下降时,普通股每股收益会下降得更快。(   )
8. 企业负债比例越高,财务风险越大,因此负债对企业总是不利的。   (   )
9. 在不同的销售水平下,企业的经营杠杆系数是不同的。   (   )
10. 如果企业的债务资金为零,则财务杠杆系数必定等于1。   (   )
11. 在销售量、息税前利润相同的情况下,负债比例越高,财务杠杆系数越高,财务风险越大。   (   )
12. 通过发行股票筹资,可以不付利息,因此其成本比债务资金的成本低。 (   )
13. 债务筹资可以降低资金成本,所以企业的负债越多越好。   (   )
14. 若某种证券的流动性差或者市场价格波动大,就会加大筹资者的筹资代价。(   )
15. 在个别资金成本不变的情况下,企业不同时期的综合资金成本相等。 (   )

四、名词解释

综合资金成本   边际资金成本   固定成本   变动成本   经营杠杆   财务杠杆

五、思考题

1. 什么是资金成本？资金成本的作用是什么？
2. 影响资金成本的因素有哪些？
3. 什么是杠杆效应？它有哪些形式？
4. 影响企业复合杠杆系数的因素有哪些？
5. 什么是资本结构？哪些因素可以影响它？
6. 资本结构的决策方法有哪些？它们决策的依据是什么？

六、计算分析题

1. 辉腾公司正在着手编制明年的财务计划，公司财务主管请你协助计算其综合资金成本，有关信息如下。

(1) 公司银行借款利率为 6.6%。

(2) 公司债券面值为 10 元，票面利率为 8%，每年付息一次，当前市场价格为 12 元，发行费率为 3%。

(3) 公司普通股面值为 5 元，当前每股市价为 6 元，本年派发现金股利 0.5 元，预计股利增长率维持在 5%；如果按目前市价发行新的普通股，发行成本为市价的 6%。

(4) 公司当前的资本结构为：银行借款 200 万元，长期债券 600 万元，普通股股本 800 万元，留存收益 400 万元。

(5) 公司所得税税率为 25%。

要求：

(1) 计算银行借款的资金成本。
(2) 计算债券的资金成本。
(3) 计算普通股资金成本。
(4) 计算综合资金成本。

2. 飞达公司计划筹集新的资金，并维持目前的资本结构(债券占 60%，普通股占 40%)不变。随着筹资额的增加，各筹资方式的资金成本的变化如表 4-9 所示。

表 4-9　资金成本变化

融资方式	新融资额	资金成本
债券	120 万元以下	7%
	120 万~240 万元	8%
	240 万元以上	9%
普通股	200 万元以下	13%
	200 万元以上	15%

要求：

(1) 计算飞达公司的边际资金成本。
(2) 如果该公司准备筹资 300 万元，计算其边际资金成本是多少？

3. 某企业只生产和销售甲产品，其固定生产成本为 400 万元，单位变动生产成本为 40

元。假定该企业 2023 年度产品销售量为 200 000 件，每件售价为 100 元，根据当前的市场情况预测 2024 年该产品的销售数量将增长 20%。

要求：

(1) 计算 2023 年该企业的边际贡献总额。

(2) 计算 2023 年该企业的息税前利润。

(3) 计算 2023 年的经营杠杆系数。

(4) 计算 2024 年的息税前利润增长率。

(5) 该企业 2023 年发生债务利息共计 200 万元，企业所得税税率为 25%，计算 2024 年的复合杠杆系数。

(6) 计算 2024 年的每股利润增长率。

4. 光明公司拟筹资 1 000 万元，可以用银行借款、发行债券、发行普通股三种方式筹集，其个别资金成本已分别测定，现有甲、乙两个备选方案，有关资料如表 4-10 所示。

表 4-10　光明公司资金成本与资本结构

筹资方式	资本结构		个别资金成本
	甲方案	乙方案	
银行借款	200万元	150万元	9%
发行债券	300万元	250万元	10%
普通股	500万元	600万元	12%
合计	1 000万元	1 000万元	

要求：确定该公司的最佳资本结构。

5. 荣威公司当前资本结构如表 4-11 所示。

表 4-11　荣威公司资本结构

资　金	金额/万元
长期债券(年利率为8%)	3 000
普通股(3 500 万股)	3 500
留存收益	1 500
合　计	8 000

因生产发展需要，公司年初准备增加资金 2 000 万元，现有两个融资方案可供选择。方案一：增加发行 1 000 万股普通股，每股市价 2 元。方案二：按面值发行每年年末付息、票面利率为 10% 的公司债券 2 000 万元。假定股票与债券的发行费用均可忽略不计，企业所得税税率为 25%。

要求：

(1) 计算两种筹资方案的每股收益无差别点息税前利润。

(2) 如果公司预计息税前利润为 1 400 万元，指出该公司应采用的筹资方案。

(3) 如果公司预计息税前利润为 1 800 万元，指出该公司应采用的筹资方案。

6. 某公司目前拥有资金 2 000 万元，其中，长期借款 800 万元，年利率为 10%；普通股 1 200 万元，每股面值为 1 元，发行价格为 20 元，目前市价为 20 元，上年每股股利 2 元，预计股利增长率为 5%，所得税税率为 25%。该公司计划筹集资金 100 万元，有以下两种筹资方案。

甲方案：增加长期借款 100 万元，借款利率上升到 12%。

乙方案：增发普通股 40 000 股，普通股市价增加到每股 25 元。

要求：

(1) 计算该公司筹资前加权平均资金成本。

(2) 用平均资金成本比较法确定该公司最佳的资本结构。

微课视频

扫一扫，获取本项目相关微课视频。

任务一　资金成本(一)

任务一　资金成本(二)

任务一　资金成本(三)

任务二　杠杆效应(一)

任务二　杠杆效应(二)

任务三　资本结构(一)

任务三　资本结构(二)

项目五

企业项目投资管理

【知识目标】

- 掌握项目投资的概念与特点。
- 掌握项目资金投入的方式,并能确定项目投资计算期及投资额。
- 熟悉净现值、内部收益率、静态投资回收期等的计算方法。

【技能目标】

- 固定资产投资项目的现金流量的计算。
- 项目投资决策的各种评价指标的计算,并对项目的财务可行性进行评价。
- 运用正确的项目投资决策方法在方案之间进行权衡和选择。

案例引导

ABC公司为改变产品结构、开拓新的市场领域，拟开发新一代产品，准备配置新设备，该公司按直线法计提折旧，适用的企业所得税税率为25%。公司配置新设备后，预计每年的营业收入扣除税金及附加后差额为5 100万元，预计每年的相关费用如下：外购原材料、燃料和动力费为1 800万元，工资及福利费为1 600万元，其他费用为200万元，财务费用为零。市场上该设备的购买价为4 000万元，折旧年限为5年，期末预计净残值为零，新设备当年投产时需要追加流动资金投资2 000万元。假定基准折现率为9%。

(资料来源：自编案例)

分析：
1. 确定该公司的项目投资类型。
2. 计算该公司使用新设备每年的折旧额、每年的经营成本和息税前利润项目以及总投资收益率。
3. 计算项目投资建设期净现金流量、运营期所得税后净现金流量及该项目净现值。
4. 进行项目投资决策并说明理由。

理论认知

任务一　企业项目投资概述

一、项目投资的概念、特点及类型

(一)项目投资的概念与特点

项目投资是一种实体性资产的长期投资，是一种以特定项目为对象，直接与新建项目或更新改造项目有关的长期投资行为。与其他形式的投资相比，项目投资具有投资金额大、影响时间长、变现能力差和投资风险大等特点。

1. 投资金额大

项目投资，特别是战略性的扩大生产能力投资，一般都需要较多的资金，其投资额往往是企业及其投资人多年的资金积累，在企业总资产中占有相当大的比重。因此，项目投资对企业未来的现金流量和财务状况都将产生深远的影响。

2. 影响时间长

项目投资的投资期及其发挥作用的时间很长，对企业未来的生产经营活动和长期经营活动会产生重大影响。

3. 变现能力差

项目投资一般不会在一年或一个经营周期内变现，而且即使想在短期内变现，其变现能力也较差。因为投资一旦完成，想要改变是相当困难的，不是无法变现就是代价太大。

4. 投资风险大

影响项目投资未来收益的因素特别多，再加上投资金额大、影响时间长和变现能力差，因此，它的投资风险比其他投资风险要大，会对企业的未来命运产生决定性影响。无数事例证明，一旦项目投资决策失败，那么将会给企业带来无法逆转的损失。

(二)项目投资的类型

工业企业投资项目主要包括新建项目(含单纯固定资产投资项目和完整工业投资项目)和更新改造项目两种类型。

1. 新建项目

新建项目是指以新建生产能力为目的外延式扩大再生产，新建项目按其涉及内容不同还可进一步细分为单纯固定资产投资项目和完整工业投资项目。

单纯固定资产投资项目简称固定资产投资。其特点在于：在投资中只包括为取得固定资产而发生的垫支资本投入，而不涉及周转资本的投入。

完整工业投资项目的特点在于：不仅包括固定资产投资，而且还涉及流动资金投资，甚至包括其他长期资产项目(如无形资产、长期待摊费用等)的投资。

2. 更新改造项目

更新改造项目是指以恢复或改善生产能力为目的内涵式扩大再生产。

二、项目投资的程序

1. 提出项目建议书

投资规模较大的、所需资金较多的战略性项目，应由董事会提议，由各部门专家组成专家小组提出项目建议书。投资规模较小、投资金额不大的战术性项目由主管部门提议，并由有关部门组织人员提出项目建议书。

提出项目建议书是投资前对项目的轮廓设想，主要从投资建设的必要性方面来衡量，同时初步分析投资建设的可行性。其内容主要有：投资项目提出的必要性，产品方案，拟建规模和建设地点的初步设想，资源状况、建设条件、协作关系的初步分析；投资估算和资金筹措设想，偿还贷款的能力测算，项目的大体进度安排；经济效益和社会效益的初步估算。

2. 进行可行性研究

根据调查的资料对投资项目技术上的先进可行性、经济上的合理性以及建设条件的可能性等方面进行技术经济论证，进行不同方案的分析比较，并在研究分析投资效益的基础上，提出建设项目是否可行和怎样进行建设的意见和方案，编写出可行性研究报告。

项目可行性研究是指在项目决策前，通过对项目有关的工程、技术、经济等各方面条件和情况进行调查、研究、分析，对各种可能的建设技术方案进行比较论证和对项目建成后的经济效益进行预测和评价，来考察项目技术上的先进性和适用性、经济上的盈利性和合理性、建设上的可能性和可行性。

3. 编制设计任务书

根据可行性研究报告中所提供的项目投资若干方案，包括其中的最佳方案，经再次调查、研究、补充、修正、挑选确定，即可作为编制设计任务书的可靠依据。

4. 项目评估

邀请有关技术、经济专家和承办投资贷款的银行，对项目的可行性研究报告进行预审，然后由投资银行的咨询机构或计划决策部门委托有资格的工程咨询公司进行项目评估，即对项目的可行性研究报告和计划任务书进行全面、认真、仔细的审查、计算和核实，根据审核、评估的结果，编写项目评估报告。

5. 项目审批

完成上述程序后，决策部门应对可行性研究报告和计划任务书及评估报告等文件进一步加以审核，如果项目是可行的，即可批准。计划任务书一经批准，就算是立项了，投资项目决策就基本定下来了。

三、项目计算期的构成

项目计算期是指投资项目从投资建设开始到最终清理结束整个过程的全部时间，包括建设期和运营期(运营期具体又包括投产期和达产期)。

建设期是指从项目资金正式投入开始到项目建成投产为止所需要的时间，建设期的第一年年初称为建设起点(记作第 0 年)，建设期的最后一年年末称为投产日(记作第 s 年)。在实践中，通常应参照项目建设的合理工期或项目的建设进度计划合理确定建设期。

项目计算期的最后一年年末称为终结点(记作第 n 年)，假定项目最终报废或清理均发生在终结点(但更新改造除外)。从投产日到终结点之间的时间间隔称为运营期，又包括试产期和达产期(完全达到设计生产能力)两个阶段。试产期是指项目投入生产，但生产能力尚未完全达到设计能力时的过渡阶段。达产期是指生产运营达到设计预期水平后的阶段。运营期一般应根据项目主要设备的经济使用寿命期确定。

项目计算期(n)、建设期(s)和运营期(p)之间存在以下关系。

$$项目计算期 n = 建设期 s + 运营期 p$$

$$运营期 = 试产期 + 达产期$$

项目计算期的关系如图 5-1 所示。

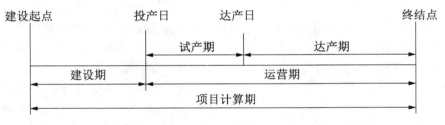

图 5-1 项目计算期的关系

【注意】运营期一般应根据项目主要设备的经济使用寿命期确定。假如,该项目的主要设备的经济使用寿命是 10 年,通常这个项目的运营期也是 10 年。

四、项目投资资金构成

项目总投资是指拟建项目全部建成、投入营运所需的费用总和。项目投入总资金由建设投资、建设期利息和垫支流动资金三部分组成。生产性建设项目总投资包括建设投资(含固定资产投资、无形资产投资、递延资产投资等)、建设期借款利息和垫支流动资金三部分。而非生产性建设项目总投资只有固定资产投资,不包括流动资产投资。项目总投资是指项目建设投资、流动资金投资和建设期利息之和,也叫投资总额,主要在项目可行性报告中使用。房地产项目的总投资包括土地费用、前期工程费用、建设配套费、建筑安装工程费用、室外工程费、建设监理费、建设单位管理费、预备费用以及建设期贷款利息等项目。项目的资金投入方式通常是分次投入,其中固定资产的投资往往在建设开始时投入,而无形资产和流动资产投资多数是在建设期结束时投入的。当然,对项目总投资包含的内容,不同的教材和企业在理论和实践中均有不同的表述。项目总投资之间的关系如图 5-2 所示。

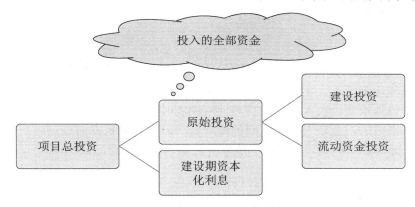

图 5-2 项目总投资之间的关系

【例 5-1】光辉机械有限责任公司为改变产品结构、开拓新的市场领域,拟开发新产品,为此,需要建设新生产线。该生产线的建设期为 2 年,运营期为 20 年,全部建设投资分别安排在建设起点、建设期第二年年初和建设期期末等分三次投入,投资额分别为 100 万元、300 万元、68 万元;同时,建设期期末投入流动资金 20 万元开始生产。建设期资本化借款利息为 22 万元。

要求:根据上述资料,计算该项目总投资各指标的数值。

解:建设投资=100+300+68=468(万元)

流动资金投资=20 万元

原始投资=468+20=488(万元)

项目总投资=488+22=510(万元)

任务二　现金流量的内容及其估算

一、现金流量的含义

现金流量是指投资项目在其计算期内因资金循环而引起的现金流入和现金流出增加的数量。这里的"现金"概念是广义的，包括各种货币资金以及与投资项目有关的非货币资金的变现价值，具体如下。

(一)现金流出量

现金流出量是指投资项目实施后在项目计算期内所引起的企业投资项目的全部资金支出，简称现金流出。主要包括以下三项：①固定资产投资。购入或建造固定资产的各项资金支出。②流动资产投资。投资项目所需的存货、货币资金和应收账款等项目所占用的资金。③营运成本。投资项目在经营过程中所发生的生产成本、管理费用和销售费用等。通常以全部成本费用减去折旧后的金额表示。

(二)现金流入量

现金流入量是指投资项目实施后在项目计算期内所引起的企业投资项目所发生的全部资金收入，简称现金流入。主要包括以下三项：①营业收入。经营过程中出售商品的销售收入。②残值收入或变价收入。固定资产使用期满时的残值，或因故未到使用期满时，出售固定资产所形成的现金收入。③收回的流动资产。投资项目寿命期满时所收回的原流动资产投资额。此外，实施某项决策后的成本降低额也作为现金流入。

(三)初始现金流量

初始现金流量是指开始投资时发生的现金流量，一般包括以下四个部分。
(1) 固定资产投资，包括固定资产的购入或建造成本、运输成本和安装成本等。
(2) 流动资产投资，包括对材料、在产品、产成品和现金等流动资产的投资。
(3) 其他投资费用，是指与长期投资有关的职工培训费、谈判费、注册费等。
(4) 原有固定资产的变价收入，主要是指固定资产更新时原有固定资产的变卖所得的现金收入。

(四)营业现金流量

营业现金流量是指投资项目投入使用后，在其寿命周期内由于生产经营所带来的现金流入和流出的数量。这种现金流量一般以年为单位进行计算。这里的现金流入一般是指营业现金收入。现金流出是指营业现金支出和交纳的税金。如果一个投资项目每年的销售收入等于营业现金收入，付现成本(指不包括折旧等非付现的成本)等于营业现金支出，那么，年现金净流量(简记为 NCF)=年现金流入量-年现金流出量，当流入量大于流出量时，净流量的值为正数；反之，净流量的值为负数。

(五)建设期现金净流量的计算

$$现金净流量=-该年投资额$$

由于在建设期没有现金流入量,所以建设期的现金净流量值为负数。其次,建设期现金净流量还取决于投资额的投入方式是一次投入还是分多次投入,若投资额是在建设期一次全部投入的,则上述公式中的该年投资额即为原始总投资。

(六)营业期年现金净流量

每年净现金流量的计算公式如下。

$$每年净现金流量(NCF)=营业收入-付现成本-所得税$$

$$付现成本=变动成本+付现的固定成本=总成本-折旧额及摊销额$$

或

$$每年净现金流量(NCF)=净利润+折旧$$

或

$$每年净现金流量(NCF)=营业收入\times(1-所得税税率)-付现成本\times(1-所得税税率)+折旧\times所得税税率$$

(七)终结点现金流量

终结现金流量是指投资项目完结时所发生的现金流量,主要包括以下内容。
(1) 固定资产的残值收入或变价收入。
(2) 原有垫支在各种流动资产上的资金的收回。
(3) 停止使用的土地所形成的变价收入等。
其计算公式如下。

$$终结点现金净流量=营业现金净流量+回收额$$

二、确定现金流量时应考虑的问题

现金流量管理假设是人们在进行现金流量管理理论研究和现金流量管理活动时,面对未经确切认识或无法正面论证的经济事物或现象,根据已有知识,经过思考后提出的,具有一定事实依据的假定或设想,是进一步研究现金流量管理理论和进行现金流量管理活动的基础之一。

(一)现金流量管理假设的性质

(1) 现金流量管理假设是进行现金流量管理理论研究和现金流量管理实践不可或缺的。
(2) 现金流量管理假设是不能直接自我检验的。
(3) 现金流量管理假设的确立并非是一成不变的,它也会面临更新的挑战。

可见,现金流量管理假设是研究现金流量管理理论和进行现金流量管理活动的基础,是不可缺少的,但不能由自身直接加以证明,同时应随着事物的发展而发展。

(二)现金流量管理假设的内容

1. 现金流量管理主体假设

现金流量管理主体假设是指现金流量管理活动应该限制在经济利益相对独立并且具有一定现金流量管理自主权的主体之内,这一假设也可以简称为主体假设。主体假设明确了现金流量管理活动的空间范围,将一个主体的管理行为区别于另一主体的管理行为。

2. 持续经营假设

持续经营假设是指在可以预见的将来,除非有相反的证据,现金流量管理主体可以持续经营下去。相反的证据是指可以证明管理主体的经营活动即将终止的证据,如按合同规定企业即将解散,或已经不能清偿到期债务,即将破产等。

3. 时间价值假设

时间价值假设是指现金流量管理主体在管理现金流量时,假定资金应该按照时间的推移不断增加价值,也就是说,假定不同时点的现金流量有着不同的价值。

4. 理性管理假设

理性管理假设是指现金流量管理主体在进行现金流量管理时的管理行为是理性的,是为了实现管理主体的管理目标进行管理的。

5. 信息不对称假设

信息不对称假设是指现金流量管理主体与外界拥有不同的信息。

6. 管理有效性假设

管理有效性假设是指现金流量管理主体的管理行为会对管理主体的现金流量产生重大影响(虽然并不一定完全可以控制),进而给管理主体带来一定的利益。

7. 现金资源稀缺假设

现金资源稀缺假设是指现金流量管理主体所管理的现金资源是稀缺的,并非取之不尽,用之不竭。

8. 不确定性假设

不确定性假设是指现金流量管理主体面临的内部和外部环境并非完全肯定,总有一些管理主体无法预知或无法肯定。

三、现金流量的估算实例

【例 5-2】神悦机械有限责任公司某项目投资总额为 150 万元。其中,固定资产投资 110 万元,建设期为 2 年,于建设起点分 2 年平均投入;无形资产投资 20 万元,于建设起点投入;流动资金投资 20 万元,于投产开始垫付。该项目经营期为 10 年,固定资产按直线法计提折旧,期满有 10 万元净残值;无形资产于投产开始分 5 年平均摊销;流动资金在项目终结时可一次全部收回。另外,预计项目投产后,前 5 年每年可获得 40 万元的营业收入,并发生相应的 34 万元的总成本和 4 万元的税金及附加；后 5 年每年可获得 60 万元的营业收入，并发生相应的 35 万元的经营成本和 5 万元的税金及附加。

要求：

(1) 计算该项目投资在项目计算期内各年的现金净流量。(不考虑所得税因素)

(2) 假设所得税税率为 25%，计算该项目投资在项目计算期内各年的现金净流量。

解：(1) 不考虑所得税因素的现金净流量。

固定资产年折旧额为 $(110-10) \div 10 = 10$(万元)

无形资产年摊销额为 $20 \div 5 = 4$(万元)

$NCF_0 = -55 - 20 = -75$(万元)

$NCF_1 = -55$ 万元

$NCF_2 = -20$ 万元

$NCF_{3\sim7} = 40 - 34 - 4 + 10 + 4 = 16$(万元)

$NCF_{8\sim11} = 60 - 35 - 5 = 20$(万元)

$NCF_{12} = 20 + 10 + 20 = 50$(万元)

(2) 考虑所得税因素的现金净流量。

$NCF_0 = -55 - 20 = -75$(万元)

$NCF_1 = -55$ 万元

$NCF_2 = -20$ 万元

$NCF_{3\sim7} = (40 - 34 - 4) \times (1 - 25\%) + 10 + 4 = 15.5$(万元)

$NCF_{8\sim11} = (60 - 35 - 5 - 10) \times (1 - 25\%) + 10 = 17.5$(万元)

$NCF_{12} = 17.5 + 10 + 20 = 47.5$(万元)

【例 5-3】神悦机械有限责任公司拟更新一套尚可使用 5 年的旧设备。旧设备原价 170 000 元，账面净值 110 000 元，期满残值 10 000 元，目前旧设备变价净收入 60 000 元。旧设备每年营业收入 200 000 元，经营成本和税金及附加 164 000 元。新设备投资总额 300 000 元，可用 5 年，使用新设备后每年可增加营业收入 60 000 元，并降低经营成本 28 000 元，增加税金及附加 4 000 元，期满残值 30 000 元。所得税税率为 25%。(考虑所得税因素)

要求：

(1) 新旧方案的各年现金净流量。

(2) 更新方案的各年差量现金净流量。

解：旧设备的年折旧额 $= \dfrac{110\,000 - 10\,000}{5} = 20\,000$(元)

新设备的年折旧额 $= \dfrac{300\,000 - 30\,000}{5} = 54\,000$(元)

(1) 继续使用旧设备的每年现金净流量。

已知旧设备的账面净值为 110 000 元

所以旧设备出售净损失 $= 110\,000 - 60\,000 = 50\,000$(元)(计入营业外支出)

少缴所得税税额 $= 50\,000 \times 25\% = 12\,500$(元)(属现金流入)

$NCF_0 = -60\,000 - 50\,000 \times 25\% = -72\,500$(元)(变价净收入和旧设备出售净损失均为机会成本)

$NCF_{1\sim4} = 200\,000 \times (1 - 25\%) - 164\,000 \times (1 - 25\%) + 20\,000 \times 25\% = 32\,000$(元)

NCF$_5$=32 000+10 000=42 000(元)

采用新设备的各年现金净流量。

NCF$_0$=-300 000 万元

NCF$_{1-4}$=[(200 000+60 000)-(164 000-28 000)-4 000-54 000]×(1-25%)+54 000
　　　=103 500(元)

NCF$_5$=103 500+30 000=133 500(元)

(2) 更新方案的各年差量现金净流量。

ΔNCF$_0$=-300 000-(-72 500)=-227 500(元)

ΔNCF$_{1-4}$=103 500-32 000=71 500(元)

ΔNCF$_5$=133 500-42 000=91 500(元)

任务三　项目投资决策评价指标及其运用

财务可行性评价指标是指用于衡量投资项目财务效益大小和评价投入产出关系是否合理，以及评价其是否具有财务可行性所依据的一系列量化指标的统称。财务可行性评价指标很多，本书主要介绍静态指标(也称非贴现指标)：投资回收期、投资收益率；动态指标(也称贴现指标)：净现值、净现值率和内含报酬率这五个指标。

一、静态指标

(一)投资回收期

1. 投资回收期的含义

投资回收期是指以投资项目经营净现金流量抵偿原始总投资所需要的全部时间。一般以年为单位，该指标可以衡量收回投资额速度的快慢，一般是越快越好。在实务中包括建设期的投资回收期(PP)和不包括建设期的投资回收期(PP′)两种形式，二者关系的计算公式如下。

　　　　　包括建设期的投资回收期(PP)=不包括建设期的投资回收期(PP′)+建设期(s)

2. 投资回收期的计算

投资回收期是一个非贴现的反指标，回收期越短，方案就越有利。如果投资项目投产后若干年(假设为 M 年)内，每年的经营现金净流量相等，且有以下关系成立：M×投产后 M 年内每年相等的现金净流量(NCF)≥投资总额；则可用以下公式计算投资回收期。

(1) 经营期年现金净流量相等(不包括建设期)，其计算公式如下。

$$投资回收期 = \frac{投资总额}{年现金净流量}$$

【例5-4】继续用表5-1中的资料。

要求：计算甲方案的投资回收期。

解：甲方案的投资回收期 = $\frac{100\ 000}{35\ 000}$ = 2.86(年)

(2) 经营期年现金净流量不相等，则须计算逐年累计的现金净流量，然后用插入法计算出投资回收期。

表 5-1 相关资料(甲方案)

项目计算期	甲方案		乙方案	
	利润	现金净流量(NCF)	利润	现金净流量(NCF)
0		(100 000)		(100 000)
1	15 000	35 000	10 000	30 000
2	15 000	35 000	14 000	34 000
3	15 000	35 000	18 000	38 000
4	15 000	35 000	22 000	42 000
5	15 000	35 000	26 000	46 000
合 计	75 000	75 000	90 000	90 000

【例 5-5】继续用表 5-2 中的资料。

要求：计算乙方案的投资回收期。

表 5-2 相关资料(乙方案)

项目计算期	乙方案	
	现金净流量(NCF)	累计现金净流量
1	30 000	30 000
2	34 000	64 000
3	38 000	102 000
4	42 000	144 000
5	46 000	190 000

解：从表 5-2 可得出，乙方案的投资回收期在第 2 年与第 3 年之间，用插入法可计算出。

乙方案投资回收期 $=2+\dfrac{100\,000-64\,000}{102\,000-64\,000}=2.95$(年)

(二)投资收益率

1. 投资收益率的含义

投资收益率又称投资报酬率，是指项目投资方案的年平均利润额占平均投资总额的百分比。

2. 投资收益率的计算

投资收益率的计算公式如下。

$$投资收益率=\dfrac{年平均利润额}{平均投资总额}\times 100\%$$

式中，分子是平均利润，不是现金净流量，不包括折旧额；分母可以用投资总额的 50%来简单计算，一般不考虑固定资产的残值。

3. 投资收益率的实例

【例 5-6】某企业有甲、乙两个投资方案，投资总额均为 10 万元，全部用于购置新的设备，折旧采用直线法计算，使用期均为 5 年，无残值，其他有关资料如表 5-3 所示。

要求：计算甲、乙两个方案的投资收益率，并进行比较。

表 5-3 相关资料(甲、乙两个方案)   单位：元

项目计算期	甲方案		乙方案	
	利润	现金净流量(NCF)	利润	现金净流量(NCF)
0		(100 000)		(100 000)
1	15 000	35 000	10 000	30 000
2	15 000	35 000	14 000	34 000
3	15 000	35 000	18 000	38 000
4	15 000	35 000	22 000	42 000
5	15 000	35 000	26 000	46 000
合计	75 000	75 000	90 000	90 000

解：甲方案的投资收益率 $=\dfrac{15\,000}{100\,000 \div 2} \times 100\% = 30\%$

乙方案的投资收益率 $=\dfrac{90\,000 \div 5}{100\,000 \div 2} \times 100\% = 36\%$

从计算结果来看，乙方案的投资收益率比甲方案的投资收益率高 6%(36%-30%)，所以应选择乙方案。

二、动态指标

(一)净现值(NPV)

净现值是指在项目计算期内，按一定贴现率计算的各年现金净流量现值的代数和。所用的贴现率可以是企业的资本成本，也可以是企业所要求的最低报酬率水平。净现值的计算公式如下。

$$\text{NPV} = \sum_{t=0}^{n} \text{NCF}_t \times (P/F, i, t)$$

式中，n 为项目计算期(包括建设期与经营期)；NCF_t 为第 t 年的现金净流量；$(P/F, i, t)$ 为第 t 年、贴现率为 i 的复利现值系数。

净现值指标的决策标准是：如果投资方案的净现值大于或等于零，该方案为可行方案；如果投资方案的净现值小于零，该方案为不可行方案；如果几个方案的投资额相同，项目计算期相等且净现值均大于零，那么净现值最大的方案为最优方案。所以，净现值大于或等于零是项目可行的必要条件。

【例 5-7】神悦机械有限责任公司购入设备一台，价值为 30 000 元，采用直线法计提折

旧，使用寿命为 6 年，期末无残值。预计投产后每年可获得利润 4 000 元，假定贴现率为 12%。

要求：计算该项目的净现值。

解：$NCF_0 = -30\,000$ 元

$NCF_{1-6} = 4\,000 + \dfrac{30\,000}{6} = 9\,000$(元)

$NPV = 9\,000 \times (P/A, 12\%, 6) - 30\,000$

$= 9\,000 \times 4.111\,4 - 30\,000 = 7\,002.6$(元)

【例 5-8】假定例 5-7 中，投产后每年可获得的净利润分别为 3 000 元、3 000 元、4 000 元、4 000 元、5 000 元、6 000 元，其他资料不变。

要求：计算该项目的净现值。

解：$NCF_0 = -30\,000$ 元

年折旧额 $= \dfrac{30\,000}{6} = 5\,000$(元)

$NCF_1 = 3\,000 + 5\,000 = 8\,000$(元)

$NCF_2 = 3\,000 + 5\,000 = 8\,000$(元)

$NCF_3 = 4\,000 + 5\,000 = 9\,000$(元)

$NCF_4 = 4\,000 + 5\,000 = 9\,000$(元)

$NCF_5 = 5\,000 + 5\,000 = 10\,000$(元)

$NCF_6 = 6\,000 + 5\,000 = 11\,000$(元)

$NPV = 8\,000 \times (P/F, 12\%, 1) + 8\,000 \times (P/F, 12\%, 2) + 9\,000 \times (P/F, 12\%, 3)$
$+ 9\,000 \times (P/F, 12\%, 4) + 10\,000 \times (P/F, 12\%, 5) + 11\,000 \times (P/F, 12\%, 6) - 30\,000$
$= 8\,000 \times 0.892\,9 + 8\,000 \times 0.797\,2 + 9\,000 \times 0.711\,8 + 9\,000 \times 0.635\,5 + 10\,000 \times 0.567\,4$
$+ 11\,000 \times 0.506\,6 - 30\,000 = 6\,893.1$(元)

(二)净现值率(NPVR)与现值指数(PI)

上述的净现值是一个绝对数指标，与其相对应的相对数指标是净现值率与现值指数。

净现值率(NPVR)是指投资项目的净现值与投资现值合计的比值；现值指数是指项目投产后按一定贴现率计算的在经营期内各年现金净流量的现值合计与投资现值合计的比值。其计算公式如下。

$$净现值率 = \dfrac{净现值}{\sum 投资现值}$$

$$现值指数 = \dfrac{\sum 经营期各年现金净流量现值}{投资现值}$$

净现值率与现值指数有如下关系。

$$现值指数 = 净现值率 + 1$$

净现值率大于零，现值指数大于1，表明项目的报酬率高于贴现率，存在额外收益；净现值率等于零，现值指数等于1，表明项目的报酬率等于贴现率，收益只能抵补资本成本；净现值率小于零，现值指数小于1，表明项目的报酬率小于贴现率，收益不能抵补资本成本。

因此，对于单一方案的项目来说，净现值率大于或等于 0，现值指数大于或等于 1 是项目可行的必要条件。当有多个投资项目可供选择时，由于净现值率或现值指数越大，企业的投资报酬水平就越高，所以应采用净现值率大于 0 或现值指数大于 1 中的最大者。

【例 5-9】 继续用例 5-7 的资料。

要求：计算净现值率和现值指数。

解：净现值率 $=\dfrac{7\,002.6}{30\,000}=0.233\,4$

现值指数 $=\dfrac{9\,000\times(P/A,12\%,6)}{30\,000}=1.233\,4$

现值指数=净现值率+1=0.233 4+1=1.233 4

(三) 内含报酬率(IRR)

内含报酬率(IRR)是指投资项目在项目计算期内各年现金净流量现值合计数等于 0 时的贴现率，亦可将其定义为能使投资项目的净现值等于 0 时的贴现率。

(1) 经营期内各年现金净流量相等，且全部投资均于建设起点一次投入，建设期为 0，即：

经营期每年相等的现金净流量(NCF)×年金现值系数(P/A，IRR，t)-投资总额=0

内含报酬率具体计算步骤如下。

① 计算年金现值系数(P/A，IRR，t)，计算公式如下。

$$年金现值系数=\dfrac{投资总额}{经营期每年相等的现金净流量}$$

② 根据计算出来的年金现值系数与已知的年限 n，通过查年金现值系数表，确定内含报酬率的范围。

③ 用插入法求出内含报酬率。

【例 5-10】 继续用例 5-7 的资料。

要求：计算内含报酬率。

解：$(P/A,\text{IRR},6)=\dfrac{30\,000}{9\,000}=3.333\,3$

查表可知：

18%	IRR	20%
3.497 6	3.333 3	3.325 5

$\text{IRR}=18\%+\dfrac{3.497\,6-3.333\,3}{3.497\,6-3.325\,5}\times(20\%-18\%)=19.91\%$

(2) 经营期内各年现金净流量不相等，采用逐步测试法计算内含报酬率。

【例 5-11】 继续用例 5-8 的资料。

要求：计算内含报酬率，相关资料如表 5-4 所示。

表 5-4　计算内含报酬率的相关资料　　　　　　　　　　单位：元

年　份	现金净流量(NCF)	贴现率=16%		贴现率=18%		贴现率=20%	
		现值系数	现值	现值系数	现值	现值系数	现值
0	(30 000)	1	(30 000)	1	(30 000)	1	(30 000)
1	8 000	0.862 1	6 896.8	0.847 5	6 780.0	0.833 3	6 666.4
2	8 000	0.743 2	5 945.6	0.718 2	5 745.6	0.694 4	5 555.2
3	9 000	0.640 7	5 766.3	0.608 6	5 477.4	0.578 7	5 208.3
4	9 000	0.552 3	4 970.7	0.515 8	4 642.2	0.482 3	4 340.7
5	10 000	0.476 2	4 762.0	0.437 1	4 371.0	0.401 9	4 019.0
6	11 000	0.410 4	4 514.4	0.370 4	4 074.4	0.334 9	3 683.9
净现值			2 855.8		1 090.6		(526.5)

解：用插入法计算内含报酬率。

查表可知：

```
    18%                         IRR                      20%
NPV=1 090.6                    NPV=0                 NPV=−526.5
```

$$IRR = 18\% + \frac{1\,090.6 - 0}{1\,090.6 - (-526.5)} \times (20\% - 18\%) = 19.35\%$$

内含报酬率是一个动态相对量正指标，既考虑了资金时间价值，又能从动态的角度直接反映投资项目的实际报酬率，且不受贴现率高低的影响，比较客观，但该指标的计算过程比较复杂。

贴现评价指标之间的关系。这些指标的计算结果都受建设期和经营期的长短、投资金额及方式，以及各年现金净流量的影响。有所不同的是，净现值(NPV)为绝对数指标，其余为相对数指标。计算净现值、净现值率和现值指数所依据的贴现率(i)都是已知的，而内含报酬率(IRR)的计算本身与贴现率(i)的高低无关，只是采用这一指标的决策标准是将所测算的内含报酬率与其贴现率进行对比，当 $IRR \geq i$ 时，该方案是可行的。

三、项目投资决策分析方法的应用

(一)独立方案的对比与选优

独立方案是指方案之间存在着相互依赖的关系，但又不能相互取代的方案。评价指标需要满足以下条件：$NPV \geq 0$，$NPVR \geq 0$，$PI \geq 1$，$IRR \geq i$，项目才具有财务可行性；反之，则不具备财务可行性。而静态的投资回收期与投资收益率可作为辅助指标评价投资项目。需要注意的是，当辅助指标与主要指标(净现值等)的评价结论产生矛盾时，应当以主要指标的结论为准。

【例 5-12】神悦机械有限责任公司拟引进一条流水线，投资额为 110 万元，分两年投入。第一年年初投入 70 万元，第二年年初投入 40 万元，建设期为 2 年，净残值 10 万元，计提采用直线法折旧。在投产初期投入流动资金 20 万元，项目使用期满仍可全部回收。该项目可使用年限为 10 年,每年销售收入为 60 万元,总成本为 30 万元,税金及附加为 5 万元。假定企业期望的投资报酬率为 10%,所得税税率为 25%。

要求:计算该项目的净现值、内含报酬率,并判断该项目是否可行。

解:NCF_0=-70 万元

NCF_1=-40 万元

NCF_2=-20 万元

年折旧额=$\dfrac{110-10}{10}$=10(万元)

NCF_{3-11}=(60-30-5)×(1-25%)+10=28.75(万元)

NCF_{12}=28.75+(10+20)=58.75(万元)

NPV=28.75×[(P/A,10%,11)-(P/A,10%,2)]+58.75×(P/F,10%,12)
　　-[70+40×(P/F,10%,1)+20×(P/F,10%,2)]
　=28.75×(6.495 1-1.735 5)+58.75×0.318 6-(70+40×0.909 1+20×0.826 4)
　=32.664 3(万元)

当 i=14%时,测算 NPV。

NPV=28.75×(5.452 7-1.646 7)+58.75×0.207 6-(70+40×0.877 2+20×0.769 5)
　=1.141(万元)

当 i=15%时,测算 NPV。

NPV=28.75×(5.233 7-1.625 7)+58.75×0.186 7-(70+40×0.869 6+20×0.756 1)
　=-5.207 4(万元)

用插入法计算 IRR。

通过查表可知:

i=14%	IRR	i=15%
NPV=1.141	NPV=0	NPV=-5.207 4

IRR=14%+(1.141-0)÷[1.141-(-5.207 4)]×(15%-14%) =14.18%>10%

计算表明,净现值为 32.664 3 万元,大于 0;内含报酬率为 14.18%,大于贴现率 10%,所以该项目在财务上是可行的。一般来说,用净现值和内含报酬率对独立方案进行评价,不会出现相互矛盾的结论。

(二)互斥方案的对比与选优

(1) 互斥方案的投资额、项目计算期均相等,可采用净现值法或内含报酬率法。

【例 5-13】 某企业现有资金 100 万元可用于固定资产项目投资,有 A、B、C、D 四个互相排斥的备选方案可供选择,这四个方案投资总额均为 100 万元,项目计算期均为 6 年,贴现率为 10%,现经计算:

NPV_A=8.125 3(万元)　　　　　IRR_A=13.3%

NPV_B=12.25(万元)　　　　　IRR_B=16.87%

NPV_C=-2.12(万元)　　　　　IRR_C=8.96%

NPV_D=10.36(万元)　　　　　IRR_D=15.02%

要求:决策出哪一个投资方案为最优。

解：A、B、D 三个方案均符合财务可行的必要条件。

且 $NPV_B > NPV_D > NPV_A$

12.25 万元 > 10.36 万元 > 8.125 3 万元

$IRR_B > IRR_D > IRR_A$

16.87% > 15.02% > 13.3%

所以，B 方案为最优，D 方案为其次，A 方案为最差，应采用 B 方案。

(2) 互斥方案的投资额不相等，但项目计算期相同，可采用差额法。差额法是指在两个投资总额不同方案的差量现金净流量(记作 ΔNCF)的基础上，计算差额净现值(记作 ΔNPV)或差额内含报酬率(记作 ΔIRR)，并据以判断方案孰优孰劣的方法。

【例 5-14】某企业有甲、乙两个投资方案可供选择，甲方案的投资额为 100 000 元，每年现金净流量均为 30 000 元，可使用年限为 5 年；乙方案的投资额为 70 000 元，每年现金净流量分别为 10 000 元、15 000 元、20 000 元、25 000 元、30 000 元，可使用年限也为 5 年。甲、乙两个方案建设期均为 0 年，假设贴现率为 10%。

要求：对甲、乙两个方案做出选择。

解：因为两个方案的项目计算期相同，但投资额不相等，所以可采用差额法来判断。

$\Delta NCF_0 = -100\,000 - (-70\,000) = -30\,000(元)$

$\Delta NCF_1 = 30\,000 - 10\,000 = 20\,000(元)$

$\Delta NCF_2 = 30\,000 - 15\,000 = 15\,000(元)$

$\Delta NCF_3 = 30\,000 - 20\,000 = 10\,000(元)$

$\Delta NCF_4 = 30\,000 - 25\,000 = 5\,000(元)$

$\Delta NCF_5 = 30\,000 - 30\,000 = 0$

$\Delta NPV_{甲-乙} = 20\,000 \times (P/F, 10\%, 1) + 15\,000 \times (P/F, 10\%, 2) + 10\,000 \times (P/F, 10\%, 3) + 5\,000 \times (P/F, 10\%, 4) - 30\,000$

$= 20\,000 \times 0.909\,1 + 15\,000 \times 0.826\,4 + 10\,000 \times 0.751\,3 + 5\,000 \times 0.683 - 30\,000$

$= 11\,506(元) > 0$

当 $i = 28\%$ 时，测算 ΔNPV。

$\Delta NPV = 20\,000 \times (P/F, 28\%, 1) + 15\,000 \times (P/F, 28\%, 2) + 10\,000 \times (P/F, 28\%, 3) + 5\,000 \times (P/F, 28\%, 4) - 30\,000$

$= 20\,000 \times 0.781\,3 + 15\,000 \times 0.610\,4 + 10\,000 \times 0.476\,8 + 5\,000 \times 0.372\,5 - 30\,000$

$= 1\,412.5(元) > 0$

当 $i = 32\%$ 时，测算 ΔNPV。

$\Delta NPV = 20\,000 \times (P/F, 32\%, 1) + 15\,000 \times (P/F, 32\%, 2) + 10\,000 \times (P/F, 32\%, 3) + 5\,000 \times (P/F, 32\%, 4) - 30\,000$

$= 20\,000 \times 0.757\,6 + 15\,000 \times 0.573\,9 + 10\,000 \times 0.434\,8 + 5\,000 \times 0.329\,4 - 30\,000$

$= -244.5(元) < 0$

用插入法计算 ΔIRR。

$\Delta IRR = 28\% + \dfrac{1\,412.5 - 0}{1\,412.5 - (-244.5)} \times (32\% - 28\%) = 31.41\%$

计算表明，差额净现值为 11 506 元，大于 0；差额内含报酬率为 31.41%，大于贴现率

10%，应选择甲方案。

(3) 互斥方案的投资额不相等，项目计算期也不相同，可采用年回收额法。年回收额法是指通过比较所有投资方案的年等额净现值指标的大小来选择最优方案的决策方法。在此法下，年等额净现值最大的方案为优。

年回收额法的计算步骤如下。

① 计算各方案的净现值 NPV。

② 计算各方案的年等额净现值，若贴现率为 i，项目计算期为 n，则：

$$年等额净现值\ A = \frac{NPV}{(P/A,\ i,\ n)}$$

【例 5-15】某企业有两个投资方案，其现金净流量如表 5-5 所示。

要求：如果该企业期望达到最低报酬率为 12%，请做出决策。

表 5-5 现金净流量　　　　　　　　　　　　　　　单位：元

项目计算期	甲方案		乙方案	
	净收益	现金净流量	净收益	现金净流量
0		(200 000)		(200 000)
1	20 000	120 000	16 000	56 000
2	32 000	132 000	16 000	56 000
3			16 000	56 000

解：计算甲、乙两个方案的 NPV 如下。

$NPV_{甲} = 120\ 000 \times (P/F,\ 12\%,\ 1) + 132\ 000 \times (P/F,\ 12\%,\ 2) - 200\ 000$

$\qquad = 120\ 000 \times 0.892\ 9 + 132\ 000 \times 0.797\ 2 - 200\ 000$

$\qquad = 12\ 378.4(元)$

$NPV_{乙} = 56\ 000 \times (P/A,\ 12\%,\ 3) - 120\ 000$

$\qquad = 56\ 000 \times 2.401\ 8 - 120\ 000$

$\qquad = 14\ 500.8(元)$

$$甲方案年等额净现值 = \frac{12\ 378.4}{(P/A, 12\%, 2)} = \frac{12\ 378.4}{1.690\ 1} = 7\ 324.06(元)$$

$$乙方案年等额净现值 = \frac{14\ 500.8}{(P/A, 12\%, 3)} = \frac{14\ 500.8}{2.401\ 8} = 6\ 037.47(元)$$

因为甲方案年等额净现值＞乙方案年等额净现值(7 324.06＞6 037.47)，所以应选择甲方案。

案例解析

1. 该公司的投资类型为新建项目投资，即单纯固定资产投资。
2. 使用新设备每年折旧额 = 4 000 ÷ 5 = 800(万元)

1—5 年每年的经营成本 = 1 800 + 1 600 + 200 = 3 600(万元)

运营期 1—5 年每年的息税前利润 = 5 100 - 3 600 - 800 = 700(万元)

总投资收益率 = 700 ÷ (4 000 + 2 000) × 100% = 11.67%

3. 该方案的现金净流量(考虑所得税因素):
$NCF_0=-4\,000-2\,000=-6\,000$(万元)
$NCF_{1-4}=700×(1-25\%)+800=1\,325$(万元)
$NCF_5=1\,325+2\,000=3\,325$(万元)
净现值 $NPV=-6\,000+1\,325×(P/A,9\%,4)+3\,325×(P/F,9\%,5)$
$=453.52$(万元)

4. 财务可行性的评价如下。

因为该方案的净现值453.52万元＞0，所以该方案基本具备财务可行性。

项 目 小 结

企业项目投资是一种以特定项目为对象，直接与新建项目或更新改造项目有关的长期投资行为。项目投资按其涉及内容不同还可进一步细分为单纯固定资产投资、完整工业投资项目和更新改造项目。项目投资的程序包括投资项目设计、可行性论证、项目投资决策、项目投资执行等。

现金流量是指在投资决策中一个项目引起的企业现金支出和现金收入增加的数量，具体包括：现金流出量、现金流入量和现金净流量三个方面。

建设期现金净流量的计算公式如下。

$$现金净流量=-该年投资额$$

营业期年现金净流量计算公式如下。

$$每年净现金流量=营业收入-付现成本-所得税$$

(其中付现成本=变动成本+付现的固定成本=总成本-折旧额及摊销额)

或 $$每年净现金流量=净利润+折旧$$

或 每年净现金流量=营业收入×(1-所得税税率)-付现成本×(1-所得税税率)
$$+折旧×所得税税率$$

$$终结点现金净流量=营业现金净流量+回收额$$

项目投资决策评价指标分为非贴现指标和贴现指标两大类。非贴现指标也称静态指标，主要包括投资回收期、投资收益率等指标。贴现指标也称动态指标，主要包括净现值、净现值率、现值指数、内含报酬率等指标。贴现评价指标之间的关系为：当 $NPV>0$ 时，$NPVR>0$，$PI>1$，$IRR>i$；当 $NPV=0$ 时，$NPVR=0$，$PI=1$，$IRR=i$；当 $NPV<0$ 时，$NPVR<0$，$PI<1$，$IRR<i$。这些指标的计算结果都受到建设期和经营期的长短、投资金额及方式，以及各年现金净流量的影响。有所不同的是，净现值(NPV)为绝对数指标，其余为相对数指标。计算净现值、净现值率和现值指数所依据的贴现率(i)都是已知的，而内含报酬率(IRR)的计算本身与贴现率(i)的高低无关，只是采用这一指标的决策标准是将所测算的内含报酬率与其贴现率进行对比，当 $IRR≥i$ 时，该方案是可行的。

项目投资决策评价指标的决策应用分为：独立方案的对比与选优、互斥方案的对比与选优、其他方案的对比与选优。

项目强化训练

一、单项选择题

1. 在存在所得税的情况下,以"利润+折旧"估计经营期净现金流量时,"利润"是指( )。
   A. 利润总额   B. 净利润   C. 营业利润   D. 息税前利润

2. 假定某项目的原始投资在建设期初全部投入,其预计的净现值率为15%,则该项目的获利指数是( )。
   A. 6.67   B. 1.15   C. 1.5   D. 1.125

3. 下列投资项目评价指标中,不受建设期长短、投资回收时间先后及现金流量大小影响的评价指标是( )。
   A. 投资回收期   B. 投资利润率   C. 净现值率   D. 内部收益率

4. 下列各项中,不会对投资项目内部收益率指标产生影响的因素是( )。
   A. 原始投资   B. 现金流量   C. 项目计算期   D. 设定折现率

5. 某完整工业投资项目的建设期为0,第一年流动资产需用额为1 000万元,流动负债需用额为400万元,则该年流动资金投资额为( )万元。
   A. 400   B. 600   C. 1 000   D. 800

6. 某企业拟进行一项固定资产投资项目决策,设定折现率为12%,有四个方案可供选择。其中,甲方案的项目计算期为10年,净现值为1 000万元,(A/P,12%,10)=0.177;乙方案的净现值率为-15%;丙方案的项目计算期为11年,其年等额净回收额为150万元;丁方案的内部收益率为10%。最优的投资方案是( )。
   A. 甲方案   B. 乙方案   C. 丙方案   D. 丁方案

7. 净现值与现值指数相比,其缺点是( )。
   A. 考虑了资金时间价值   B. 考虑了投资风险
   C. 不便于投资额相同方案的比较   D. 不便于投资额不同方案的比较

8. 某投资项目原始投资为15 000元,当年完工投产,有效期为4年,每年可获得现金净流量5 000元,则该项目内含报酬率为( )。
   A. 12.21%   B. 12.59%   C. 13.04%   D. 13.52%

9. 当贴现率为10%,某项目的净现值为500元,则说明该项目内含报酬率( )。
   A. 高于10%   B. 低于10%   C. 等于10%   D. 无法界定

10. 某投资方案贴现率为15%时,净现值为430万元;当贴现率为17%时,净现值为-790万元,则该方案的内含报酬率为( )。
    A. 15.7%   B. 15.22%   C. 17.34%   D. 17.56%

11. 当净现值为0时,则可说明( )。
    A. 投资方案无收益   B. 投资方案只能获得平均利润
    C. 投资方案只能收回投资   D. 投资方案亏损,应拒绝接受

12. 下列各项中,属于长期投资决策静态评价指标的是( )。

A. 现值指数　　　B. 投资利润率　　　C. 净现值　　　D. 内部收益率

13. 下列长期投资决策评价指标中，其数值越小越好的指标是(　　)。

　　A. 净现值率　　　B. 投资回收期　　　C. 内部收益率　　　D. 投资利润率

14. 当某方案的净现值大于0时，其内部收益率(　　)。

　　A. 小于零　　　　　　　　　　　　B. 一定等于零
　　C. 一定大于设定折现率　　　　　　D. 可能等于设定折现率

15. 如果其他因素不变，一旦折现率提高，则下列指标中数值将会变小的是(　　)。

　　A. 净现值率　　　B. 投资利润率　　　C. 内部收益率　　　D. 投资回收期

16. 原始投资额是反映项目(　　)的价值指标。

　　A. 所需现实资金　　　　　　　　　B. 投资总体规模
　　C. 所需潜在资金　　　　　　　　　D. 固定资产规模

17. 下列各项中，不属于投资项目现金流出量内容的是(　　)。

　　A. 固定资产投资　　B. 折旧与摊销　　C. 无形资产投资　　D. 新增经营成本

18. 如果某投资项目的相关评价指标满足以下关系：NPV>0，NPVR>0，PI>1，IRR>I，PP>$n/2$，则可以得出的结论是(　　)。

　　A. 该项目基本具备财务可行性　　　B. 该项目完全具备财务可行性
　　C. 该项目基本不具备财务可行性　　D. 该项目完全不具备财务可行性

19. 一般流动资金的回收发生于(　　)。

　　A. 建设起点　　　B. 投产时点　　　C. 项目终结点　　　D. 经营期任意一点

20. 假定甲、乙两个方案为互斥方案，甲方案与乙方案的差额方案为丙方案，经用净现值法测算，丙方案不具备财务可行性，则下列表述正确的是(　　)。

　　A. 应选择甲方案　　　　　　　　　B. 应选择乙方案
　　C. 应选择丙方案　　　　　　　　　D. 所有方案均可选

二、多项选择题

1. 某投资项目终结点年度的税后利润为100万元，折旧为10万元，回收流动资金20万元，回收固定资产残值5万元。下列表述正确的有(　　)。

　　A. 回收额为25万元　　　　　　　　B. 回收额为5万元
　　C. 经营净现金流量为110万元　　　 D. 终结点净现金流量为135万元

2. 下列项目中，属于现金流入项目的有(　　)。

　　A. 营业收入　　B. 建设投资　　C. 回收流动资金　　D. 经营成本节约额

3. 当新建项目的建设期不为0时，建设期内各年的净现金流量可能(　　)。

　　A. 小于0　　　B. 等于0　　　C. 大于0　　　D. 大于1

4. 下列项目中，属于经营期现金流入项目的有(　　)。

　　A. 营业收入　　　　　　　　　　　B. 回收流动资金
　　C. 经营成本节约额　　　　　　　　D. 回收固定资产余值

5. 下列指标中，属于动态指标的有(　　)。

　　A. 现值指数　　　B. 净现值率　　　C. 内部收益率　　　D. 投资利润率

6. 下列长期投资决策评价指标中，需要以已知的行业基准折现率作为计算依据的有

（　　）。
　　A. 净现值率　　　B. 现值指数　　　C. 内部收益率　　　D. 投资利润率

7. 采用净现值法评价投资项目可行性时，所采用的折现率通常有(　　)。
　　A. 投资项目的资金成本率　　　　B. 投资的机会成本率
　　C. 行业平均资金收益率　　　　　D. 投资项目的内部收益率

8. 下列属于主要指标的有(　　)。
　　A. 静态投资回收期　　　　　　　B. 净现值
　　C. 净现值率　　　　　　　　　　D. 内部收益率

9. 能够影响所有动态指标的因素有(　　)。
　　A. 建设期长短　　　　　　　　　B. 投资方式
　　C. 各年净现金流量的数量特征　　D. 折现率

10. 影响内部收益率大小的因素有(　　)。
　　A. 营业现金流量　　　　　　　　B. 建设期长短
　　C. 投资项目有效年限　　　　　　D. 原始投资金额

三、判断题

1. 某投资方案的净现值为0，则该方案贴现率可称为该方案的内含报酬率。（　　）
2. 折旧属于非付现成本，不会影响企业的现金流量。（　　）
3. 净现值与现值指数之间存在一定的对应关系，当净现值大于0时，现值指数大于0但小于1。（　　）
4. 净现值与净现值率的共同缺点是均不能反映投资项目的实际收益率。（　　）
5. 现值指数大于1，说明投资方案的报酬率低于资金成本。（　　）
6. 在比较任何两个投资方案时，内部收益率较高的方案较优。（　　）
7. 若内含报酬率大于资金成本，则投资方案不可行。（　　）
8. 在项目投资决策中，应当以现金流量作为评价项目经济效益的评价指标。（　　）
9. 净现金流量只发生在经营期，建设期没有净现金流量。（　　）
10. 内部收益率的大小与事先设定的折现率的高低无关。（　　）

四、名词解释

现金流量　付现成本　投资回收期　净现值　现值指数　内含报酬率

五、思考题

1. 影响项目投资的因素有哪些？
2. 项目投资现金流量由哪几部分内容构成？
3. 简述投资回收期法与净现值法的优缺点。

六、业务题

1. 某企业拟购置一台设备，购入价款为200 000元，预计可使用年限为5年，净残值为8 000元。假设资金成本为10%，投产后每年可增加利润50 000元。

要求：
(1) 用年数总和法计算该设备的每年折旧额。
(2) 列式计算该投资方案的净现值。
(3) 列式计算该投资方案的现值指数。

2. 某企业有一台旧设备，原值为 15 000 元，预计使用年限 10 年，已使用 5 年，每年付现成本为 3 000 元，目前变现价值为 9 000 元，报废时无残值。现在市场上有一种新的同类设备，购置成本为 20 000 元，可使用 5 年，每年付现成本为 1 000 元，期满无残值。假设公司资金成本为 10%。

要求：该设备是否应该进行更新？

3. 假设企业有五个可供选择的投资项目，分别为 A、B、C、D、E。其中，B 和 C，D 和 E 是互斥选择项目，企业可动用资本最大额为 500 万元，详细资料如表 5-6 所示。

表 5-6 详细资料　　　　　　　　　　　　　　　　　　单位：元

投资项目	原始投资	现值指数	净现值
A	2 000 000	1.375	800 000
B	1 800 000	1.467	840 000
C	4 000 000	1.25	1 000 000
D	1 100 000	1.309	400 000
E	1 000 000	1.21	210 000

要求：确定该企业最佳的投资组合。

4. 某企业准备购入一台设备以扩充生产能力。现有甲、乙两个方案可供选择。甲方案需要投资 20 000 元，使用寿命为 5 年，采用直线法计提折旧，5 年后无残值，5 年中每年可实现销售收入为 13 800 元，每年付现成本为 5 000 元。乙方案需要投资 30 000 元，采用直线法计提折旧，使用寿命也是 5 年，5 年后有残值收入 4 000 元，5 年中每年销售收入为 15 640 元，付现成本第一年为 5 000 元，以后逐年增加修理费用 160 元。另需要垫支营运资金 3 000 元。假设所得税税率为 25%，资金成本率为 12%。

要求：
(1) 计算两个方案的现金流量。
(2) 计算两个方案的净现值。
(3) 计算两个方案的现值指数。
(4) 计算两个方案的内含报酬率。
(5) 计算两个方案的投资回收期。
(6) 试判断应采用哪个方案为最优。

5. 某企业拟进行一项固定资产投资，该项目的现金流量如表 5-7 所示。

要求：
(1) 计算表中用英文字母表示的项目的数值。
(2) 计算下列指标：①静态投资回收期；②净现值；③原始投资现值；④净现值率；⑤获利指数。
(3) 评价该项目的财务可行性。

表 5-7 现金流量　　　　　　　　　　　　　　　　单位：万元

项目	建设期		经营期					合计
	0	1	2	3	4	5	6	
净现金流量	-500	-1 000	100	1 000	B	1 000	1 000	
累计净现金流量	-500	-1 500	-1 400	A	100	1 100	2 100	—
折现净现金流量	-500	-900	C	729	328.05	590.49	531.44	

6. 某公司为改变产品结构、开拓新的市场领域，拟开发新产品，为此拟投资建设一条生产线，建设期为一年，建设期发生的固定资产投资为 110 万元，在建设期初一次全部投入，固定资产的折旧年限为 10 年，期末预计净残值为 10 万元，采用直线法计提折旧；流动资金投资 10 万元，于投产开始垫付，流动资金在项目终结时可一次全部收回。企业不缴纳消费税，适用的所得税税率为 25%，增值税税率为 17%，城建税税率为 7%，教育费附加的税率为 3%。所在行业的基准收益率为 10%。财务经理经过计算分析认为：该生产线投产后预计每年的营业收入为 100 万元，每年经营成本为 68 万元。其中，外购原材料、燃料和动力费为 40 万元，工资及福利费为 23 万元，其他费用为 5 万元。

要求：

(1) 确定该公司的投资类型。

(2) 项目投资的期限。

(3) 项目投资决策的主要指标和辅助指标。

(4) 对该项目投资做出财务可行性的评价。

微课视频

扫一扫，获取本项目相关微课视频。

任务一、任务二 企业项目投资概述、现金流量的内容及其结构

任务三 项目投资决策评价指标及其运用(一)

任务三 项目投资决策评价指标及其运用(二)

项目六

企业证券投资管理

【知识目标】

- 了解证券的种类和各类投资的优缺点。
- 掌握股票、债券的估价方法。
- 掌握证券投资组合的风险与收益的计算。

【技能目标】

- 运用模型对股票、债券、基金进行估价。
- 能应用证券投资组合的策略和方法。

案例引导

张某新，26 岁，某股份公司职员，工作 2 年，月收入 25 000 元，年终奖金 10 000 元，有五险和住房公积金，每月平均支出 8 000 元，目前有定期存款 20 000 元，计划 30 岁结婚，希望到时能够拥有一套属于自己的房子。由于他在投资上相对陌生，所以咨询理财专家，希望能得到理财方面的建议。银河证券的理财分析师周某认为，从张某新的基本情况来看，他属于工薪阶层。具体来说，首先，工作稳定，收入来源基本有保证，年净收入大约在 21 万~22 万元；其次，在保险保障方面，暂无后顾之忧；另外目前单身，承受风险的能力相对较强。在投资理财品种方面，目前主要分为股票、债券、基金、人民币理财产品等四类。其中，理财基金投资是一个重点品种。当前资本市场的不断发展，使很多金融品种走向大众化，投资机会也越来越多，完全可以满足不同风险偏好的投资者。货币基金、短期债券基金一般年收益率分别在 2%和 2.4%左右，收益稳定，本金较安全，适合短期投资；股票型基金收益率比较高，一般在 8%左右，适合 1 年期以上的投资。

(资料来源：自编案例)

分析：根据所学证券知识，帮助张某新做出合理投资决策。

理论认知

任务一 企业证券投资概述

一、证券和证券投资

(一)证券的概念和特点

证券是指具有一定票面金额，代表财产所有权和债权，可以有偿转让的凭证，如股票、债券等。证券具有产权性、收益性、流动性、风险性等四个特点。

1. 证券的产权性

证券的产权性是指证券的特征是什么，有价证券记载着权利人的财产权内容，代表着一定的财产所有权，拥有证券就意味着享有财产的占有、使用、收益和处置的权利。在现代经济社会里，财产权利和证券已密不可分，财产权利与证券两者融为一体，证券已成为财产权利的一般形式。虽然证券持有人并不实际占有财产，但可以通过持有证券，拥有有关财产的所有权或债权。

2. 证券的收益性

证券的收益性是指持有证券本身可以获得一定数额的收益，这是投资者转让资本使用权的回报。证券代表的是对一定数额的某种特定资产的所有权。资产是一种特殊的价值，它要在社会经济运行中不断运动、不断增值，最终高于原始投资价值。由于这种资产的所有权属于证券投资者,投资者持有证券也就拥有取得这部分资产增值收益的权利。因此,证券本身具有收益性。有价证券的收益表现为利息收入、红利收入和买卖证券的差价等。收益的多少通常取决于该资产增值数额的多少和证券市场的供求状况。

3. 证券的流动性

证券的流动性又称变现性,是指证券持有人可按自己的需求灵活地转让证券以换取现金。流通性是证券的生命力所在,不但可以使证券持有人随时把证券转变为现金,而且还使证券持有人根据自己的偏好选择持有证券的种类。证券的流通是通过承兑、贴现、交易实现的。

4. 证券的风险性

证券的风险性是指证券持有者面临着预期投资收益不能实现,甚至使本金也受到损失的可能,这是由未来经济状况的不确定性所致。在现有的社会生产条件下,未来经济的发展变化有些是投资者可以预测的,而有些则无法预测,因此,投资者难以确定其所持有的证券将来能否取得收益以及最终能获得多少收益,从而就使持有证券具有风险。

(二)证券投资的概念和目的

证券投资是指企业为获取投资收益或特定经营目的而买卖有价证券的一种投资行为。企业进行证券投资都抱有一定目的。概括起来,主要目的可分为以下四种。

1. 有效地利用现金

企业在经营过程中,收入和支出货币资金的速度都不是均衡进行的,这就必然造成有时一部分货币资金在循环周转过程中被暂时闲置,而有时又会出现货币资金短缺的现象。为平衡企业资金的收入支出运动速度,企业投资于证券,将有价证券作为现金的替代品,通过持有有价证券取代大量现金余额,当现金需要量大于供给量,依靠银行贷款又无法满足资金需求时,可以卖掉若干有价证券以弥补现金余额。另外,通过证券投资,还可以取得收益,提高资金使用效益。

2. 从事证券投机

有些企业从事证券投资,往往不只是以在证券持有期限内取得固定收益(股利、债息)或调剂现金余缺为目的,而且同时希望在证券市场上,通过低价买进高价卖出证券以获取差价收入。这种行为通常称为证券投机。

3. 满足企业扩张需要

企业的生产经营达到一定规模后,为了发展就需要不断投资。企业可以通过兴建新厂房、购置新设备等实物投资形式扩大生产经营规模;也可以通过在证券市场上购进其他企业发行的有价证券,实现不断扩张的目的。但后者与前者相比,对企业来说是一种更方便的投资途径。如果企业购买某个企业发行的股票达到一定规模,有时可以兼并该企业。如若不想兼并,则可以拥有参与该企业经营的决策权,甚至是控制权。

4. 出于其他目的

企业投资于证券，有时是出于其他目的。例如，企业可能会为了履行某种义务而购买政府发行的债券，或表示对某些非营利性机构的友好与支持，购买其发行的债券。这些债券尽管不会给企业带来多大直接利益，但对树立企业良好形象，改善其经营环境将大有裨益。企业通常会为实现这个目的而从事一部分证券投资。

二、证券及证券投资的种类

要了解证券投资的种类，首先要了解证券的种类。

(一)证券的种类

1. 所有权证券、信托投资证券和债权性证券

按证券体现的权益关系不同分类，证券可分为所有权证券、信托投资证券和债权性证券三种类型。所有权证券是一种既不定期支付利息，也无固定偿还期的证券，它代表着投资者在被投资企业所占权益的份额，在被投资企业盈利且宣布发放股利的情况下，才可能分享被投资企业的部分净收益，股票是典型的所有权证券。信托投资证券是由公众投资者共同筹集、委托专门的证券投资机构投资于各种证券，以获取收益的股份或收益凭证，如投资基金。债权性证券是一种必须定期支付利息，并要按期偿还本金的有价证券，如国库券、企业债券、金融债券等。所有权证券的投资风险要大于债权性证券。投资基金的风险低于股票投资而高于债券投资。

2. 固定收益证券和变动收益证券

按收益状况不同分类，证券可分为固定收益证券和变动收益证券两种类型。固定收益证券是指在证券票面上规定有固定收益率，投资者可定期获得稳定收益的证券，如优先股股票、债券等。变动收益证券是指证券票面无固定收益率，其收益情况随企业经营状况而变动的证券。变动收益证券风险大，投资报酬率也相对较高；固定收益证券风险小，投资报酬率也相对较低。

3. 政府证券、金融证券和公司证券

按发行主体不同分类，证券可分为政府证券、金融证券和公司证券三种类型。政府证券是指中央或地方政府为筹集资金而发行的证券，如国库券等；金融证券是指银行或其他金融机构为筹集资金而发行的证券；公司证券又称企业证券，是工商企业发行的证券。

4. 短期证券和长期证券

按证券到期日的长短不同分类，证券可分为短期证券和长期证券两种类型。短期证券是指一年内到期的有价证券，如银行承兑汇票、商业本票、短期融资券等。长期证券是指到期日在一年以上的有价证券，如股票、债券等。

(二)证券投资的种类

1. 债券投资

债券投资是指企业将资金投入各种债券,如国债、公司债和短期融资券等。相对于股票投资,债券投资一般风险较小,能获得稳定收益,但要注意投资对象的信用等级。

2. 股票投资

股票投资是指企业购买其他企业发行的股票作为投资,如普通股、优先股股票等。股票投资风险较大,收益也相对较高。

3. 组合投资

组合投资是指企业将资金同时投放于债券、股票等多种证券,这样可分散证券投资风险。组合投资是企业证券投资的常用投资方式。

4. 基金投资

基金就是投资者的钱和其他许多人的钱合在一起,然后由基金公司的专家负责管理,用来投资于多家公司的股票或者债券。基金按受益凭证可否赎回,分为封闭式基金与开放式基金两种。封闭式基金在信托契约期限未满时,不得向发行人要求赎回;而开放式基金就是投资者可以随时要求基金公司收购所买基金(即"赎回"),当然目标应该是卖出价高于买入价,同时在赎回的时候,要承担一定的手续费。而投资者的收益主要来自基金分红。与封闭式基金普遍采取的年终分红有所不同,根据行情和基金收益状况的不定期分红是开放式基金的主流分红方式。基金投资因为由专家经营管理,所以风险相对较小,越来越受广大投资者的青睐。

三、证券投资的一般程序

1. 合理选择投资对象

合理选择投资对象是证券投资成败的关键,企业应根据一定的投资原则,认真分析投资对象的收益水平和风险程度,以便合理地选择投资对象,将风险降低到最低限度,取得较好的投资收益。

2. 委托买卖

由于投资者无法直接进场交易,因此买卖证券业务须委托证券商代理。企业可通过电话委托、计算机终端委托、递单委托等方式委托券商代为买卖有关证券。

3. 成交

证券买卖双方通过中介券商的场内交易员分别出价委托,若买卖双方的价位与数量合适,交易即可达成,这个过程称为成交。

4. 清算与交割

企业委托券商买入某种证券成功后,即应解交款项,收取证券。清算即指证券买卖双方结清价款的过程。交割是指在清算过程中，投资者与证券商之间的资金结算。

5. 办理证券过户

证券过户只限于记名证券的买卖业务。当企业委托买卖某种记名证券成功后，必须办理证券持有人的姓名变更手续。

任务二　证券投资风险概述

一、证券投资风险的概念

风险性是证券投资的基本特征之一。在证券投资活动中，投资者买卖证券是希望获取预期的收益。在投资者持有证券期间，各种因素的影响可能使预期收益减少甚至使本金遭受损失；持有期间越长，各种因素产生影响的可能性越大。与证券投资活动相关的所有风险统称为总风险。总风险按是否可以通过投资组合加以回避及消除，可分为系统性风险与非系统性风险两种。

(一)系统性风险

系统性风险是指由于政治、经济及社会环境的变动而影响证券市场上所有证券的风险。这类风险的共同特点是：其影响不是作用于某一种证券，而是对整个证券市场发生作用，导致证券市场上所有证券出现风险。由于系统性风险对所有证券的投资总是存在的，并且无法通过投资多样化的方法加以分散、回避与消除，故称为不可分散风险。它包括市场风险、利率风险、购买力风险、政策性风险、汇率风险以及自然因素导致的风险等。

1. 市场风险

市场风险是指由有价证券的"空头"和"多头"等市场因素所引起的证券投资收益变动的可能性。

空头市场即熊市，是证券市场价格指数从某个较高点(波峰)下降开始，一直呈下降趋势至某个较低点(波谷)并开始上升时结束。多头市场即牛市，是证券市场价格指数从某个较低点开始上升，一直呈上升趋势至某个较高点而开始下降时结束。从这一点开始，证券市场又进入空头市场。多头市场和空头市场的这种交替，导致市场证券投资收益发生变动，进而引起市场风险。多头市场的上升和空头市场的下跌都是根据市场的总趋势而言，显然，市场风险是无法回避的。

2. 利率风险

利率风险是指由于市场利率变动引起证券投资收益变动的可能性。

因为市场利率与证券价格具有负相关性，即当利率下降时，证券价格上升；当利率上升时，证券价格下降。由于市场利率变动引起证券价格变动，进而引起证券投资收益变动，这就是利率风险。市场利率的波动是基于市场资金供求状况与基准利率水平的波动。不同经济发展阶段市场资金供求状况不同，中央银行根据宏观金融调控的要求调节基准利率水平，当中央银行调整利率时，各种金融资产的利率和价格必然做出灵敏的市场反应，所以利率风险是无法回避的。

3. 购买力风险

购买力风险又称通货膨胀风险，是指由于通货膨胀所引起的投资者实际收益水平下降的风险。

由于通货膨胀必然引起企业制造成本、管理成本、融资成本的提高，当企业无法通过涨价或内部消化加以弥补时，就会导致企业经营状况与财务状况的恶化，投资者因此会丧失对股票投资的信心，股市价格随之跌落。一旦投资者对通货膨胀的未来态势产生持久的不良预期时，股价暴跌风潮也就无法阻止。世界证券市场发展的历史经验表明，恶性通货膨胀是引发证券市场混乱的祸根。此外，通货膨胀还会引起投资者本金与收益的贬值，使投资者货币收入增加却并不一定是真的获利。通货膨胀是一种常见的经济现象，它的存在必然使投资者承担购买力风险，而且这种风险不会因为投资者退出证券市场就可以避免。

4. 政策性风险

政策性风险是指由于宏观经济政策调整而给投资收益带来的风险。

国家产业政策对支柱产业和限制产业进行确定与调整，并通过经济、法律手段调整行业收益水平导向市场行为，使限制产业的公司盈利水平受到影响；货币政策与财政政策调控力度过大或操作不当，经济可能大起大落，市场波动也随之升降，都会对证券市场产生影响。

5. 汇率风险

汇率风险是指汇率波动而给投资收益带来的风险。

这里所谓的汇率风险并不涉及国际投资。汇率与证券市场的关系主要表现在以下两个方面：一方面，汇率变动将影响与进口产品相关联的经营性公司的原材料成本和产品销售收入，从而影响这些公司所发行的有价证券的价格；另一方面，对于货币可自由兑换的国家来说，汇率变动可能引起资本的输入与输出，进而影响国内货币资金供给和证券市场的供求状况。

6. 政治风险

政治风险是指由于一国政治局势的变动而使证券市场发生震荡，从而影响投资收益的可能性。这里的政治风险同样不涉及国际投资，仅指一国政局的变动对本国证券市场的影响，如政府更迭、国家首脑的健康状况不佳、群众性大规模示威运动爆发、对外政治关系发生危机等。此外，政界人士参与证券投机活动和证券从业人员进行内幕交易等这一类的政治、社会丑闻也会对证券市场构成很大威胁，往往丑闻一经披露，证券市场的价格将会马上下跌。

(二)非系统性风险

非系统性风险是指由于市场、行业以及企业本身等因素影响个别企业证券的风险。它是由单一因素造成的只影响某一证券收益的风险，属于个别风险，能够通过投资多样化来抵消，又称为可分散风险或公司特别风险。它包括行业风险、经营风险、违约风险、财务风险等。

1. 行业风险

行业风险是指由证券发行企业所处的行业特征所引起的该证券投资收益变动的可能性。有些行业本身包含较多的不确定因素,如高新技术行业;而有些行业则包含较少的不确定因素,如电力、煤气等公用事业。

2. 经营风险

经营风险是指由于公司经营状况变动而导致盈利能力的变化造成投资者的收益和本金减少或损失的可能性。

影响公司经营状况的因素很多,主要有经济周期或商业周期引起公司收益的变动,公司经营决策和管理不善导致产品质量下降、成本上涨,从而引起公司盈利变化,以及竞争对手条件变化使公司在行业竞争中处于不利地位,造成收益率下降,会使公司的股价大幅度下跌给投资者造成损失。

3. 违约风险

违约风险是指一个公司不能按时向证券持有人支付利息和本金的可能性。其主要针对债券而言,证券发行者不能履行对其债务所承担的义务,是因为财务状况不佳造成的,其性质属于债务者失信,因此也称为信用风险。

4. 财务风险

财务风险是指公司因采用不同的融资方式而带来的风险。

公司经营业务所需的资金从直接融资角度来看,主要采用两种方式来筹措,即发行股票和发行债券,由两者筹措所得的款项组成公司的资本结构。股票需要分配一部分净利润给股东作为股息,但不固定,可以时多时少,也可以暂不支付,完全根据盈利情况而定。债券则不同,不管公司当年有无盈利或盈利多少,必须按期付清债券利息,成为举债公司的固定开支。倘若在公司资本结构中债务集资方式的比重较大,就可以据此推断其财务风险较大。

综上所述,证券投资的总风险是系统风险和非系统风险的总和。

二、证券投资风险的特征

证券投资风险作为一种风险,在具备了一般风险特征的同时,也有其自身特有的性质,这主要是由有价证券的特殊性所决定的,即证券仅是一种虚拟资本或价值符号,其价格体现了投资者对未来收益的预期。根据证券投资风险的定义,其主要特征归纳为以下六个方面。

1. 客观存在性

由于证券市场的风险因素是客观存在的,通过其在时间和数量上积累,引发风险事故,从而影响整个证券市场的价格波动,造成投资者的实际收益与预期收益的偏差,所以证券投资风险也是客观存在的,不以投资者的主观意志为转移。在证券市场的投资活动中,人们通常所说的"风险防范"也是在承认证券投资风险客观存在的前提下设法规避和降低风险的。

2. 不确定性

因风险因素触发的风险事故，会引起投资者心理预期的改变，从而造成市场的价格波动，并进一步对投资者的投资收益产生影响，其具体表现为实际收益相对于预期收益的偏差。偏差可能是正的(高于预期)，也可能是负的(低于预期)，因此，证券投资风险具有不确定性。

3. 可测度性

尽管证券投资风险具有不确定性，但仍然可以通过一定的方法来对其大小进行测度。从统计学的角度来看，证券投资风险是实际收益与预期收益的偏离程度。偏离程度越高，风险越大；偏离程度越低，风险越小。同时，可以运用一定的统计方法对收集的历史数据进行计算，从而实现这种偏离程度的量化。

4. 相对性

证券投资风险是相对的，由于投资者对风险偏好的不同，因此他们各自对风险也会采取不同的态度。风险承受能力强的，为获取高收益而敢于冒高风险；风险承受能力低的，为避免风险而宁可选择低收益。因此，某一程度的证券投资风险在某些投资者看来很高，而在某些投资者看来则很低。

5. 危害性

虽然证券投资风险会给投资者的实际收益带来一定的不确定性，但涉及可能发生的损失和收益与投资者的预期偏差过大时，证券投资风险就具有一定的危害性。如前所述，当证券市场价格波动幅度过大时，容易引发过度的投机行为，投资者在盲目追涨的同时，往往会蒙受惨重的损失。另外，随着证券市场内风险的进一步扩大，会引发金融风暴和经济危机，对国家的社会、经济、政治的稳定会造成相当大的危害。

6. 可防范性

尽管证券投资风险是客观存在的，同时又带有不确定性，甚至达到一定程度后更具危害性，但仍然可以采取一定的方法来防范和规避证券投资风险，尽可能避免或减少风险带来的损失和危害。例如，投资者可以运用现代投资组合理论，利用分散化投资来降低投资组合的风险，同时，也可以通过做空机制来对冲证券市场价格下跌所带来的风险。政府可以通过对现行制度进行改革以及加强市场监管力度，从根本上消除可能出现的证券投资风险。

三、单一证券投资风险的衡量

衡量单一证券的投资风险对于证券投资者具有极为重要的意义，它是投资者选择合适投资对象的基本出发点。投资者在选择投资对象时，如果各种证券具有相同的期望收益率，显然会倾向于风险低的证券。

单一证券投资风险的衡量一般包括算术平均法与概率测定法两种。

(一)算术平均法

算术平均法是最早产生的单一证券投资风险的测定方法。其计算公式如下。

$$平均价差率=\frac{\sum_{i=1}^{n}各期价差率}{n}$$

式中，各期价差率=(该时期最高价-最低价)÷(该时期最高价+最低价)÷2；n为计算时期数。

如果将风险理解为证券价格可能的波动，平均价差率则是一个衡量证券投资风险的较好指标。证券投资决策可以根据平均价差率的大小来判断该证券风险的大小，平均价差率大的证券风险也大；平均价差率小的证券风险则小。

利用算术平均法对证券投资风险的测定，其优点是简单明了，但其测定范围有限，着重于过去的证券价格波动，风险所包含的内容过于狭窄，因此不能准确地反映该证券投资未来风险的可能趋势。

(二)概率测定法

概率测定法是衡量单一证券投资风险的主要方法，它依据概率分析原理，计算各种可能收益的标准差与标准离差率，以反映相应证券投资的风险程度。

1. 标准差

判断实际可能的收益率与期望收益率的偏离程度，一般可采用标准差指标。其计算公式如下。

$$\sigma=\sqrt{\sum_{i=1}^{n}(K_i-\overline{K})^2 P_i}$$

式中，$\overline{K}$为期望收益率$\left(\sum_{i=1}^{n}(K_i, P_i)\right)$；$K_i$为第$i$种可能结果的收益率；$P_i$为第$i$种可能结果的概率；$n$为可能结果的个数；$\sigma$为标准差。

一般来说，标准差越大，说明实际可能的结果与期望收益率偏离越大，实际收益率不稳定，因而该证券投资的风险较大；标准差越小，说明实际可能的结果与期望收益率偏离越小，实际收益率比较稳定，因而该证券投资的风险较小。但标准差只能用来比较期望收益率相同的证券投资风险程度，而不能用来比较期望收益率不同的证券投资风险程度。

2. 标准离差率

标准离差率又称标准差系数，可用来比较不同期望收益率的证券投资风险程度。其计算公式如下。

$$q=\sigma\div\overline{K}\times 100\%$$

标准差系数通过标准差与期望收益率的对比，以消除期望收益率水平高低的影响，可比较不同收益率水平的证券投资风险程度的大小。一般来说，标准差系数越小，说明该证券投资风险程度相对越低；反之就越高。

【例6-1】某企业拟对两种证券进行投资，每种证券均可能遭遇繁荣、衰退两种行情，各自的预期收益率及概率如表 6-1 所示。

要求：试比较 A、B 两种证券投资的风险程度。

表 6-1　两种证券投资的风险比较

经济趋势	发生概率(P_i)	收益率(K_i)	
		A	B
衰退	50%	−20%	10%
繁荣	50%	70%	30%

解：(1) 分别计算 A、B 两种证券的期望收益率。

$\bar{K}_A$=(−20%)×0.5+70%×0.5=25%

$\bar{K}_B$=10%×0.5+30%×0.5=20%

(2) 分别计算 A、B 两种证券的标准差。

$\sigma_A = \sqrt{(-20\% - 25\%)^2 \times 0.5 + (70\% - 25\%)^2 \times 0.5} = 45\%$

$\sigma_B = \sqrt{(10\% - 20\%)^2 \times 0.5 + (30\% - 20\%)^2 \times 0.5} = 10\%$

(3) 分别计算 A、B 两种证券的标准离差率。

$q_A = 45\% \div 25\% \times 100\% = 180\%$

$q_B = 10\% \div 20\% \times 100\% = 50\%$

由此可以断定：证券 A 的期望收益率高于证券 B，其风险程度也高于证券 B。

任务三　证券投资决策

一、债券投资的收益评价

(一)债券的价值

债券的价值是指进行债券投资时投资者预期可获得的现金流入的现值。债券的现金流入主要包括利息和到期收回的本金或出售时获得的现金两部分。当债券的购买价格低于债券价值时，才值得购买。

1. 债券价值的基本模型

债券价值的基本模型主要是指按复利方式计算的每年定期付息、到期一次还本情况下的债券的估价模型。

$$V = \sum_{t=1}^{n} \frac{i \times F}{(1+K)^t} + \frac{F}{(1+K)^n}$$
$$= i \cdot F(P/A, K, n) + F \cdot (P/F, K, n)$$
$$= I \cdot (P/A, K, n) + F \cdot (P/F, K, n)$$

式中，V 为债券价值；i 为债券票面利息率；I 为债券利息；F 为债券面值；K 为市场利率或投资人要求的必要收益率；n 为付息总期数。

【例6-2】神悦股份有限责任公司发行债券面值为1 000元，票面利率为6%，期限为3年。某企业要对这种债券进行投资，当前的市场利率为8%。

要求：债券价格为多少时才能进行投资？

解：V=1 000×6%×(P/A，8%，3)+1 000×(P/F，8%，3)

　　　=60×2.577 1+1 000×0.793 8

　　　=948.43(元)

该债券的价格必须低于948.43元时才能进行投资。

2. 一次还本付息的单利债券价值模型

我国很多债券属于一次还本付息、单利计算的存单式债券，其价值模型如下。

$$V = \frac{F(1+i \times n)}{(1+K)^n}$$

$$V = F(1+i \times n) \times (P/F，K，n)$$

式中，符号含义同前式。

【例6-3】神悦股份有限责任公司拟购买另一家公司的企业债券作为投资，该债券面值为1 000元，期限为3年，票面利率为5%，单利计息，当前市场利率为6%。

要求：该债券发行价格为多少时才能购买？

解：V=1 000×(1+5%×3)×(P/F，6%，3)

　　　=1 000×1.15×0.839 6

　　　=965.54(元)

该债券的价格必须低于965.54元时才适宜购买。

(二)债券收益率

1. 短期债券收益率的计算

短期债券由于期限较短，一般不用考虑货币时间价值因素，只需考虑债券价差及利息，将其与投资额相比，即可求出短期债券收益率。其计算公式如下。

$$K = \frac{S_1 - S_0 + I}{S_0}$$

式中，S_0为债券购买价格；S_1为债券出售价格；I为债券利息；K为债券投资收益率。

【例6-4】神悦股份有限责任公司于2021年5月8日以920元购进一张面值为1 000元、票面利率为5%、每年付息一次的债券，并于2022年5月8日以970元的市价出售。

要求：该债券的投资收益率是多少？

解：K=(970−920+50)÷920×100%

　　　=10.87%

该债券的投资收益率为10.87%。

2. 长期债券收益率的计算

对于长期债券，其投资收益率一般是指购进债券后一直持有至到期日可获得的收益率，它是使债券利息的年金现值和债券到期收回本金的复利现值之和等于债券购买价格时的贴现率。

1) 每期支付利息，到期归还本金的一般债券收益率的计算

其计算公式如下。

$$V = I \cdot (P/A, K, n) + F \cdot (P/F, K, n)$$

式中，V 为债券的购买价格；I 为每年获得的固定利息；F 为债券到期收回的本金或中途出售收回的资金；K 为债券的投资收益率；n 为投资期限。

【例 6-5】神悦股份有限责任公司于 2017 年 1 月 1 日用平价购买一张面值为 1 000 元的债券，其票面利率为 8%，每年 1 月 1 日计算并支付一次利息，该债券于 2022 年 1 月 1 日到期，按面值收回本金。

要求：计算其到期收益率。

解：I=1 000×8%=80(元)

F=1 000(元)

设收益率 i=8%，则 V=80×(P/A，8%，5)+1 000×(P/F，8%，5)=1 000(元)

用 8%计算出来的债券价值正好等于债券买价，所以该债券的收益率为 8%。可见，平价发行的每年复利计息一次的债券，其到期收益率等于票面利率。

如果该公司购买该债券的价格为 1 100 元，即高于面值，则该债券收益率应为多少？

由于无法直接计算收益率，必须采用逐步测试法和内插法来计算，即先设定一个贴现率代入上式，如计算出的 V 正好等于债券买价，则该贴现率即为收益率；如计算出的 V 与债券买价不等，则须继续测试，再用内插法求出收益率。

如该公司购买该债券的价格为 1 100 元，要求计算出收益率，则必须使下式成立。

$$1\ 100 = 80 \times (P/A, K, 5) + 1\ 000 \times (P/F, K, 5)$$

由于利率与现值呈反向变化，因此现值越大，利率越小。而债券买价为 1 100 元，大于 1 000 元，则收益率一定低于 8%，应该降低贴现率进一步进行试算。

K_1=6%；V_1=1 084.29(元)。由于贴现结果仍小于 1 100 元，还应进一步降低贴现率试算。

K_2=5%；V_2=1 129.86(元)；$K = 5\% + \dfrac{1\ 129.86 - 1\ 100}{1\ 129.86 - 1\ 084.29} \times (6\% - 5\%) = 5.66\%$

所以如果债券的购买价格为 1 100 元时，债券的收益率为 5.66%。

2) 一次还本付息的单利债券收益率的计算

一次还本付息的单利债券价值模型如下。

$$V = F(1 + i \cdot n) \cdot (P/F, K, n), \quad (P/F, K, n) = V / F(1 + i \cdot n)$$

通过查表或用内插法求 K。

【例 6-6】神悦股份有限责任公司 2018 年 1 月 1 日以 1 020 元购买一张面值为 1 000 元、票面利率为 10%、单利计息的债券。该债券期限为 5 年，到期一次还本付息。

要求：计算其到期收益率。

解：一次还本付息的单利债券价值模型为：

$$V = F(1 + i \cdot n) \cdot (P/F, K, n)$$

$$1\ 020 = (1\ 000 \times 1 + 5 \times 10\%) \times (P/F, K, 5)$$

$$(P/F, K, 5) = 1\ 020 \div 1\ 500 = 0.68$$

通过查复利现值表，5 年期的复利现值系数等于 0.68 时，K=8%。若此时通过查表无法

直接求得收益率,则可用内插法计算。

债券的收益率是进行债券投资时选购债券的重要标准,它可以反映债券投资按复利计算的实际收益率。如果债券的收益率高于投资人要求的必要报酬率,则此债券可以购入;否则就应放弃此项投资。

(三)债券投资的优缺点

1. 债券投资的优点

(1) 投资收益稳定。进行债券投资一般可按时获得固定的利息收入,收益稳定。

(2) 投资风险较低。相对于股票投资而言,债券投资风险较低。政府债券有国家财力作后盾,通常被视为无风险证券。而企业破产时企业债券的持有人对企业的剩余财产有优先求偿权,因而风险较低。

(3) 流动性强。大企业及政府债券很容易在金融市场上迅速出售,流动性较强。

2. 债券投资的缺点

(1) 无经营管理权。债券投资者只能定期取得利息,无权影响或控制被投资企业。

(2) 购买力风险较大。由于债券面值和利率是固定的,如果投资期间通货膨胀率较高,债券面值和利息的实际购买力就会降低。

二、股票投资的收益评价

(一)股票的价值

股票的价值又称股票的内在价值,是进行股票投资所获得的现金流入的现值。股票的内在价值由一系列的股利和将来出售股票时售价的现值所构成。通常,当股票的市场价格低于股票内在价值时才适合投资。

1. 股票价值的基本模型

$$V = \sum_{t=1}^{n} \frac{d_t}{(1+K)^t} + \frac{V_n}{(1+K)^n}$$

式中,V 为股票的内在价值;d_t 为第 t 期的预期股利;K 为投资人要求的必要资金收益率;V_n 为未来出售时预计的股票价格;n 为预计持有股票的期数。

2. 股利零增长、长期持有的股票价值模型

$$V = \frac{d}{K}$$

式中,V 为股票的内在价值;d 为每年的固定股利;K 为投资人要求的资金收益率。

【例 6-7】神悦股份有限责任公司拟投资购买并长期持有某公司股票,该股票每年分配股利 2 元,必要收益率为 10%。

要求:该股票价格为多少时适合购买?

解:$V = d \div K = 2 \div 10\% = 20$(元)

因此股票价格低于 20 元时才适合购买。

3. 长期持有股票，股利固定增长的股票价值模型

$$V = d_0(1+g) \div (K-g)$$
$$= d_1 \div (K-g)$$

式中，d_0 为上年股利；d_1 为本年股利；g 为每年股利增长率。

【例 6-8】 神悦股份有限责任公司拟投资某公司股票，该股票上年每股股利为 2 元，预计年增长率为 2%，投资必要报酬率为 7%。

要求：该股票价格为多少可以投资？

解：$V = d_0(1+g) \div (K-g)$
　　　$= 2 \times (1+2\%) \div (7\%-2\%)$
　　　$= 40.8(元)$

因此该股票价格低于 40.8 元时才可以投资。

4. 非固定成长股票的价值

有些公司的股票在一段时间里高速增长，在另一段时间里又正常固定增长或固定不变，这种情况下就要分段计算，才能确定股票的价值。

【例 6-9】 神悦股份有限责任公司持有 A 公司股票，其必要报酬率为 12%。预计 A 公司未来 3 年股利高速增长，增长率为 20%；此后转为正常增长，增长率为 8%。公司最近支付的股利是 2 元，计算该公司的股票价值。

首先，计算非正常增长期的股利现值，如表 6-2 所示。

表 6-2　非正常增长期的股利现值　　　　　　　　　　　单位：元

年份	股利	现值因素	现值
1	2×1.2=2.4	0.892 9	2.143 0
2	2.4×1.2=2.88	0.797 2	2.295 9
3	2.88×1.2=3.456	0.711 8	2.460 0
合计(3 年股利现值)			6.898 9

其次，按固定股利成长模型计算固定增长部分的股票价值，即：

$$V_3 = \frac{d_3 \times (1+g)}{K-g} = \frac{3.456 \times 1.08}{0.12-0.08} = 93.312(元)$$

由于这部分股票价值是第三年年底以后的股利折算的内在价值，须将其折算为现值，即：

$V_3 \times (P/F, 12\%, 3) = 93.312 \times 0.711\ 8 = 66.419(元)$

最后，计算股票目前的内在价值，即：

$V = 6.898\ 9 + 66.419 = 73.32(元)$

(二)股票投资的收益率

1. 短期股票收益率的计算

短期股票收益率的计算公式如下。

$$K = (S_1 - S_0 + d) \div S_0 \times 100\%$$
$$= (S_1 - S_0) \div S_0 + d \div S_0$$
$$= 预期资本利得收益率 + 股利收益率$$

式中，K 为短期股票收益率；S_1 为股票出售价格；S_0 为股票购买价格；d 为股利。

【例 6-10】2021 年 3 月 10 日，神悦股份有限责任公司购买某公司每股市价为 20 元的股票，2022 年 1 月每股获得现金股利 1 元，2022 年 3 月 10 日，将该股票以每股 22 元的价格出售。

要求：投资收益率为多少？

解：$K=(22-20+1)\div20\times100\%=15\%$

因此该股票的收益率为 15%。

2. 股票长期持有，股利固定增长的收益率的计算

股票长期持有，股利固定增长的收益率的计算公式如下。

$$V = d_1 \div (K - g), \quad K = d_1 \div V + g$$

【例 6-11】有一只股票的价格为 40 元，预计下一期的股利是 2 元，该股利将以大约 10% 的速度持续增长。

要求：该股票的预期收益率为多少？

解：$K=2\div40+10\%=15\%$

因此该股票的收益率为 15%。

3. 一般情况下，股票投资收益率的计算

股票投资的收益率是使各期股利及股票售价的复利现值等于股票买价时的贴现率。其计算公式如下。

$$V = \sum_{t=1}^{n} \frac{d_t}{(1+K)^t} + \frac{V_n}{(1+K)^n}$$

式中，V 为股票的买价；d_t 为第 t 期的股利；K 为投资收益率；V_n 为股票出售价格。

【例 6-12】神悦机械有限责任公司于 2019 年 6 月 1 日投资 600 万元购买某只股票 100 万股，在 2020 年、2021 年和 2022 年 5 月 30 日分得每股现金股利分别为 0.6 元、0.8 元和 0.9 元，并于 2022 年 5 月 30 日以每股 8 元的价格将股票全部出售。

要求：计算该项投资的收益率。

解：用逐步测试法计算，先用 20% 的收益率进行测算，即：

$V=60\div(1+20\%)+80\div(1+20\%)^2+890\div(1+20\%)^3$

　$=60\times0.833\ 3+80\times0.694\ 4+890\times0.578\ 7$

　$=620.59(万元)$

解：由于 620.59 万元比 600 万元大，再用 24% 测试，即：

$V=60\div(1+24\%)+80\div(1+24\%)^2+890\div(1+24\%)^3$

　$=60\times0.806\ 5+80\times0.650\ 4+890\times0.524\ 5$

　$=567.23(万元)$

然后用内插法计算,即:

K=20%+(620.59−600)÷(620.59−567.23)×4%
　=21.54%

(三)股票投资的优缺点

1. 股票投资的优点

(1) 投资收益高。股票投资风险大,收益也高,只要选择得当,就能取得优厚的投资收益。

(2) 购买力风险低。与固定收益的债券相比,普通股能有效地降低购买力风险。因为通货膨胀率较高时,物价普遍上涨,股份公司盈利增加,股利也会随之增加。

(3) 拥有经营控制权。普通股的投资者是被投资企业的股东,拥有一定的经营控制权。

2. 股票投资的缺点

(1) 收入不稳定。普通股股利的有无、多少,须视被投资企业经营状况而定,很不稳定。

(2) 价格不稳定。股票价格受众多因素影响,极不稳定。

(3) 求偿权居后。企业破产时,普通股投资者对被投资企业的资产求偿权居于最后,其投资有可能得不到全额补偿。

三、基金投资收益评价

(一)基金的价值与价格

1. 基金的价值

(1) 基金价值的内涵。基金的价值取决于基金净资产的现在价值,其原因在于投资基金的未来收益是不可预测的,由于投资基金不断变化投资组合对象,再加上资本利得是投资基金收益的主要来源,变幻莫测的证券价格波动对投资基金未来收益的预测变得不现实。

(2) 基金单位净值。也称为单位净资产值或单位资产净值。基金的价值取决于基金净资产的现在价值,因此基金单位净值是评价基金业绩最基本和最直观的指标,也是开放型基金申购价格、赎回价格以及封闭型基金上市交易价格确定的重要依据。

基金单位净值是在某一时点每一份基金单位所具有的市场价值,其计算公式如下。

基金单位净值=基金净资产值总额÷基金单位总份数

基金净资产值总额=总资产−总负债

式中,总资产是指基金拥有的股票、债券、银行存款和其他有价证券在内的资产总值。

累计净值。累计净值是基金成立以来没有扣除分红的总净值。其计算公式如下。

累计净值=单位净值+累计分红值

2. 基金的价格

从理论上说基金的价值决定了基金的价格,基金的交易价格是以基金单位净值为基础的,基金单位净值越高,基金的交易价格也就越高。封闭型基金在二级市场上竞价交易,其交易价格由供求关系和基金业绩决定,围绕着基金单位净值上下波动。开放型基金的柜台交易价格则完全以基金单位净值为基础,通常采用两种报价形式即认购价和赎回价。开放型基金的柜台交易价格的计算公式如下。

$$基金认购价=基金单位净值+首次认购费$$
$$基金赎回价=基金单位净值-基金赎回费$$

(二)基金投资的收益率

基金收益率用以反映基金增值的情况,它通过基金净资产的价值变化来衡量。基金净资产的价值是以市价计量的,基金资产的市场价值增加,意味着基金的投资收益增加,基金投资者的权益也随之增加。基金收益率的计算公式如下。

$$基金收益率=(年末持有数×年末NAV-年初持有数×年初NAV)÷年初持有数×年初NAV$$

式中,"持有数"是指基金单位的持有份数,NAV 是基金单位净值。

(三)基金投资的优缺点

1. 基金投资的优点

(1) 集合投资。基金对投资的最低限额要求不高,投资者根据自己的经济能力购买基金数量,按投资基金份额进行收益分配。基金可以最广泛地吸收社会闲散资金,汇聚成规模巨大的投资基金,获得规模效益的好处。

(2) 分散风险。基金可以以科学的投资组合降低风险,提高收益。

(3) 专家理财。基金实行专家管理制度,这些专家管理人员都经过专业训练,具有丰富的证券投资和其他项目投资经验。对于那些没有时间,或者对市场不太熟悉的中小投资者,可以避免盲目投资带来的失败。

(4) 投资小,费用低。证券投资基金最低投资数量一般较低(如 1 000 份的基金单位),投资者可以根据自己的财力,多买或少买基金单位,解决了中小投资者"钱不多,入市难"的问题。

2. 基金投资的缺点

(1) 无法获得很高的投资收益。基金是一种相对稳定的投资方式,可能出现股市多头时,基金获利不如股票。

(2) 不能完全消除风险。虽然可以分散投资,降低风险,但不能完全消除风险。

(3) 不利于短期投资者。基金更适合于中长期投资,对跑短线者,由于买卖都需支付一笔手续费,反而增加了投资的成本。

任务四 证券投资组合

一、证券投资组合的概念

证券投资组合又称证券组合,是指在进行证券投资时,不是将所有的资金都投向单一的某种证券,而是有选择地投向一组证券。这种同时投资多种证券的做法称为证券投资组合。证券投资具有诸多风险因素，投资者为了避免单独投资于某一种证券而遭受绝对风险，一般情况下采用分散投资策略，即将资金分散投向若干种证券，并根据其风险的大小、盈利的多少、流动能力的强弱进行合理的搭配组合，所以证券投资组合的主要目的是分散和降低投资风险。

二、证券投资风险与收益

(一)两种证券投资组合的收益

(1) 不论投资组合中两种证券之间的相关系数如何，只要投资比例不变，各证券的期望收益率不变，则该投资组合的期望收益率也就不变，即投资组合的期望收益率与其相关系数无关。

(2) 在其他条件不变时，如果两只股票收益率的相关系数越小，组合的方差也就越小，表明组合后的风险越低，组合中分散掉的风险越大，其投资组合可分散风险的效果就越好，即投资组合的风险与其相关系数成负相关。

① 当两项资产的收益率完全成正相关时，两项资产的风险完全不能互相抵消，所以这样的资产组合不能降低任何风险。

② 当两项资产的收益率完全成负相关时，两者之间的风险可以充分地相互抵消，甚至完全消除(但仅限于非系统性风险)。

③ 只要两种证券的相关系数小于 1，证券组合报酬率的标准离差就小于各证券报酬率标准离差的加权平均数。

④ 一般来讲，随着证券资产组合中资产种类的增加，证券资产组合的风险会逐渐降低，当资产的个数增加到一定程度时，证券资产组合的风险程度将趋于平稳，这时组合风险的降低将非常缓慢，直到不再降低。

在证券资产组合中，能够随着资产种类的增加而降低直至消除的风险，称为非系统性风险；不能随着资产种类增加而分散的风险，称为系统性风险。

证券组合投资的期望收益率可由各个证券期望收益率的加权平均所得，但证券组合投资的风险并不是各个证券标准差的加权平均数，即 $\sigma_p \neq \sum_{i=1}^{n} \sigma_i \cdot w_i$。证券投资组合理论研究表明，理想的证券组合投资的风险一般要小于单独投资某一证券的风险，通过证券投资组合可以规避各证券本身的非系统性风险。

【例 6-13】某企业投资于由 W、M 两种证券组成的投资组合，投资比重各为 50%。2016—2020 年各年的收益率及标准差资料如表 6-3 所示。

由此可见，如果只投资 W 或 M，它们的风险都很高；但如将两种证券进行组合投资，则其风险为零(标准差为零)。这种组合之所以风险为零，是因为这两种证券的投资收益率的变动方向正好相反：当 W 的投资收益率上升时，M 的投资收益率下降；相反，当 W 的投资收益率下降时，M 的投资收益率上升。这种收益率的反向变动趋势，统计学上称为完全负相关，相关系数 $r = -1.0$。如果两种证券的收益率变动方向完全一致，统计学上称为完全正相关，相关系数 $r = +1.0$。这样的两种证券进行组合投资，不能抵消风险。对于大多数证券，一般表现为正相关，但又不是完全正相关，所以投资组合可在一定程度上降低投资风险，但不能完全消除投资风险。一个证券组合的风险，不仅取决于组合中各构成证券个别的风险，同时也取决于它们之间的相关程度。

表 6-3 2013—2017 年各年的收益率及标准差资料

年　度	证券 W 的收益率 K_W/%	证券 M 的收益率 K_M/%	W、M 投资组合收益率 K_p/%
2016	40	−10	15
2017	−10	40	15
2018	35	−5	15
2019	−5	35	15
2020	15	15	15
平均收益率	15	15	15
标准差	22.6	22.6	0.0

证券组合投资收益率的计算公式如下。

$$\bar{K}_p = \sum_{i=1}^{n} K_i \cdot W_i \cdot P_i = \sum_{i=1}^{n} \bar{K}_i \cdot W_i$$

式中，$\bar{K}_p$ 为证券组合投资的期望收益率；$\bar{K}_i$ 为第 i 种证券的期望收益率；W_i 为第 i 种证券价值占证券组合投资总价值的比重；n 为证券组合中的证券种类。

【例 6-14】某企业拟对两种证券进行投资，每种证券均可能经历繁荣、衰退两种行情，各自的预期收益率及概率见表 6-3。假设该企业各投资 50%于 A、B 证券。

要求：组合投资的期望收益率为多少？

两种证券投资的风险比较如表 6-4 所示。

表 6-4 两种证券投资的风险比较

经济趋势	发生概率(P_i)	收益率(K_i)	
		A	B
衰退	50%	−20%	10%
繁荣	50%	70%	30%

解：$\bar{K}_A = (-20\%) \times 0.5 + 70\% \times 0.5 = 25\%$

$\bar{K}_B = 10\% \times 0.5 + 30\% \times 0.5 = 20\%$

$$\bar{K}_p = \sum_{i=1}^{n} K_i \cdot W_i \cdot P_i = \sum_{i=1}^{n} \bar{K}_i \cdot W_i$$

$\bar{K}_p = 25\% \times 0.5 + 20\% \times 0.5 = 22.5\%$

因此，组合投资的期望收益率为 22.5%。

(二)证券投资组合的风险

前已述及，系统性风险是由于政治、经济及社会环境的变动影响整个证券市场上所有证券价格变动的风险。它使证券市场平均收益水平发生变化，但是，每一种具体证券受系统性风险的影响程度并不相同。β值就是用来测定一种证券的收益随整个证券市场平均收益水平变化程度的指标，它反映了一种证券收益相对于整个市场平均收益水平的变动性或波动性。如果某种股票的β系数为1，说明这种股票的风险情况与整个证券市场的风险情况一致。也就是说，如果市场行情上涨了10%，该股票也会上涨10%；如果市场行情下跌10%，该股票同时也会下跌10%。如果某种股票的β系数大于1，说明其风险大于整个市场的风险；如果某种股票的β系数小于1，说明其风险小于整个市场的风险。

单一证券的β值通常会由一些投资服务机构定期计算并公布，证券投资组合的β值则可由证券组合投资中各组成证券β值加权计算而得。其计算公式如下。

$$\beta_p = \sum_{i=1}^{n} w_i \beta_i$$

式中，β_p为证券组合的β系数；w_i为证券组合中第i种股票所占的比重；β_i为第i种股票的β系数；n为证券组合中股票的数量。

【例6-15】 神悦机械有限责任公司共持有100万元的3种股票。该组合中，A股票20万元，B股票40万元，β系数均为1.5；C股票40万元，β系数为0.8。

要求：该投资组合的β系数为多少？

解：$\beta_p = \sum_{i=1}^{n} w_i \beta_i$

=20%×1.5+40%×1.5+40%×0.8=1.22

因此，该投资组合β系数为1.22。

(三) 证券投资组合的风险收益

1. 证券投资组合的风险收益率

投资者进行证券投资，就会要求对承担的风险进行补偿，股票的风险越大，要求的收益率就越高。由于证券投资的非系统性风险可通过投资组合来抵消，投资者要求补偿的风险主要是系统性风险，因此证券投资组合的风险收益是投资者因承担系统性风险而要求的、超过资金时间价值的那部分额外收益。其计算公式如下。

$$R_p = \beta_p \cdot (K_m - R_f)$$

式中，R_p为证券组合的风险收益率；β_p为证券组合的β系数；K_m为市场收益率，证券市场上所有股票的平均收益率；R_f为无风险收益率，一般用政府公债的利率来衡量。

【例6-16】 根据例6-14资料，若股票的市场收益率为10%，无风险收益率为6%。

要求：确定该证券投资组合的风险收益率。

解：R_p=1.22×(10%-6%)=4.88%

在其他因素不变的情况下，风险收益取决于证券投资组合的β系数，β系数越大，风险收益率越大；β系数越小，风险收益率越小。

2. 证券投资的必要收益率

证券投资的必要收益率等于无风险收益率加上风险收益率，即：

$$K_i = R_f + \beta(K_m - R_f)$$

这就是资本资产计价模型(CAPM)，式中，K_i 为第 i 种股票或证券组合的必要收益率；β 为第 i 种股票或证券组合的 β 系数；K_m 为市场收益率，证券市场上所有股票的平均收益率；R_f 为无风险收益率。

【例 6-17】神悦机械有限责任公司股票的 β 系数为 1.5，无风险利率为 4%，市场平均收益率为 8%。

要求：该股票的必要收益率为多少时投资者才会购买？

解：$K_i = R_f + \beta(K_m - R_f)$

　　　　=4%+1.5×(8%-4%)=10%

因此股票的收益率达到或超过 10%时投资者才会购买。

三、证券投资组合的策略与方法

(一)证券投资组合的策略

1. 保守型的投资组合策略

选择这种策略的投资者对风险相对比较厌恶，不愿承担高风险。这种组合策略要求尽量模拟证券市场现状(包括证券的种类和各证券所占的比重)，将尽可能多的证券包括进来，以便分散掉全部的非系统风险，从而得到与市场平均收益率相近的投资收益率。保守型投资组合策略主要具有以下优点：基本上能分散掉全部的非系统性风险；投资者不需要具备高深的证券投资专业知识；证券投资的管理费用比较低。但是，这种投资组合策略的显著缺点在于，投资组合所能获得的收益不会高于证券市场上所有证券的平均收益。

2. 冒险型的投资组合策略

选择这种策略的投资者认为，只要选择适当的投资组合，就能击败市场或超越市场，从而取得远远高于市场平均收益水平的投资收益。这种组合策略要求尽可能多地选择一些成长性较好的股票，而较少地选择低风险低收益的股票，这样就有可能使投资组合的收益高于证券市场的平均收益。这种组合的收益较高，同时风险也高于证券市场的平均风险。

3. 适中型的投资组合策略

适中型组合策略通常选择一些风险不大、效益较好的公司的股票。这些股票虽然不是高增长的股票，但却能给投资者带来稳定的股利收益。选择这种策略的投资者认为，有价证券的价格特别是股票的价格主要受发行公司的经营业绩影响，只要公司的经济效益好，股票的价格终究会体现其优良的业绩。所以在进行股票投资时，要全面、深入地进行证券投资分析，选择一些品质优良的股票组成证券投资组合，这样既可以获得较高的投资收益，又不会承担太大的投资风险。

(二)证券投资组合的方法

1. 选择足够数量的证券进行组合

当证券数量增加，可分散风险会逐步变小；当证券数量足够时，大部分可分散的风险都能分散掉。

2. 把投资收益呈负相关的证券放在一起组合

负相关证券是指一种证券的收益上升而另一种证券的收益下降的两种证券。把收益负相关的证券组合在一起，能有效分散风险。

3. 把不同风险程度的证券组合在一起

把不同风险程度的证券组合在一起就是指把 1/3 资金投资风险大的证券，1/3 资金投资风险中等的证券，1/3 资金投资风险小的证券组合在一起。这种组合方法不会获得太高的收益，但也不会承担太大的风险。

● 案例解析

首先对房价走势进行预测，以及对个人首付款和未来还款能力进行分析。

其次对个人承受风险能力强弱进行分析。

最后进行证券市场综合风险程度分析，合理配置投资组合，实现最佳的投资收益。

建议其构建"7+2+1"的投资组合，即以现有储蓄 20 万元为起点，其中 14 万元买入股票型基金，4 万元买入中期国债，2 万元买入短期债券型基金。该组合是一个中长期（2 年以上）的理财规划，目标年收益率预计在 8%左右。然后，将每年的收入都作如此的配比，形成长期理财习惯。如果承受风险能力较弱，可以调整其资本投资比例，来降低风险。

项 目 小 结

证券是指具有一定票面金额，代表财产所有权和债权，可以有偿转让的凭证，证券具有流动性、收益性和风险性三个特点。证券投资可分为债券投资、股票投资、基金投资及组合投资等。

企业要进行证券投资，首先必须进行证券投资的收益评价，评价证券收益水平主要有两个指标，即证券的价值和收益率。债券的价值是指进行债券投资时投资者预期可获得的现金流入的现值。短期债券收益率的计算只需考虑债券价差及利息，将其与投资额相比，即可求出短期债券收益率。对于长期债券，其投资收益率一般是指购进债券后一直持有至到期日可获得的收益率，它是使债券利息的年金现值和债券到期收回本金的复利现值之和等于债券购买价格时的贴现率。股票的内在价值由一系列的股利和将来出售股票时售价的现值所构成，通常当股票的市场价格低于股票内在价值才适合投资。短期股票收益率=预期资本利得收益率+股利收益率。一般股票投资的收益率是使各期股利及股票售价的复利现值等于股票买价时的贴现率。

风险性是证券投资的基本特征之一。风险按是否可以通过投资组合加以回避及消除，可分为系统性风险与非系统性风险。系统性风险包括市场风险、利率风险、购买力风险以及自然因素所导致的风险等。非系统性风险属于个别风险，能够通过投资多样化来抵消，又称可分散风险或公司特别风险。它包括行业风险、企业经营风险、企业违约风险等。单一证券投资风险的衡量一般包括算术平均法与概率测定法两种。为了规避风险，可采用证券投资组合的方式，证券投资组合的策略有三种：冒险型策略、保守型策略和适中型策略。β 值是用来测定一种证券的收益随整个证券市场平均收益水平变化程度的指标。证券投资组合的风险收益是投资者因承担系统性风险而要求的，超过货币时间价值的那部分额外收益。其计算公式为：$R_p = \beta_p \cdot (K_m - R_f)$。

证券投资的必要收益率等于无风险收益率加上风险收益率，即：$K_i = R_f + \beta(K_m - R_f)$，这就是资本资产计价模型(CAPM)。

项目强化训练

一、单项选择题

1. 下列哪种投资组合策略必须具备丰富的投资经验(　　)。
   A. 保守型策略　　B. 冒险型策略　　C. 适中型策略　　D. 投资型策略

2. 投资一笔国债，5年期，平价发行，票面利率为12.22%，单利计算，到期收取本金和利息，则该债券的投资收益率是(　　)。
   A. 9%　　　　　B. 11%　　　　　C. 10%　　　　　D. 12%

3. 下列因素中，不会影响债券价值的是(　　)。
   A. 票面价值和票面利率　　　　B. 市场利率
   C. 到期日与付息方式　　　　　D. 购买价格

4. 下列说法中，正确的是(　　)。
   A. 国库券没有利率风险　　　　B. 公司债券只有违约风险
   C. 国库券和公司债券均有违约风险　　D. 国库券没有违约风险，但有利率风险

5. 如果组合中包括了全部股票，则投资人(　　)。
   A. 只承担市场风险　　　　　　B. 只承担特有风险
   C. 只承担非系统风险　　　　　D. 不承担系统风险

6. 证券投资者购买证券时，可以接受的最高价格是证券的(　　)。
   A. 票面价格　　B. 到期价格　　C. 市场价格　　D. 内在价值

7. 当投资期望收益率等于无风险投资收益时，风险系数应(　　)。
   A. 大于1　　　B. 等于1　　　C. 小于1　　　D. 等于0

8. 已知某证券的 β 系数等于1，则表明此证券(　　)。
   A. 无风险
   B. 有非常低的风险
   C. 和金融市场所有证券的平均风险一致
   D. 比金融市场所有证券的平均风险高一倍

9. 假定某项投资的风险系数为1.5，无风险收益率为10%，市场平均收益率为20%，则期望收益率为(　　)。
   A. 15%　　　　B. 25%　　　　C. 30%　　　　D. 20%

10. 当利率下降时，证券价格一般会(　　)。
    A. 下跌　　　　B. 上涨　　　　C. 涨跌交错　　D. 不变

11. 下列各项中,属于证券投资系统性风险的是( )。
    A. 利息率风险　　B. 违约风险　　C. 破产风险　　D. 流动性风险
12. 下列各项中,不能衡量证券投资收益水平的是( )。
    A. 持有期收益率　B. 到期收益率　C. 息票收益率　D. 标准离差率
13. 低风险、低收益证券所占比重较小,高风险、高收益证券所占比重较高的投资组合属于( )。
    A. 冒险性投资组合　　　　　　B. 适中性投资组合
    C. 保守性投资组合　　　　　　D. 随机性投资组合
14. 一般认为,企业进行长期债券投资的主要目的是( )。
    A. 控制被投资企业　　　　　　B. 调剂现金余缺
    C. 获得稳定收益　　　　　　　D. 增强资产流动性
15. 证券的购买力风险表现为( )。
    A. 出售证券所得收入小于原投资额　B. 出售证券所获得的货币资金的购买力下降
    C. 证券不能立即出售转换为现金　　D. 证券发行人无法支付利息

二、多项选择题

1. 证券投资的风险主要有( )。
   A. 违约风险　　B. 利息率风险　　C. 购买力风险　　D. 流动性风险
2. β系数是衡量风险大小的重要指标,下列表述中正确的有( )。
   A. β越大,说明风险越大
   B. 某股票$\beta=0$,说明此证券无风险
   C. 某股票$\beta=1$,说明其风险等于市场的平均风险
   D. 某股票$\beta>1$,说明其风险大于市场的平均风险
3. 按照资本资产定价模式,影响特定股票预期收益率的因素有( )。
   A. 无风险的收益率　　　　　　B. 平均风险股票的必要收益率
   C. 特定股票的β系数　　　D. 财务杠杆系数
4. 证券投资的收益包括( )。
   A. 现价与原价的价差　　　　　B. 股利收益
   C. 债券利息收益　　　　　　　D. 出售收入
5. 与股票内在价值呈反方向变化的因素有( )。
   A. 股利年增长率　　　　　　　B. 年股利
   C. 预期的报酬率　　　　　　　D. β系数
6. 下列属于固定收益证券的有( )。
   A. 国库券　　B. 公司债券　　C. 优先股　　D. 普通股
7. 下列风险中,固定利率债券比浮动利率债券风险大的有( )。
   A. 违约风险　　B. 利率风险　　C. 购买力风险　　D. 变现力风险
8. 相对于实物投资,证券投资的特点有( )。
   A. 盈利性高　　B. 流动性强　　C. 价格不稳定　　D. 交易成本低

9. 股票投资的缺点有(　　)。
   A. 求偿权居后　　B. 价格不稳定　　C. 收入不稳定　　D. 购买力风险大
10. 债券投资的缺点有(　　)。
    A. 购买力风险大　　　　　　　　B. 购买力风险小
    C. 没有经营管理权　　　　　　　D. 有经营管理权

三、判断题

1. 当风险系数等于0时，表明投资无风险，期望收益率等于市场平均收益率。(　　)
2. 投资者可以根据证券的内在价值与当前市场价格的比较来决定是否进行证券投资。
   (　　)
3. 一般来说，长期投资的风险要大于短期投资。(　　)
4. 一个行业的竞争程度越高，投资该行业的证券风险就越大。(　　)
5. 证券组合风险的大小，等于组合中各证券风险的加权平均。(　　)
6. 就违约风险而言，从大到小的排列顺序为：公司证券、金融证券、政府证券。(　　)
7. 变动收益证券比固定收益证券的风险要小，报酬要高。(　　)
8. 一般而言，银行利率下降，证券价格下降；银行利率上升，证券价格上升。(　　)
9. 在计算长期证券收益率时，应该考虑资金时间价值因素。(　　)
10. 债券的持有时间与违约风险呈正相关，与利率风险呈负相关。(　　)

四、名词解释

股票　债券　系统性风险　非系统性风险　β系数　基金投资

五、思考题

1. 有价证券的主要特征是什么？
2. 债券投资的特点是什么？
3. 股票投资的特点是什么？
4. 证券投资组合的策略有哪几种？

六、计算分析题

1. 某投资者于2018年1月1日以1 180元购入一张面值为1 000元、票面利率为10%、每年1月1日付息、到期日为2022年12月31日的债券。该投资者持有债券至到期日止，当时市场利率为8%。

要求：
(1) 计算该债券价值。
(2) 计算该债券收益率。

2. 某企业计划利用一笔长期资金购买一家公司的股票，现有A公司和B公司可供选择。已知A公司股票现行市价为每股9元，上年每股股利为0.15元，预计以后每年以6%的增长率增长；B公司股票现行市价为每股7元，上年每股股利为0.60元，公司采用稳定的股利政策。该企业所要求的投资收益率为8%。

要求：

(1) 计算A、B公司股票的内在价值。

(2) 请为该企业做出股票投资决策。

3. 某企业于2020年5月5日投资800元购进一张面值为1 000元、票面利率为8%、每年付息一次的债券，并于2021年5月5日以850元的价格出售。

要求：计算该债券的投资收益率。

4. 公司持有A、B、C三种股票构成的组合证券，其β系数分别是1.8、1.5和0.7，在证券组合中所占的比重分别为50%、30%和20%，股票的市场收益率为10%，无风险收益率为5%。

要求：计算该证券组合的风险收益率。

5. 某企业股票上年支付的股利为每股1.92元，股票投资的必要报酬率为9%。

要求：

(1) 分别计算在下列情况下的股票价值：股利增长速度为零；股利固定增长，增长速度为4%。

(2) 假设该股票的股利增长速度固定为4%，目前该股票的市价为45元，你作为投资者是否购买？

(3) 假设该股票的股利增长速度为零，每股股利为1.92元，目前该股票的价格为25元。

要求：该股票的必要收益率是多少？

6. 预计ABC公司明年的税后利润为1 000万元，发行在外普通股500万股。假设股利的逐年增长率为6%，投资人要求的必要报酬率为10%，预计盈余的60%用于发放股利。

要求：用股利固定增长的股票股价模式计算其股票价值。

7. 某投资者准备将其投资额中的30%用于购买A公司发行的面值为5 000元、票面利率为10%、期限为5年、每年付息一次的债券。同期市场利率为8%，当时该债券的市场价格为5 200元；以70%的资金购买B公司的股票，该股票未来两年的股利将超速增长，成长率为10%，此后转为正常增长，增长率为4%，最近一期的股利为每股3元，该股票β系数为2，市场平均收益率为10%，国库券年利率为5%。

要求：

(1) 该投资者是否应该购买A公司债券？

(2) B公司股票的必要收益率是多少？

(3) 投资于B公司股票可以接受的价格是多少？

8. ABC公司是一个基金公司，2020年1月1日公司基金资产总额(市场价值)为27 000万元，负债总额(市场价值)为3 000万元，基金份数为8 000万份。在基金交易中，该公司收取认购费和赎回费，认购费率为基金净值的2%，赎回费率为基金净值的1%。2020年12月31日，ABC公司按收盘价计算的资产总额为26 789万元，其负债总额为345万元。已售出10 000万份基金单位。某投资者于2020年12月31日持有该基金2万份，持有1年份额不变，2021年12月31日收盘价的基金单位净值为3.05元。

要求:

(1) ABC 公司 2020 年 1 月 1 日的基金净资产价值总额、基金单位净值、基金认购价、基金赎回价是多少?。

(2) 2020 年 12 月 31 日 ABC 公司基金单位净值是多少?

(3) 2021 年 12 月 31 日该投资者的预计基金收益率是多少?

微课视频

扫一扫,获取本项目相关微课视频。

任务一、任务二　企业证券投资概述、
　　　　　　企业证券投资风险

任务三　企业证券投资决策（一）

任务三　企业证券投资决策(二)

任务四　证券投资组合

项目七 营运资金管理

【知识目标】

- 了解营运资金的概念和管理原则，了解企业持有资金的动机。
- 掌握应收账款的功能。
- 熟悉最佳现金持有量的计算方法。
- 了解流动资产的构成、特点和管理原则。

【技能目标】

- 能够识记流动资产的管理要求。
- 能够利用成本分析模式和存货模式计算最佳现金持有量。
- 能够计算经济订货批量、每年订货次数、运用 ABC 分类控制法对存货进行控制。

◉ **案例引导**

目前我国企业相互拖欠的行为很严重,企业应收账款总量逐年递增。据报道,目前上市公司年报中,超过60%的上市公司应收账款余额均有不同幅度的增长,其中近15%的上市公司应收账款增加了1倍。

而福农药业股份公司年销售收入为12亿元,跻身全国中成药工业重点企业50强。由于管理到位,该公司应收账款的回笼率节节高升,在完成了当年的资金回笼任务基础上,还收回了过去遗留的应收账款2 000多万元。

(资料来源:郝德鸿. 新编财务管理[M]. 北京:现代教育出版社,2011:155.)

分析:其成功做法主要有哪些方面?

◉ **理论认知**

任务一　营运资金概述

一、营运资金的概念

营运资金是指在企业生产经营过程中占用在流动资产上的资金。营运资金有广义和狭义之分,狭义的营运资金是指企业流动资产减流动负债后的余额;广义的营运资金又称毛营运资金,是指一个企业流动资产的总额。我们日常说的营运资金指的就是狭义的营运资金,用公式表示如下。

营运资金总额=流动资产总额-流动负债总额

流动资产是指在一年或者超过一年的一个营业周期内变现或耗用的资产,主要包括现金、短期有价证券、应收账款和存货等。

流动负债是指在一年或者超过一年的一个营业周期内必须清偿的债务,主要包括短期借款、短期融资券、应付账款、应付票据、预收账款等商业信用。

二、营运资金的特点

(一)流动资产的特点

流动资产投资又称经营性投资,与固定资产相比有以下特点。

1. 投资回收期短

投资于流动资产的资金一般在一年或一个营业周期内收回,对企业影响的时间比较短。因此,流动资产投资所需的资金一般可通过商业信用、短期银行借款等方式解决。

2. 流动性强

流动资产在循环周转过程中,经过供产销三个阶段,其占用形态不断变化,即按现金、材料、在产品、产成品、应收账款、现金的顺序转化。这种转化循环往复，川流不息。流动资产的流动性与其变现能力密切相关，如遇到意外情况可迅速变卖流动资产，以获取现金。这对于财务上满足临时性资金需求具有重要意义。

3. 具有并存性

在流动资产的周转过程中，每天不断有资金流入，同时也有资金流出，流入和流出总要占用一定的时间，从供产销的某一瞬间看，各种不同形态的流动资产同时存在。因此合理地配置流动资产各项目的比例，是保证流动资产得以顺利周转的必要条件。

4. 具有波动性

占用在流动资产的投资并非是一个常数，随着供产销的变化，其资金占用时高时低，起伏不定，季节性企业如此，非季节性企业也如此。随着流动资产占用量的变动，流动负债的数量也会相应变化。

(二)流动负债的特点

与长期负债筹资相比，流动负债筹资具有以下四个特点。

1. 速度快

申请短期借款往往比申请长期借款更容易、更便捷，通常在较短时间内便可获得。

2. 弹性大

与长期债务相比，短期借款给债务人更大的灵活性。

3. 成本低

在正常情况下，短期负债筹资所发生的利息支出低于长期负债筹资的利息支出。

4. 风险大

尽管短期债务的成本低于长期债务，但其风险却高于长期债务。

(三)营运资金的周转

营运资金周转是指企业的营运资金从现金投入生产经营开始，到最终转化为现金为止的过程。

(1) 存货周转期是指将原材料转化成产成品并出售所需要的时间。

(2) 应收账款周转期是指将应收账款转化为现金所需要的时间。

(3) 应付账款周转期是指从收到尚未付款的材料开始到现金支出之间所用的时间。

(四)营运资金的管理要求

1. 既要保证生产经营的需要，又要合理使用资金

在流动资产管理中，既要保证生产经营发展的需要，又要合理使用资金，提高资金使用效果，这两方面要统一起来，要正确处理二者之间的关系。要在保证生产经营需要的前

提下，遵守勤俭节约的原则，挖掘资金潜力，精打细算地使用流动资金，以充分发挥流动资金管理对生产的促进作用。

2. 资金管理与资产管理相结合

流动资产是流动资金赖以存在的物质形态。财务部门要管好流动资金，必须深入生产、深入群众，关心流动资产的管理。只有各项流动资产安全完整，使用合理，流动资金才能完整无缺，占用减少，效益提高。另一方面，财务部门还必须促使管理流动资产、使用流动资产的部门树立经济核算思想，提高经济效益观念，关心流动资金管理。为此，流动资金的管理必须在实行财务管理部门集中统一管理的同时，实行分口分级管理，建立有关部门管理的责任制度。

3. 保证资金使用和物资运动相结合，坚持钱货两清，遵守结算纪律

资金是物资的货币表现，资金使用同物资运用有密切的联系。在流动资金管理工作中，必须把资金使用同物资运用结合起来，做到钱出去、货进来，货出去、钱进来，坚持钱货两清的原则，严格遵守结算纪律，不得无故拖欠。只有坚持钱货两清，遵守结算纪律，才能保证每个企业的生产经营顺利进行。

流动资产的主要包括现金、应收账款、存货等，它们占用了绝大部分的流动资产。

流动资产有一个不断投入和收回的循环过程，这一过程没有终止的日期，这就使我们难以直接评价其投资的报酬率。因此，流动资产投资评价的基本方法是以最低的成本满足生产经营周转的需要。

4. 合理安排流动资产与流动负债的比例关系，保证企业有足够的短期偿债能力

流动资产、流动负债及二者的关系能较好地反映企业的短期偿债能力。流动负债是在短期内需要偿还的债务，而流动资产则是在短期内可以转化为现金的资产。因此，如果一个企业的流动资产比较多，流动负债比较少，说明该企业的短期偿债能力较强；反之，则说明短期偿债能力较弱。但如果企业的流动资产太多，流动负债太少，也并不是正常现象，这可能是因流动资产闲置流动负债利用不足所致。根据惯例，流动资产是流动负债的一倍是比较合理的。因此，在营运资金管理中，要合理安排流动资产和流动负债的比例关系，以便既节约使用资金，又保证企业有足够的偿债能力。

任务二　现金及有价证券管理

一、现金及其管理的意义

现金是指在生产过程中暂时停留在货币形态的资金，包括库存现金、银行存款、银行本票、银行汇票等。现金是变现能力最强的资产，可以用来满足生产经营开支的各种需要，也是还本付息和执行纳税义务的保证。因此，拥有足够的现金对于降低企业的风险，增强企业资产的流动性和债务的可清偿性具有重要意义。但是，现金属于非盈利性资产，即使是银行存款，其利率也非常低。现金持有量过多，它所提供的流动性边际效益便会随之下

降，进而导致企业的收益水平降低。因此，企业必须合理确定现金持有量，使现金收支不但在数量上，而且同时在时间上也相互衔接，以便在保证企业经营活动所需现金的同时，尽量减少企业闲置的现金数量，提高资金收益率。

有价证券是企业现金的一种转换形式。有价证券变现能力强，可以随时兑换成现金。企业有多余现金时，常将现金兑换成有价证券；现金流出量大于流入量需要补充现金时，再出让有价证券换回现金。在这种情况下，有价证券就成了现金的替代品。获取收益是持有有价证券的原因。有价证券投资的问题前面已讨论过，这里再讨论是将其视为现金的替代品，是"现金"的一部分。

二、现金持有动机

企业持有一定数量的现金，主要基于以下三个方面的动机。

(一)交易动机

交易动机即企业在正常生产经营秩序下应当保持一定的现金支付能力。企业为了组织日常生产经营活动，必须保持一定数额的现金余额，用于购买原材料、支付工资、缴纳税款、偿付到期债务、派发现金股利等。一般说来，企业为满足交易动机所持有的现金余额主要取决于企业销售水平。企业销售量扩大，销售额增加，所需现金余额也随之增加。

(二)预防动机

预防动机即企业为应付紧急情况而需要保持的现金支付能力。由于市场行情的瞬息万变和其他各种不测因素的存在，企业通常难以对未来现金流入量与流出量作出准确的估计和预期。一旦企业对未来现金流量的预期与实际情况发生偏离，必然对企业的正常经营秩序产生极为不利的影响。因此，在正常业务活动现金需要量的基础上，追加一定数量的现金余额以应付未来现金流入和流出的随机波动，是企业在确定必要现金持有量时应当考虑的因素。企业为应付紧急情况所持有的现金余额主要取决于以下三个方面：一是企业愿意承担风险的程度；二是企业临时举债能力的强弱；三是企业对现金流量预测的可靠程度。

(三)投机动机

投机动机即企业为了抓住各种瞬息即逝的市场机会，获取较大的利益而准备的现金余额。如利用证券市价大幅度跌落购入有价证券，以期在价格反弹时卖出证券获取高额资本利得(价差收入)等。投机动机只是企业确定现金余额时所需考虑的次要因素之一，其持有量的大小往往与企业在金融市场的投资机会及企业对待风险的态度有关。

企业除以上三种原因持有现金外，也会基于满足将来某一特定要求或者为在银行维持补偿性余额等其他原因而持有现金。企业在确定现金余额时，一般应综合考虑各方面的持有动机。但要注意的是，由于各种动机所需的现金可以调节使用，企业持有的现金总额并不等于各种动机所需现金余额的简单相加，前者通常小于后者。另外，上述各种动机所需保持的现金，并不要求必须是货币形态，也可以是能够随时变现的有价证券以及能够随时转换成现金的其他各种存在形态，如可随时借入的银行信贷资金等。

三、现金持有成本

现金的持有成本通常由以下四个部分组成。

(一)管理成本

管理成本是指企业因持有一定数量的现金而发生的管理费用,如管理人员的工资以及必要的安全措施费,这部分费用在一定范围内与现金持有量的多少关系不大,一般属于固定成本。

(二)机会成本

机会成本是指企业因持有一定数量的现金而丧失的再投资收益。由于现金属于非盈利性资产,保留现金必然丧失再投资的机会及相应的投资收益,从而形成持有现金的机会成本,这种成本在数额上等同于资金成本。比如,企业欲持有 500 000 元现金,则只能放弃 50 000 元的投资收益(假设企业平均收益率为 10%),即它的机会成本为 50 000 元。可见,放弃的再投资收益属于变动成本,它与现金持有量的多少密切相关,即现金持有量越大,机会成本就越高,反之就越小。

(三)转换成本

转换成本是指企业用现金购入有价证券并且转让有价证券换取现金时付出的交易费用,如委托买卖佣金、委托手续费、证券过户费、交割手续费等。证券转换成本与现金持有量的关系是:在现金需要量既定的前提下,现金持有量越少,进行证券变现的次数越多,相应的转换成本就越大;反之,现金持有量越多,证券变现的次数就越少,需要的转换成本也就越小。因此,现金持有量的不同必然通过证券变现次数多少而对转换成本产生影响。

(四)短缺成本

短缺成本是指在现金持有量不足而又无法及时通过有价证券变现加以补充而给企业造成的损失,包括直接损失与间接损失。现金的短缺成本随现金持有量的增加而下降,随现金持有量的减少而上升,即与现金持有量呈负相关。

四、最佳现金持有量的确定方法

基于支付、预防、投机等动机的需要,企业必须保持一定数量的现金余额。但是现金作为盈利性最差的资产,其数额太多则会导致企业盈利水平下降;其数额太少又可能出现现金短缺,从而影响生产经营。因此,最佳现金持有量的确定必须权衡收益和风险。

确定最佳现金持有量的方法很多,这里只介绍成本分析模式、存货模式等两种常见的模式。

(一)成本分析模式

成本分析模式是根据现金持有的有关成本,分析、预测其总成本最低时现金持有量的一种方法。

成本分析模式只考虑持有一定数量的现金而发生的管理成本、机会成本和短缺成本，而不考虑转换成本。由于管理成本具有固定成本的性质，与现金持有量不存在明显的线性关系；机会成本(因持有现金而丧失的再投资收益)与现金持有量成正比例变动，机会成本=现金持有量×有价证券利率(或报酬率)；短缺成本同现金持有量呈负相关，现金持有量越大，现金短缺成本越小；相反，现金持有量越小，现金短缺成本越大。

在实际工作中运用该模式确定最佳现金持有量的具体步骤如下。

第一，根据不同现金持有量测算并确定有关成本数值。

第二，按照不同现金持有量及其有关成本资料编制最佳现金持有量测算表。

第三，在测算表中找出总成本最低时的现金持有量，即最佳现金持有量。

【例 7-1】某企业现有 A、B、C、D 四种现金持有量方案，有关成本资料如表 7-1 所示。

表 7-1　现金持有量方案表　　　　　　　　　　　　　　　　　　单位：元

项目	A	B	C	D
现金持有量	100 000	200 000	300 000	400 000
机会成本率	10%	10%	10%	10%
管理成本	18 000	18 000	18 000	18 000
短缺成本	42 000	32 000	9 000	0

要求：确定最佳现金持有量。

解：根据现金持有方案表编制最佳现金持有量测算表，如表 7-2 所示。

表 7-2　最佳现金持有量测算表　　　　　　　　　　　　　　　　单位：元

方案	现金持有量	机会成本	管理成本	短缺成本	总成本
A	100 000	10 000	18 000	42 000	70 000
B	200 000	20 000	18 000	32 000	70 000
C	300 000	30 000	18 000	9 000	57 000
D	400 000	40 000	18 000	0	58 000

通过分析比较表中各方案的总成本可知，C 方案的总成本最低，即当企业持有 300 000 元现金时，各方面的总代价最低，300 000 元为最佳现金持有量。

(二)存货模式

存货模式来源于存货的经济批量模型，公司现金持有量在许多方面与存货相似，存货经济批量模型可用于确定目标现金持有量。这个模式最早由美国财务学家鲍曼(Baumol)于 1952 年提出，因此又称为鲍曼模式。

存货模式的着眼点也是现金持有成本最低。在现金持有成本中，管理成本因其相对稳定并同现金持有量的多少关系不大，因此存货模式将其视为无关成本且不予考虑。由于现金是否会发生短缺、短缺多少、各种短缺情形发生时可能的损失如何等都存在很大的不确定性，并且不易计量，因此，存货模式对短缺成本也不予考虑。在存货模式中，只考虑机会成本和转换成本。由于机会成本和转换成本随着现金持有量的变动而呈相反的变动趋向，这就要求企业必须对现金与有价证券的分割比例进行合理安排，从而使机会成本与转换成本保持最佳组合。也就是说，凡是能够使现金管理的机会成本与转换成本之和保持最低的现金持有量即为最佳现金持有量。

假设：T 为一定期间内现金总需求量；F 为每次转换有价证券的固定成本(即转换成本)；Q 为最佳现金持有量(每次证券变现的数量)；K 为有价证券利息率(机会成本)；TC 为现金管理总成本。

则：　　　　　　　现金管理总成本 = 机会成本 + 转换成本

其计算公式如下。

$$TC = \frac{Q}{2} \times K + \frac{T}{Q} \times F \tag{1}$$

持有现金的机会成本与证券变现的交易成本相等时，现金管理的总成本最低，此时的现金持有量为最佳现金持有量，其计算公式如下。

$$Q = \sqrt{\frac{2T \times F}{K}} \tag{2}$$

将公式(2)代入公式(1)即求得最佳现金管理总成本的计算公式如下。

$$TC = \sqrt{2 \times T \times F \times K} \tag{3}$$

【例 7-2】 新华企业预计全年(按 360 天计算)需要现金 4 000 000 元，现金与有价证券的转换成本为每次 8 000 元，有价证券的年利率为 10%。

要求：确定最佳现金持有量。

解：

最佳现金持有量

$$Q = \sqrt{\frac{2T \times F}{K}} = \sqrt{\frac{2 \times 4\,000\,000 \times 8\,000}{10\%}} = 800\,000(元)$$

最佳现金管理总成本

$$TC = \sqrt{2 \times T \times F \times K} = \sqrt{2 \times 4\,000\,000 \times 8\,000 \times 10\%} = 80\,000(元)$$

转换成本 = $\frac{4\,000\,000}{800\,000} \times 8\,000 = 40\,000(元)$

五、现金收支的日常管理

在现金管理中，企业除合理编制现金收支计划和认真确定最佳现金余额外，还必须进行现金的日常控制。库存现金管理必须遵守国家规定的现金管理原则。

(一)钱账分管，会计、出纳各司其职

要实行管钱的不管账，管账的不管钱。出纳员和会计员互相牵制，互相配合，互相监督，可以保证少出差错，堵塞漏洞。

(二)建立现金交接手续，坚持查库制度

凡有现金收付的业务，必须坚持复核。在款项转移或出纳人员调换时，必须办理交接

手续，做到责任清楚。要经常检查库存现金与账面记录是否一致，以保证钱柜安全。

(三)遵守规定的现金使用范围

国家规定，现金只能是用于支付个人款项及不够支票结算起点的公用开支，其支付范围主要分成以下八种类型，一是支付给职工的工资、津贴；二是支付给个人的劳务报酬；三是根据规定发给个人的科学技术、文化艺术、体育项目等各种奖金；四是支付各种劳保福利费用以及国家规定的对个人的其他支出；五是向个人收购农副产品和其他物资的价款；六是出差人员必须随身携带的差旅费；七是结算起点以下的小额收支；八是银行确定需要支付现金的其他支出。

除上述第五、第六两项外，超过使用现金限额的部分应以银行支票或本票支付；确需全额支付现金的，经开户银行审核同意后，予以支付现金。国家鼓励用户单位和个体经济户在经济结算中采取转账结算方式进行结算，尽量少使用现金支付。

(四)遵守库存现金限领

为了控制现金使用，有计划地组织货币流通，企业的库存现金数额由开户银行根据企业规模的大小、每日现金收付金额的多少以及企业距离银行的远近同企业协商决定，需要坐支现金的，应事先报告开户银行审查批准，由开户银行核定坐支范围和限额。坐支单位应定期向开户银行报送坐支金额和使用情况。

企业不得将单位收入的现金以个人名义存入储蓄户。

六、现金收支综合管理

(一)加速现金收款

1. 加速现金收款的要求

企业加速收款的任务不仅是要尽量使顾客早付款，而且是要尽快地使这些收回的款项转化为可用现金。为此，必须满足以下三个要求。

(1) 减少顾客付款的邮寄时间。

(2) 减少企业收到顾客开出支票与支票兑现之间的时间。

(3) 加速资金存入自己往来银行的过程。

2. 加速现金收款的措施

为达到以上要求，可采用以下三种措施。

(1) 集中银行。集中银行是指通过设立多个收款中心来代替通常在公司总部设立的单一收款中心，以加速账款回收的一种方法。其目的是缩短从顾客寄出账款到现金收入企业账户这一过程的时间。

(2) 锁箱系统。锁箱系统是通过在各主要城市租用专门的邮政信箱，以缩短从收到顾客付款到存入当地银行所需时间的一种现金管理办法。采用锁箱系统的具体做法是：①在比较集中的地区租用当地加锁的专用邮政信箱并开立分行存款户；②通知顾客把付款邮寄到指定的邮政信箱，③授权公司邮政信箱所在地的开户行每天收取邮政信箱的汇款并存入公司账户，然后将扣除补偿余额以后的现金及一切附带资料定期送往公司总部。这就免除了公司办理现场收款、再将货款存入银行的一切手续。

(3) 其他程序。除以上两种方法外还有一些加速现金收款的方法，例如，对于金额大的货款可采用电汇、直接派人前往收取支票，并送存银行的方法，以加速收款；公司对于各银行之间以及公司内部各单位之间的现金往来也要严加控制，防止有过多的现金闲置在各部门之间。

(二)控制现金支出

现金支出管理的主要任务是尽可能延缓现金的支出时间，当然这种延缓必须是合理合法的，否则企业延期支付账款所得到的收益将远远低于因此而遭受的损失。控制现金支出的方法有以下三种。

1. 运用现金浮游量

现金浮游量是指企业账户上存款余额与银行账户上所示的存款余额之间的差额。有时，公司账簿上的现金余额已为零或负数，而银行账簿上该公司的现金余额还有不少。

2. 推迟支付应付款

为了最大限度地利用现金，企业在不影响信誉的情况下，应尽可能推迟应付款的支付期。例如，企业在采购材料时，如果付款条件是"2/10，n/45"，应安排在发票开出日期后的第10天付款，这样，企业不仅可以最大限度地利用现金而又不丧失现金折扣。

3. 采用汇票结算方式付款

在使用支票付款时，只要受票人将支票送交银行，付款人就要无条件地付款。但汇票采用的不是见票即付的付款方式，在受票人将汇票送交银行后，银行要将汇票送交付款人承兑，并由付款人将一笔相当于汇票金额的资金存入银行，银行才会付款给受票人，这样就有可能合法地延期付款。企业应尽量使现金流入与现金流出发生的时间趋于一致，这样就可以使其所持有的交易性现金余额降到较低水平，这就是现金流量同步。基于这种认识，企业可以重新安排付出现金的时间，尽量使现金流入与现金流出趋于同步。

(三)闲置现金投资管理

企业现金管理的目的首先是保证主营业务的现金需求，其次才是使这些现金获得最大的收益。这就要求企业把闲置资金投入到流动性高、风险性低、交易期限短的金融工具中，以获得较多的收入。

任务三 应收账款管理

一、应收账款及其管理的意义

应收账款是企业因对外销售商品、提供劳务等而应该向购货或接受劳务的单位收取的款项。

应收账款形成企业之间的直接商业信用,是商品销售及提供劳务过程中货与钱在时间上分离的直接结果。商品和劳务的赊销,一方面增加了销售收入,另一方面又因为形成应收账款而增加了经营风险。因此,应收账款管理的基本目标是在发挥应收账款强化竞争、扩大销售功能的同时,尽可能降低投资的机会成本、坏账损失与管理成本,最大限度地发挥应收账款投资的效益。

二、应收账款的功能

应收账款的功能是指它在企业生产经营过程中所具有的作用。概括起来主要有以下两点。

(一)增加销售

企业销售产品可以采取现销方式或赊销方式两种。现销方式最大的优点是应计现金流入量与实际现金流入量完全吻合,既能避免呆账坏账损失,又能及时地将收回的款项投入再增值的过程,是企业最期望的一种销售结算方式。然而,在竞争激烈的市场条件下,单纯依靠现销方式往往使企业处于不利境地。而采用赊销方式意味着企业在销售产品的同时,向买方提供了可以在一定期限内无偿使用资金的优惠条件(即商用),这对于购买方而言具有极大的吸引力。因此,赊销是一种重要的促销手段,对于企业扩大产品销售、开拓以及占领市场、增强企业竞争力都具有重要意义。

(二)减少存货

赊销可以加速产品销售的实现,加快产成品向销售收入的转化速度,从而对降低存货中的产成品数额有着积极的影响。这有利于缩短产成品的库存时间,降低产成品存货的管理费用、仓储费用和保险费用等各方面的支出。因此,当产成品存货较多时,企业可以采用较为优惠的信用条件进行赊销,尽快地实现产成品存货向销售收入的转化,变持有产成品存货为持有应收账款,以节约各项因为存货所产生支出。

三、应收账款的成本

企业在采用赊销方式促进销售的同时,会因持有应收账款而付出一定的代价,这种代价为应收账款的成本。其内容包括以下三个方面。

(一)机会成本

应收账款的机会成本是指因资金投放在应收账款上而丧失的其他收入,如投资于有价证券便会产生利息收入。机会成本的大小通常与企业维持赊销业务所需要的资金数量(即应收账款投资额)、资金成本率有关。其计算公式如下。

$$应收账款机会成本=维持赊销业务所需要的资金×资金成本率$$

式中,资金成本率一般可按有价证券利息率计算;维持赊销业务所需要的资金数量可按下列步骤计算。

第一步，计算应收账款平均余额。

第二步，计算维持赊销业务所需要的资金。

$$维持赊销业务所需要的资金=应收账款平均余额\times 变动成本率$$
$$=应收账款平均余额\times (变动成本/销售收入)$$

在上述分析中，假设企业的成本水平保持不变(即单位变动成本不变，固定成本总额不变)，随着赊销业务的扩大，变动成本会随之上升。

【例 7-3】 假设新华企业预测的年度赊销额为 3 000 000 元，应收账款平均收账天数为 60 天，变动成本率为 60%，资金成本率为 10%。

要求：应收账款的机会成本。

解：应收账款平均余额 =30 000 000 /360 × 60=5 000 000(元)

维持赊销业务所需要的资金 =5 000 000 × 60%=3 000 000 (元)

应收账款机会成本 =3 000 000 × 10% =300 000 (元)

通过上述计算表明，企业投放 3 000 000 元的资金可维持 30 000 000 元的赊销业务，相当于垫支资金的 10 倍多。这一较高的倍数在很大程度上取决于应收账款的收账速度。

在正常情况下，应收账款收账天数越少，一定数量的资金所维持的赊销额就越大；应收账款收账天数越多，维持相同赊销额所需要的资金数量就越大。而应收账款机会成本在很大程度上取决企业维持赊销业务所需要资金的多少。

(二)管理成本

应收账款的管理成本是指企业对应收账款进行管理而耗费的开支，主要包括对客户的资信调查费用、收账费用和其他费用等。

(三)坏账成本

应收账款基于商业信用而产生，存在无法收回的可能性，由此而给应收账款持有企业带来的损失，称为坏账成本。这一成本一般与应收账款数量同方向变动，即应收账款越多，坏账成本也就越多。因此，为规避发生坏账成本给企业生产经营活动的稳定性带来不利影响，企业应合理提取坏账准备。

四、信用政策

制定合理的信用政策是加强应收账款管理、提高应收账款投资效益的重要前提。信用政策即应收账款的管理政策，是指企业对应收账款投资进行规划控制而确立的基本原则与行为规范，包括信用标准、信用条件和收账政策三部分内容。

(一)信用标准

信用标准是客户获得企业商业信用所应具备的最低条件，通常以预期的坏账损失率表示。如果企业的信用标准过高，将使许多客户因信用品质达不到所设的标准而被企业拒之门外，其结果虽然有利于降低应收账款机会成本、管理成本及坏账成本，但也会影响企业市场竞争能力的提高和销售收入的扩大。相反，如果企业采取较低的信用标准，虽然有利于企业扩大销售，提高市场竞争力和占有率，但同时也会导致应收账款机会成本、管理成本以及坏账成本的增加。

客户资信程度高低通常取决于以下五个方面：客户的信用品质(character)、偿付能力(capacity)、资本(capital)、抵押品(colateral)、经济状况(condition)等，简称"5C"系统。

(二)信用条件

信用条件是企业评价客户等级，决定给予或拒绝客户信用的依据。一旦企业决定给予客户信用优惠时，就需要考虑具体的信用条件。信用条件就是指企业接受客户信用时所提出的付款要求，主要包括信用期限、折扣期限及现金折扣等。信用条件的基本表现方式如"2/10，n/45"，表示若客户能够在发票开出后的10日内付款，可以享受2%的现金折扣；如果放弃使用折扣优惠，则全部款项必须在45日内付清。在此，45天为信用期限，10天为折扣期限，2%为现金折扣率。

1. 信用期限

信用期限是指企业为客户规定的最长付款时间。产品销售量与信用期限之间存在一定的依存关系。通常延长信用期限可以在一定程度上扩大销售从而增加毛利。但不适当地延长信用期限会给企业带来不良后果：一是使平均收账期延长，占用在应收账款上的资金相应增加，导致机会成本增加；二是导致管理成本及坏账成本的增加。因此，企业是否应给予客户延长信用期限，应视延长信用期限增加的边际收入是否大于增加的边际成本而定。

2. 现金折扣和折扣期限

延长信用期限会增加应收账款占用的时间和金额。许多企业为了加速资金周转及时收回货款，减少坏账损失，往往在延长信用期限的同时采用一定的优惠措施，即在规定的时间内提前偿付货款的客户可按销售收入的一定比率享受折扣。折扣期限是指为顾客规定的可享受现金折扣的付款时间；现金折扣是指在顾客提前付款时所给予的价格优惠，如"2/10，n/45"。现金折扣实际上是产品售价的扣减，企业是否决定提供现金折扣以及提供多大程度的现金折扣，应着重考虑提供折扣后所得的收益是否大于现金折扣的成本。

企业究竟应当核定多长的现金折扣期限以及给予客户多大程度的现金折扣优惠，必须将信用期限及加速收款所得到的收益与付出的现金折扣成本结合起来考虑。同延长信用期限一样，采取现金折扣方式在有利于刺激销售的同时也需要付出一定的成本代价。即给予现金折扣造成的损失。如果加速收款的机会收益大于应收账款机会成本、管理成本及坏账成本的增加数与现金折扣成本之和，企业就可以采取现金折扣或进一步改进当前的折扣方案；如果加速收款的机会收益不能大于应收账款机会成本、管理成本及坏账成本的增加数与现金折扣成本之和的话，有关优惠条件便被认为是不恰当的。

3. 信用条件备选方案的评价

虽然企业在信用管理政策中已对可接受的信用风险水平作了规定，但当企业的生产经营环境发生变化时，就需要对信用管理政策中的某些规定进行修改和调整并对改变条件的各种备选方案进行认真的评价。

【例7-4】新华企业预测的年度赊销收入净额18 000万元，其信用条件是n/30，变动成本率为 60%，资金成本率(或有价证券利息率)为 12%。假设企业收账政策不变，固定成本总额不变。该企业准备了三个信用条件的备选方案：A 维持 n/30 的信用条件；B 将信用条件放宽到 n/60；C 将信用条件放宽到 n/90。

解：为各种备选方案估计的赊销水平、坏账百分比和收账费用等有关数据如表 7-3 所示。

表 7-3 信用条件备选方案表　　　　　　　　　　　　　　　　　　　　单位：万元

项目	A方案(n/30)	B方案(n/60)	C方案(n/90)
年赊销额	18 000	19 800	21 600
应收账款平均余额	(18 000/360)×30=1 500	(19 800/360×60=3 300	(21 600/360)×90=5 400
维持赊销业务所需资金	1 500×60%=900	3 300×60%=1 980	5 400×60%=3 240
坏账损失/年赊销额	2%	3%	5%
坏账损失	18 000×2%=360	19 800×3%=594	21 600×5%=1 080
收账费用	200	380	520

根据以上资料可计算指标如表 7-4 所示。

表 7-4 信用条件分析评价表　　　　　　　　　　　　　　　　　　　　单位：万元

项　目	A方案(n/30)	B方案(n/60)	C方案(n/90)
年赊销额	18 000	19 800	21 600
变动成本	10 800	11 880	12 960
信用成本前收益	7 200	7 920	8 640
应收账款机会成本	900×12%=108	1 980×12%=237.6	3 240×12%=388.8
坏账损失	360	594	1 080
信用成本合计	668	1 211.6	1 988.8
信用成本后收益	6 532	6 708.4	6 651.2

根据表 7-4 中的资料可知，在这三种方案中，B 方案(n/60)的获利最大，它比 A 方案(n/30)收益增加 176.4 万元(6 708.4−6 532)；比 C 方案(n/90)收益增加 57.2 万元(6 708.4−6 651.2)。因此在其他条件不变的情况下，B 方案为最佳方案。

【例 7-5】仍以表 7-3 所列资料为例，如果企业为了加速应收账款的回收，决定在 B 方案的基础上将赊销条件改为"2/10，1/20，n/60"(D 方案)，估计约有 60%的客户(按赊销额计算)会利用 2% 的折扣，20%的客户将利用 1%的折扣，坏账损失率下降到 1.5%，收账费用下降到 250 万元。

根据上述资料，有关指标可计算如下。

应收账款平均余额=(19 800×60%/360)×10+(19 800×20%/360)×20+(19 800×20%/360)×60=1 210(万元)

维持赊销业务所需资金=121×60%=726(万元)

坏账损失=19 800×1.5%=297(万元)

根据以上资料可绘制表 7-5。

表 7-5　信用条件下的有关指标　　　　　　　　　　　　　　单位：万元

项　目	B方案(n/60)	D方案(2/10，1/20，n/60)
年赊销额	19 800	19 800
变动成本	11 880	11 880
信用成本前收益	7 920	7 920
应收账款机会成本	1 980×12%=237.6	726×12%=87.1
坏账成本	19 800×3%=594	19 800×1.5%=297
收账成本	380	250
现金折扣成本		19 800×60%×2+19 800×20%×1%=277.2
信用成本合计	1 211.6	911.3
信用成本后收益	6 708.4	7 008.7

计算结构表明，使用现金折扣以后，企业的收益增加了300.3万元，因此，企业最终应选择D方案(2/10，1/20，n/60)作为最佳方案。

(三)收账政策

收账政策是指当客户违反信用条件、拖欠甚至拒付账款时企业所采取的收账策略与措施。在企业向客户提供商业信用时，必须考虑以下三个问题：一是客户是否会拖欠或拒付账款，所发生的程度如何。二是怎样最大限度地防止客户拖欠账款。三是一旦账款遭到拖欠甚至拒付，企业应采取怎样的应对措施。前两个问题的解决主要靠信用调查和严格信用审批制度。第三个问题则必须通过制定完善的收账政策、采取有效的收账措施予以解决。

企业对拖欠应收账款进行催收都需要付出一定的代价，即收账费用，如收款所花的邮电通信费、派专人收款的差旅费和不得已时的法律诉讼费等。通常企业为了扩大销售、增强竞争能力，往往对客户的逾期未付款项规定一个允许的拖欠期限，超过规定的期限，企业就应利用各种形式进行催收。如果企业的收款政策过宽，将会导致拖欠款项的客户增加并且拖延款项的时间也会延长，从而增加应收账款的投资和坏账损失，但却会减少收账费用。而如果收账政策过严，拖欠款项的客户将会减少而且拖延款项的时间也会缩短，从而减少应收账款的投资和坏账损失，增加收账费用。因此，企业在制定收账政策时，要权衡利弊得失，掌握好政策的宽严界限。制定合理的收账政策就是要在增加的收账费用与减少的坏账损失及应收账款机会成本之间进行权衡，若前者小于后者，则说明制定的收账政策是可取的。

五、应收账款日常管理

对于已经发生的应收账款，企业还应进一步强化日常管理工作，采取有力措施进行分析、控制，及时发现问题，提前采取对策。这些措施主要包括应收账款追踪分析、应收账款账龄分析和建立应收账款坏账准备制度等。

(一)应收账款追踪分析

对应收账款实施追踪分析的重点应放在赊销商品的销售与变现方面。客户以赊购方式购入商品后,迫于获利的动力和付款信誉的压力,必然期望迅速地实现销售并收回账款。如果这一期望能够顺利地实现,而客户又具有良好的信用品质,则赊销企业如期足额地收回客户欠款一般不会有太大的问题。然而,市场供求关系所具有的瞬变性,使得客户所赊购的商品不能顺利地销售与变现,就意味着与应付账款相对的现金支付能力匮乏。

(二)应收账款账龄分析

应收账款账龄分析就是考察研究应收账款的账龄结构。应收账款的账龄结构,是指各账龄应收账款的余额占应收账款总余额的比重。一般而言,账款的逾期时间越短,收回的可能性越大,发生坏账损失的程度相对越小。反之,收账的难度及发生坏账损失的可能性也就越大。因此,对不同拖欠时间的账款及不同信用品质的客户,企业应采取不同的收账方法,制定出经济可行的不同收账政策、收账方案,对可能发生的坏账损失,需提前有所准备,充分估计这一因素对企业获利的影响。对尚未过期的应收账款,也不能放松管理与监督,以防发生新的拖欠。通过应收账款账龄分析,不仅能提示财务管理人员应把过期款项视为工作重点,而且有助于促进企业进一步研究与制定新的信用政策。

(三)建立应收账款坏账准备制度

无论企业采取怎样严格的信用政策,只要存在着商业信用行为,坏账损失的发生总是不可避免的。一般说来,确定坏账损失的标准主要有两条:一是因债务人破产或死亡,用其破产财产或遗产清偿后,仍不能收回的应收款项;二是债务人逾期未履行偿债义务,且有明显特征表明无法收回的应收款项。

企业的应收账款只要符合上述任何一个条件,均可作为坏账损失处理。需要注意的是,当企业的应收账款按照第二个条件已经作为坏账损失处理后,并非意味着企业放弃了对该项应收账款的索取权。实际上,企业仍然拥有继续收款的法定权力,企业与欠款人之间的债权债务关系不会因为企业已作坏账处理而解除。既然应收账款的坏账损失无法避免,因此,要遵循谨慎性原则,对坏账损失的可能性预先进行估计,并建立弥补坏账损失的准备制度,因此提取坏账准备金就显得极为必要。

任务四 存 货 管 理

一、存货及其管理的意义

存货是指企业在日常生产经营过程中为生产或销售而储备的物资。

企业持有充足的存货,不仅有利于生产过程的顺利进行,节约采购费用与生产时间,而且能够迅速地满足客户各种订货的需要,从而为企业的生产与销售提供较大的机动性,避免因存货不足带来的机会损失。然而存货的增加必然要占用更多的资金,将使企业付出更大的持有成本(即机会成本),而且存货的储存与管理费用也会增加,影响企业获利能力的提高。因此,如何在存货的功能(收益)与成本之间进行利弊权衡,在充分发挥存货功能的同时降低成本、增加收益、实现它们的最佳组合,这也就是存货管理的目标。

二、存货的功能

存货功能是指存货在企业生产经营过程中所具有的作用,主要表现在以下四个方面。

(一)防止停工待料

适量的原材料存货和在制品、半成品存货是企业生产正常进行的前提和保障。就企业外部而言,供货方的生产和销售往往会因某些原因而暂停或推迟,从而影响企业材料的及时采购、入库和投产。就企业内部而言,有适量的半成品储备能使各生产环节的生产调度更加合理,各生产工序步调更为协调,联系更为紧密,不至于因等待材料而影响生产。可见,适量的存货能有效防止停工待料事件的发生,维持生产的连续性。

(二)适应市场变化

存货储备能增强企业在生产和销售方面的机动性以及适应市场变化的能力。企业有了足够的库存产成品,就能有效地供应市场,满足顾客的需要。相反,若某种畅销产品库存不足,将会错失目前的或未来的推销良机,并有可能因此而失去顾客。在通货膨胀时,适当地储存原材料存货能使企业获得因市场物价上涨而带来的好处。

(三)降低进货成本

很多企业为扩大销售规模,对购货方提供较优厚的商业折扣待遇,即购货达到一定数量时,便在价格上给予相应的折扣优惠。企业采取批量集中进货可获得较多的商业折扣。此外,通过增加每次购货数量,减少购货次数,可以降低采购费用。即便在推崇以零存货为管理目标的今天,仍有不少企业买取大批量购货方式,原因就在于这种方式有助于降低购货成本,只要购货成本的降低额大于因存货增加而导致的储存等各项费用的增加额,便是可行的。

(四)维持均衡生产

对于那些所生产的产品属于季节性产品,生产所需材料的供应具有季节性的企业为进行均衡生产,降低生产成本,就必须适当储备一定的半成品存货或保持一定的原材料存货。否则,这些企业若按照季节变动组织生产活动,难免在忙时会产生超负荷运转,闲时生产能力得不到充分利用的情形,这也会导致生产成本的提高。其他企业在生产过程中,同样会因为各种原因导致生产水平的高低变化,拥有合理的存货可以缓冲这种变化对企业生产活动及获利能力的影响。

三、存货的成本

为充分发挥存货的固有功能,企业必须储备一定的存货,但也会由此而发生各项支出,这就是存货成本。存货成本包括取得成本、储存成本和缺货成本等三部分。

(一)取得成本

取得成本是指为取得某种存货而支出的成本,通常用 TC 来表示。取得成本由购置成本和订货成本构成。

1. 购置成本

购置成本是指存货本身的价值,即存货的买价,等于采购单价(U)与采购数量(D)的乘积。在一定时期进货总量一定的条件下,无论企业采购次数如何变动,存货的进价成本通常是保持相对稳定的(假设物价不变且无采购数量折扣),因而又属于决策无关成本。

因此,购置成本的数学表达公式如下。

$$购置成本 = D \times U$$

2. 订货成本

订货成本是指企业为组织进货而支付的费用,如与材料采购有关的办公费、差旅费、邮资、电话电报费、运输费、检验费、入库搬运费等支出。订货成本中有一部分与订货次数无关,如常设机构的基本开支等,称为订货的固定成本,用 F 表示,属于决策的无关成本。另一部分与订货次数有关,如差旅费、邮费等,称为订货的变动成本,属于决策的相关成本。每次订货的变动成本用 K 表示,订货次数等于存货的年需要量(D)与每次进货批量(Q)之商。因此,订货成本的数学表达公式如下。

$$订货成本 = \frac{D}{Q} \times K + F_1$$

取得成本为购置成本与订货成本之和。其计算公式如下。

$$TCa = DU + \frac{D}{Q} \times K + F_1$$

(二)储存成本

储存成本是指为了持有存货而发生的成本,包括存货占用资金的机会成本、仓库费用、保险费用、存货破损和变质损失等。通常用 TC 表示。同样,储存成本也可以分为固定成本和变动成本。固定成本与存货数量的多少无关,如仓库折旧、仓库职工的工资等,通常用 F 表示,属于决策的无关成本。变动成本与存货数量有关,如存货的机会成本、存货的破损和变质损失、存货的保险费用等,都属于决策的相关成本。单位存货储存变动成本用 Kc 表示。因此,存货储存成本的数学表达式如下:

$$TCc = \frac{Q}{2} \times Kc + F_2$$

(三)缺货成本

缺货成本是指由于存货供应中断造成的损失,包括材料供应中断造成的停工损失、产成品库存缺货造成的拖欠发货损失和丧失销售机会的损失(还应该包括需要主观估计的商誉损失);如果生产企业以紧急采购代用材料解决库存材料的中断之急,那么,缺货成本表现为紧急额外购入成本(紧急额外购入成本大于正常的采购成本),缺货成本用 TCs 表示。

综合上述,如果用 TC 代表存货的总成本,则其计算公式如下。
$$TC=TCa+TCc+TCs$$

四、存货决策的经济批量模型

经济批量是指每次订购货物(材料、商品等)的最佳数量。在某种存货全年需求量已定的情况下,降低订购批量,必然增加订货批次。这样,必然使存货的储存成本(变动储存成本)随平均储存量的下降而下降;而另一方面,又将使订货成本(变动订货成本)随订购批次的增加而增加。反之,减少订购批次必然要增加订购批量,在减少订货成本的同时储存成本将会增加。可见,存货决策的目的就是确定使这两种成本合计数最低时的订购批量,即经济订购批量。

(一)经济订购批量的基本模型

经济订购批量基本模型的建立需要设立以下几个假设条件。
(1) 企业能够及时补充存货,即需要订货时便可立即取得存货。
(2) 能集中到货,而不是陆续入库。
(3) 不允许缺货,那么就没有缺货成本,TC=0。这是因为良好的存货管理不应该出现缺货成本。
(4) 需求量不变且能确定,即 D 为常数。
(5) 存货的单位价格不变,不考虑现金折扣,即 U 为常数。
(6) 企业现金充足,不会因现金短缺而影响进货。
(7) 企业所需要的存货市场供应充足,不会因为买不到需要的存货而影响其他生产。
基于上述的假设,存货总成本的计算公式如下。

$$TC = DU + \frac{D}{Q} \times K + F_1 + \frac{Q}{2} \times Kc + F_2 + TCs$$

当 F_1、K、D、U、Kc、F_2 为常数时,TC 的大小取决于 Q。

根据上述公式,为了求出存货总成本 TC 的极小值,从数学的角度,只要对上述公式求一阶导即可:

$$Q^* = \sqrt{\frac{2KD}{Kc}}$$

这就是经济订购批量基本模型。由此求出的每次订货量 Q 就是使存货成本最小的订货批量。

这个基本模型还可以演变成以下几种形式:每年经济订货次数 $N = \frac{D}{Q^*}$

经济订货批量的存货总成本 $TC(Q^*) = \sqrt{2KDKc}$

经济订货批量的平均占用资金 $W = \frac{UQ^*}{2}$

年经济进货周期 $T = \frac{1}{N}$

【例7-6】 新华企业每年耗用某种材料36 000千克,该种材料单位成本为100元,单位销存成本为20元,一次订货成本为250元,则:

经济订货量

$$Q^* = \sqrt{\frac{2KD}{Kc}} = \sqrt{\frac{20 \times 250 \times 36\,000}{20}} = 3\,000(千克)$$

每年订货次数

$$N = \frac{D}{Q^*} = \frac{36\,000}{3\,000} = 12(次)$$

经济进货批量的存货总成本

$$TC(Q^*) = \sqrt{2KDKc} = \sqrt{20 \times 250 \times 36\,000 \times 20} = 6\,000(元)$$

经济进货批量的平均占用资金

$$W = \frac{UQ^*}{2} = \frac{100 \times 3\,000}{2} = 150\,000(元)$$

年经济进货周期

$$T = \frac{12}{12} = 1(月)$$

(二)存货经济批量基本模型的扩展

为了鼓励客户购买更多的商品,销售企业通常会给予不同程度的价格优惠,即实行商业折扣或价格折扣。购买越多,所获得的价格优惠越大。此时,进货企业对经济进货批量的确定,除了考虑进货费用与储存成本外,还应考虑存货的进价成本,因为此时的存货进价成本已经与进货数量的大小有了直接的联系,属于决策的相关成本,即在经济进货批量基本模式其他各种假设条件均具备的前提下,存在数量折扣时的存货相关总成本可按以下公式计算。

存货相关总成本=进货成本+进货费用+储存成本

实行数量折扣的经济进货批量具体确定步骤如下。

第一步,按照经济进货批量基本模式确定经济进货批量。

第二步,计算按经济进货批量进货时的存货相关总成本。

第三步,计算按给予数量折扣的进货批量进货时的存货相关总成本。如果给数量折扣的进货批量是一个范围,如进货数量在1 000~1 999千克之间可享受2%的价格优惠,此时按给予数量折扣的最低进货批量,即按1 000千克计算存货相关总成本。

第四步,比较不同进货批量的存货相关总成本,最低存货相关成本对应的进货批量,就是实行数量折扣的最佳经济进货批量。

【例7-7】 某企业甲材料的年需要量为4 000千克,每千克标准价格20元。销售企业规定:客户每批不足1 000千克的,按照标准价格计算;每批购买量在1 000千克以上、2 000千克以下的,价格优惠2%;每批购买量2 000千克以上的,价格优惠3%。已知每批进货费用为60元,单位材料的年储存成本为3元。

解:

按经济进货批量基本模式确定的经济进货批量

$$Q^* = \sqrt{\frac{2 \times 60 \times 4\,000}{3}} = 400(千克)$$

按经济进货批量(Q =400 千克)进货时的存货相关总成本

$$TC(Q=400) = 4\,000 \times 20 + \frac{4\,000}{400} \times 60 + \frac{400}{2} \times 3 = 81\,200(元)$$

按给予数量折扣的进货批量(Q =1 000 千克)进货时的存货相关总成本

$$TC(Q=1\,000) = 4\,000 \times 20 \times (1-2\%) + \frac{4\,000}{1\,000} \times 60 + \frac{1\,000}{2} \times 3 = 80\,140(元)$$

比较不同进货批量的存货相关总成本。通过比较发现，每次进货为 1 000 千克时的存货相关总成本最低，所以最佳经济进货批量为 1 000 千克。

【例 7-8】承例 7-7，企业订货日至到货日的时间为 10 天，每日存货需要量为 10 千克。

解：

再次订货时点

$$R = L \times d = 10 \times 10 = 100(千克)$$

这意味着企业还有 100 千克库存时，就应当再次订货，等到下批订货到达时(发出再次订货单 10 天后)原有库存刚好用完。此时，有关存货的每次订货量、订货次数、订货间隔时间等并没有发生变化，与前述瞬时补充时相同。

五、存货 ABC 分类管理方法

ABC 分类管理就是按照一定的标准，将企业的存货划分为 A、B、C 三类，分别实行分品种重点管理、分类别一般控制和按总额灵活掌握的存货管理方法。对于一个大型企业来说，经常有成千上万种存货项目，在这些项目中，有的价格昂贵，有的不值几文、有的数量很大，有的寥寥无几。如果不分主次，面面俱到，对每一种存货都进行周密的规划、严格的控制，就抓不着重点，不能有效地控制主要存货资金。ABC 分类管理正是针对这一问题而提出来的重点管理方法，用 ABC 法控制存货资金一般分如下四个步骤。

第一步，计算每一种存货在一定时间内(一般为一年)的资金占用额。

第二步，计算每一种存货资金占用额与全部资金占用额的百分比，并按大小顺序排列，编成表格。

第三步，根据事先测定好的标准，把最重要的存货划为 A 类，把一般存货划为 B 类，把不重要的存货划为 C 类，并画图表示出来。

第四步，对 A 类存货进行重点规划和控制，对 B 类存货进行次重点管理，对 C 类存货只进行一般管理。

把存货划分成 A、B、C 三大类，主要是对存货占用资金进行有效的管理。A 类存货种类虽少但占用的资金多，应集中主要力量管理，对其经济批量要进行认真规划，对收入、发出要进行严格控制；C 类存货虽然种类繁多但占用的资金不多，不必耗费大量人力、物力、财力去管，这类存货的经济批量可凭经验确定，不必花费大量时间和精力去进行规划和控制；B 类存货介于 A 类和 C 类之间，也应给予相当的重视，但不必像 A 类那样进行非常严格的控制。不同的企业，分类标准没有严格的额度限制，但一般控制的金额比重为 A：B：

C=70%∶20%∶10%。

【例 7-9】新华农机有限责任公司生产产品须耗用 10 种主要的原材料,10 种原材料的库存数量和单价的数据资料如表 7-6 所示。

表 7-6　原材料数据资料

材料编号	库存数量/件	单价/(元/件)
1	20	40
2	20	20
3	20	20
4	10	1 360
5	12	200
6	10	40
7	25	40
8	15	20
9	30	10
10	20	20

要求：对 10 种原材料进行 ABC 分类。

解：按照 10 种原材料的占用金额从高到低,对其进行重新排序,编制 ABC 分析表,分类结果如表 7-7 所示。

表 7-7　原材料 ABC 分类表

材料编号	库存数量/件	单价/元	占用金额/元	金额百分比/%	金额累计百分比/%	类别
4	10	1 360	13 600	68	68	A
5	12	200	2 400	12	80	A
7	25	40	1 000	5	85	B
1	20	40	800	4	89	B
6	10	40	400	2	91	C
2	20	20	400	2	93	C
3	20	20	400	2	95	C
10	20	20	400	2	97	C
8	15	20	300	1.5	98.5	C
9	30	10	300	1.5	100	C

ABC 分类控制法遵循二八原则,即关键少数决定次要多数,因此它强调对存货要分清主次轻重,区别关键的少数和次要的多数,对 ABC 三类存货实行分品种重点管理、分类别一般控制和按总额灵活掌握的管理方法。其具体的分类控制措施如下。

1. A 类存货

对 A 类存货实行分品种重点管理和严密控制,主要可采取下列措施。

(1) 确定其经济订货批量、最佳保险储备和再订货点,严格控制存货数量。

(2) 采用永续盘存制,对存货的收发结存进行严密监视,当存货数量达到再订货点时应及时通知采购部门组织进货。

(3) 实施紧密的跟踪措施,使库存时间达到最短。

企业只要能控制好 A 类存货,一般不会出现大问题。

2. B 类存货

对 B 类存货实行分类别一般控制,包括做记录和固定时间的检查,只有在紧急情况下,才赋予较高的优先权,可按经济批量订货。

3. C 类存货

对 C 类存货可采用总金额控制法,对其进行简单、灵活的控制,如设立简单的记录或不设立记录,可通过半年或一年一次的盘存来补充大量的库存,给予最低的优先作业次序等。

◉ 案例解析

1. 建立与完善应收账款控制制度

(1) 强化财务部门的管理与监控职能。该公司在财务部门下设立财务监察小组,由财务总监领导,配置专职会计人员,负责对有关营销往来的核算和监控。同时规范经营环节要求和操作程序,使经营活动系统化、规范化。

(2) 改进内部核算办法。针对不同的销售业务,分别采用不同的核算方法与程序并采取相应的管理对策。

(3) 对应收账款实行终身负责制和第一责任人制。

(4) 定期或不定期对营销网点进行巡视、监察和内部审计。

2. 对往来客户资信程度进行科学的内部评估

主要选择重点客户、长期往来客户作为内部评估对象,通过各种渠道了解和确定客户的信用等级,然后决定是否向客户提供商业信用及赊销限额。

3. 加强销售合同管理,完善赊销手续

4. 加强赊销业务的审批、稽核监督制度

5. 采用合理的清对和催收办法

针对各营销网点,建立以业务人员为主,财务监察人员为辅的催收欠款责任中心,将收回远期陈欠和控制坏账作为考核绩效标准,纳入销售人员与有关管理人员的业绩考核之中

6. 加强应收账款风险管理

(1) 谨慎选择对企业有利的货款结算方式。

(2) 采用折扣、折让方式,促进应收账款的收回。

项 目 小 结

营运资金的管理对企业尤为重要。企业的大量资源都涉及营运资金,对营运资金管理不善会给企业带来很严重的后果。资产的流动性匮乏,一般被认为是企业财务困难的信号,所以营运资金管理不当将会给企业的各个方面带来压力。

企业为营运资金的各个项目建立日常的管理政策且按照该政策执行很重要。这些政策不应被认为是一成不变的,但在对政策的基础进行审核和修正以前必须严格遵守。因此,企业要制定政策,要在持有某种营运资金的成本和缺少这种营运资金的成本中寻求平衡。维持平衡的最终目的就是使所有者权益最大化。

项目强化训练

一、单项选择题

1. 企业为满足交易动机所持有的现金数量主要取决于(　　)。
   A. 企业的支付能　　　　　　B. 企业的偿债能力
   C. 企业的生产能力　　　　　D. 企业的销售水平
2. 企业将资金占用在应收账款上面而放弃对其他方面的投资可获得的收益是应收账款的(　　)。
   A. 管理成本　　B. 机会成本　　C. 坏账成本　　D. 资金成本
3. 在一定时期,当现金需要量一定时,同现金持有量成反比的成本是(　　)。
   A. 管理成本　　B. 转换成本　　C. 短缺成本　　D. 机会成本
4. 经济批量是材料的采购量,再订货点是材料的(　　)。
   A. 订货时间　　B. 采购量　　C. 最低储存量　　D. 安全储存量
5. 在对存货实行 ABC 分类管理的情记下,ABC 三类存货的品种数量比重大致为
   A. 0.7:0.2:0.1　　B. 0.1:0.2:0.7　　C. 0.5:0.3:0.2　　D. 0.2:0.3:0.5

二、多项选择题

1. 下列属于流动资产的有(　　)。
   A. 现金　　　　　　　　　　B. 交易性金融资产
   C. 应付账款　　　　　　　　D. 预付账款
2. 企业持有现金的动机有(　　)。
   A. 交易动机　　B. 预防动机　　C. 投资动机　　D. 投机动机
3. 在确定经济订货批量时 不需要考虑的因素有(　　)。
   A. 储存变动成本　　　　　　B. 缺货量
   C. 年度计划订货总量　　　　D. 保险储备量
4. 甲公司给予客户的信用条件为 2/10,n/30,则下列说法正确的有(　　)。

A. 现金折扣率为2% B. 商业折扣率为2%
C. 折扣期限为10天 D. 信用期限为30天
5. 下列属于流动资产的有(   )。
   A. 现金   B. 短期投资   C. 应付账款   D. 预付账款
6. 确定最佳现金持有量的存货模式考虑的成本主要有(   )。
   A. 机会成本   B. 管理成本   C. 短缺成本   D. 转换成本
7. 确定企业最佳现金持有量的方法有(   )。
   A. 成本分析模式   B. 随机模式
   C. 存货模式   D. 现金周转期模式
8. 应收账款的成本主要有(   )。
   A. 机会成本   B. 管理成本   C. 短缺成本   D. 坏账损失
9. 在享受数量折扣条件下经济进货批量模型中,属于决策相关成本的有(   )。
   A. 进价成本   B. 订货成本   C. 储存成本   D. 缺货成本
10. 制定收账政策,要在(   )之间作出权衡。
    A. 增加坏账损失   B. 减少机会成本
    C. 增加收账费用   D. 减少坏账损失

三、判断题

1. 某企业的现金周转率为6次,则其现金周转期为60天。(   )
2. 短缺成本不属于应收账款成本的构成要素。(   )
3. 企业为满足交易动机而持有现金,所需考虑的主要因素是企业对待风险的态度。
   (   )
4. 经济订货量基本模型的建立不需要假设条件。(   )
5. 若企业拥有足够的现金,则应享受现金折扣。(   )

四、名词解释

现金持有的机会成本 营运资金 应收账款的坏账成本 存货的订货成本

五、思考题

1. 如何评价客户资信"5C"的方法?
2. 如何执行存货"A、B、C"分类控制的方法?

六、计算与分析题

1. 某公司预计全年(360天)需要10 000万元现金,所持有价证券的年平均收益率为10%,每转换一次有价证券的成本为8 000元,计算其现金最佳持有量。(用存货模式)
2. 新华公司预测的年度赊销收入净额为360 000万元,应收账款周转期为30天,变动成本率为75%,资金成本为8%。试计算该企业应收账款的机会成本。
3. 某公司年需要乙材料3 600千克,单价100元,每次订货成本25元,单位储存成本2元,求最佳经济订货量。
4. 某企业现有四种现金持有方案,它们各自的机会成本、管理成本、短缺成本如表7-8

所示。

表 7-8　现金持有方案　　　　　　　　　　　　　　　　单位：元

方案项目	甲	乙	丙	丁
现金持有量	250 000	500 000	750 000	1 000 000
资金成本	30 000	60 000	90 000	120 000
管理成本	200 000	200 000	200 000	200 000
短缺成本	120 000	67 500	25 000	0

注：该企业的资本收益率为 12%。

要求：

(1) 确定不同方案现金持有量的相关总成本。

(2) 帮助企业确定最佳现金持有量。

微课视频

扫一扫，获取本项目相关微课视频。

任务一、任务二　营运资金概述、现金管理

任务三　应收账款管理

项目八

利润分配管理

【知识目标】

- 了解利润分配的顺序、原则及影响因素。
- 掌握利润分配的相关政策。
- 了解股利支付的方式。

【技能目标】

- 能够识别利润分配的顺序。
- 能够计算发放股票股利后的每股收益。
- 掌握剩余股利政策的计算。
- 掌握低正常股利加额外股利政策。

案例引导

用友软件高额现金股利分配

北京用友软件股份有限公司于2001年1月18日上市,先得了一个好口彩,也就是"我要发",果然上市当天开盘价就为每股76元,已经比发行价每股36.68元高出1倍有余,当天最高更是创下了每股100元的辉煌价格,并以每股92元报收,创出中国股市新股上市首日最高的收盘价。

2002年4月28日,用友软件再次吸引了人们的眼球—股东大会审议通过2001年度分配方案为10股派现6元(含税)。刚刚上市一年即大比例分红,一时之间市场上众说纷纭,董事长王文京更是由于其大股东的地位成为漩涡中心,因为按照王文京对用友软件的持股比例推算,他可以从这次股利派现中分得3 312万元。

(资料来源:郝德鸿. 新编财务管理[M]. 北京:现代教育出版社,2011:182.)

分析:究竟这样高额的现金股利发放是在一个什么样的情况下酝酿出炉的,出于什么样的目的,是否符合用友软件的企业发展思路,是否具有大股东套现的嫌疑呢?

理论认知

任务一 利润分配概述

一、利润分配的概念

财务管理中的利润分配主要是指企业的净利润分配,利润分配的实质就是确定给投资者分红与企业留用利润的比例。企业实现利润是利润分配的前提。利润是企业在一定会计期间的经营成果。利润包括收入减去费用后的净额、直接计入当期利润的利得或损失等。

用公式表示如下。

企业的利润总额=营业利润+投资净收益+营业外收支净额

净利润=利润总额-所得税费用

二、利润分配的程序

利润分配的一般程序是指企业实现经营所得后,应先用于哪些方面,后用于哪些方面的先后顺序问题。

我国利润分配的程序为:企业的利润总额按照国家规定作相应调整后,首先要缴纳所得税,税后剩余部分的利润为可供分配的利润。可供分配的利润再按如下顺序进行分配。

(1) 支付被没收的财物损失、违反税收规定支付的滞纳金和罚款。

(2) 弥补以前年度亏损。弥补亏损可以划分为两种情况:企业发生年度亏损,可以用下一年度的利润弥补;下一年度不足弥补的,可以在五年内用所得税前利润延续弥补,延续五年未弥补完的亏损,用缴纳所得税后的利润弥补。税前弥补和税后弥补以五年为界限,亏损延续未超过五年的,用税前利润弥补。弥补亏损后有剩余的,才缴纳所得税;延续期限超过五年的,只能用税后利润弥补。

(3) 提取盈余公积金。根据《中华人民共和国公司法》(以下简称《公司法》)规定,盈余公积金分为法定盈余公积金和任意盈余公积金。法定盈余公积金是国家统一规定必须提取的公积金,它的提取顺序在弥补亏损之后,按当年税后利润的 10%提取。盈余公积金已达到注册资本的 50%时不再提取。任意盈余公积金由企业自行决定是否提取以及提取比例。任意盈余公积金的提取顺序在支付优先股股利之后。法定盈余公积金和任意盈余公积金可以统筹使用。其主要用途有两个方面:弥补亏损和按国家规定转增资本金。转增资本金就是将盈余公积金转为实收资本,它实际上是向股东发放股票股利的过程。

(4) 提取公益金。公益金主要用于企业职工的集体福利设施支出。《公司法》规定,法定公益金的提取比例为 5%～10%。

(5) 向投资者分配利润。企业以前年度未分配的利润,可以并入本年度向投资者分配,本年度的利润也可以留一部分用于次年分配。股份制企业提取公益金后,按照下列顺序分配:①支付优先股股利。②提取任意公积金,任意公积金按公司章程或股东大会决议提取和使用。③支付普通股股利。企业当年无利润时,不得分配股利,在用盈余公积金弥补亏损后,经股东会特别决议,可以按照股票面值的一定比率用盈余公积金分配股利。在分配股利后,企业法定盈余公积金不得低于注册资金的 25%。

三、利润分配的基本原则

(一)依法分配原则

为规范企业的利润分配行为,国家制定和颁布了若干法规,这些法规规定了企业利益分配的基本要求、一般程序和重大比例。企业的利润分配必须依法进行,这是正确处理企业各项财务关系的关键。

(二)分配与积累并重原则

企业的利润分配,要正确处理长期利益和近期利益这两者的关系,坚持分配与积累并重。企业除按规定提取法定盈余公积金以外,可适当留存一部分利润作为积累,这部分未分配利润仍归企业所有者所有。这部分积累的净利润不仅可以为企业扩大生产筹措资金,增强企业发展的能力和抵抗风险的能力,同时,还可以供未来年度进行利润分配,起到以丰补歉、平抑利润分配数额波动、稳定投资报酬率的作用。

任务二 股利分配政策

一、股利分配政策

股利政策是指在法律允许的范围内,企业是否发放股利、发放多少股利以及何时发放股利的方针及对策。其核心是正确处理企业与投资者之间、当前利益与长远利益之间的关系，企业的净收益可以支付给股东，也可以留存在企业内部，股利政策的关键问题是确定分配和留存的比例。通常有下列四种股利发放政策可供选择。

(一)剩余股利政策

剩余股利政策是指在企业有着良好的投资机会时，根据一定的最佳资本结构，测算出投资所需的权益资本，先从盈余当中留用，然后将剩余的盈余作为股利予以分配。

采用这种股利政策，具体步骤如下。

(1) 确定企业的投资规模。

(2) 确定最佳资本结构。

(3) 最大限度地使用税后利润以满足投资项目中权益资本的需求。

(4) 确定当前可分配的利润。

【例 8-1】新华企业上年税后利润 6 000 万元，今年年初企业讨论决定股利分配的数额。预计今年需要增加投资资本 8 000 万元。企业的最佳资本结构是权益资本占 60%、债务资本占 40%，今年继续保持。按法律规定，至少要提取 10%的公积金。企业采用剩余股利政策。筹资的优先顺序是留存利润、借款和增发股份。

要求：企业应分配多少股利？

解：利润留存=8 000 ×60%=4 800(万元)

股利分配 =6 000-4 800=1 200(万元)

按法律规定，至少要提取 10% 的公积金。在本例中，如果年初没有需要弥补的亏损，则企业至少要提取 6 000×10%=600 万元作为收益留存。企业实际提取 4 800 万元，在这种情况下，这一规定并没有构成实际限制。另外，如果企业不按剩余股利政策发放现金股利，那么将可向股东分配的 6 000 万元全部用于投资，或全部作为现金股利发放给股东，然后再去筹借债务，都会破坏最佳资本结构，采用剩余股利政策，意味着企业只将剩余的盈余用于发放股利，这样可以使企业保持最佳资本结构，综合资金成本最低，从而企业价值最大。

剩余股利政策的优点是：留存收益优先保证再投资的需要，从而有助于降低再投资的资金成本，保持最佳的资本结构，实现企业价值的长期最大化。

剩余股利政策的缺陷是：如果完全遵照执行剩余股利政策，股利发放额就会每年随投资机会和盈利水平的波动而波动。即使在盈利水平不变的情况下，股利也将与投资机会的多寡呈反方向变动：投资机会越多，股利发放越少；反之，投资机会越少，股利发放就越多。而在投资机会维持不变的情况下，则股利发放额将因公司每年盈利的波动而同方向波动。

剩余股利政策不利于投资者安排收入与支出，也不利于公司树立良好的形象，一般适用于公司初创阶段。

(二)固定或稳定增长的股利政策

固定或稳定增长的股利政策是指将每年派发的股利固定在某一特定水平或是在此基础上维持某一固定比率逐年稳定增长。只有当企业认为未来盈余会显著的、不可逆转的增长时，才会实施固定或稳定增长的股利政策。在固定或稳定增长的股利政策下，首先确定的是股利分配额，而且该分配额一般不随资金需求的波动而波动。

采用该股利政策的优点在于：固定或稳定增长的股利政策可以传递给股票市场和投资者一个企业经营状况稳定、管理层对未来充满信心的信号，有利于树立企业良好的形象，增强投资者对企业的信心，稳定股票的价格；固定或稳定增长股利政策，有利于吸引那些打算作长期投资的股东，这部分股东希望其投资所获得的利润能够成为其稳定的收入来源，有利于投资者安排股利的收入和支出；即使推迟某些投资方案或者暂时偏离目标资本结构，也可能要比降低股利或降低股利增长率更为有利。

该股利政策的缺点在于：固定或稳定增长的股利政策下股利支付与企业盈利相脱离；在企业的发展过程中，难免会出现经营状况不好或短暂的困难时期，如果这时仍执行固定或稳定增长的股利政策，必将侵蚀企业的留存收益，影响企业的后续发展，给企业的财务运作带来很大压力。

固定或稳定增长的股利政策一般适用于经营比较稳定或正处于成长期的企业，且很难被长期采用。

【例 8-2】 假设新华公司执行的是稳定增长股利政策，2018 年税后净利润为 30 000 万元，现金股利分配额为 8 000 万元，公司固定股利增长率为 10%。

要求：2019 年公司分配股利为多少？

解：根据稳定增长股利得知，2019 年公司分配现金股利额为 8 000×(1+10%)=8 800(万元)

(三)固定股利支付率政策

固定股利支付率政策是指公司将每年净利润的某一固定百分比作为股利分派给股东。这一百分比通常称为股利支付率，股利支付率一经确定，一般不得随意变更。

固定股利支付率政策的优点：采用固定股利支付率政策，股利与公司盈余紧密地配合，体现了多盈多分、少盈少分、无盈不分的股利分配原则；每年的股利也应当随着公司收益的变动而变动，并保持分配与留存收益间的一定比例关系。

固定股利支付率政策的缺点：第一，传递的信息容易成为公司的不利因素，波动的股利向市场传递的信息就是公司未来收益前景不明确、不可靠等，很容易给投资者带来公司经营状况不稳定、投资风险较大的不良印象；第二，容易使公司面临较大的财务压力。公司实现的盈利多，并不代表公司有充足的现金派发股利，只能表明公司盈利状况较好而已。如果公司的现金流量状况不好，却还要按固定比率派发股利的话，就很容易给公司造成较大的财务压力；第三，缺乏财务弹性；第四，确定合适的固定股利支付率难度大。

固定股利支付率政策只是比较适用于那些处于稳定发展且财务状况也较稳定的公司。

【例 8-3】 新华公司长期以来采用固定股利支付率政策进行股利分配，确定的股利支付率为 40%。2022 年税后利润为 20 000 万元，如果仍然继续执行固定股利支付率政策。

要求：公司本年度将要支付的股利为多少？

解：根据公司执行的固定股利支付率政策，公司本年度将要支付的股利为

$$20\ 000×40\%=8\ 000(万元)$$

(四)正常股利加额外股利政策

正常股利加额外股利政策，是指企业一般情况下每年只支付固定的、数额较低的股利。在盈余较多的年份，再根据实际情况向股东发放额外股利。

采用该股利政策的优点在于：低正常股利加额外股利政策赋予公司一定的灵活性，有助于稳定股价，增强投资者信心。而当公司盈利状况较好且有剩余现金时，就可以在正常股利的基础上再派发额外股利，而额外股利信息的传递则有助于公司股票的股价上涨，增强投资者的信心。

该股利政策的缺点在于：由于年份之间公司的盈利波动使得额外股利不断变化，因分派的股利不同，容易给投资者一种公司收益不稳定的感觉；另外，当公司在较长时期持续发放额外股利后，可能会被股东误认为是"正常股利"，而一旦取消了这部分额外股利，可能会使股东认为这是公司财务状况恶化的表现，使企业失去一些股东。对那些盈利水平随着经济周期而波动较大的公司或行业，这种股利政策也许是一种不错的选择。

企业无论采用哪一种股利分配政策，一经确定就应保持较长的时间，而且没有一种股利政策是完美的，现实中，企业往往采用多种股利政策。

【例 8-4】 新华公司长期以来采用低正常股利加额外股利政策，公司确定的低正常股利为每股 0.2 元，由于 2018 年盈利状况较好，可以再额外增加每股 0.5 元的现金股利，该公司发行在外的流通股共计 6 000 万股。

要求：确定公司 2018 年分派的现金股利是多少？

解：公司 2018 年分派的现金股利为

$$6\,000 \times (0.2+0.5) = 4\,200(万元)$$

二、影响股利政策的因素

虽然采用哪种股利政策是由管理层决定，但是实际上在其决定过程中会受到许多主观和客观因素的影响。影响股利分配政策的主要因素有以下四种。

(一)法律因素

任何企业都是在一定的法律环境条件下从事经营活动，为了保护债权人和股东的利益，法律会直接制约企业的股利分配政策。

1. 资本保全的限制

资本保全的限制是指企业没有股利派发的时候不能给股东派发股利，否则视为抽逃资本金。为了维护债权人的利益，规定企业不能用资本(包括股本和资本公积)发放股利。

2. 企业积累的限制

企业积累的限制要求企业在进行利润分配的时候先积累后分配，即先提取各种公积金，规定企业必须按净利润的一定比例和基数提取法定公积金和法定公益金，再进行利润分配。

3. 净利润的限制

净利润的限制规定企业年度累计净利润必须为正数时才可以发放股利，以前年度亏损必须足额弥补。

4. 超额累积利润的限制

股东获得的收益包括两部分：一部分是持有期间获得的股利；另一部分是指将来卖出

的时候卖出价和原来买入价的差额叫资本利得。由于投资者接受股利缴纳的所得税要高于进行股票交易的资本利得所缴纳的税金，因此许多公司通过积累利润使股价上涨的方式来帮助股东避税，一旦企业的保留盈余超过法律认可的水平，将被加征额外税额。

超额累积利润的限制的目的是防止企业为大股东逃税，我国法律目前对此尚未作出规定。

5. 无力偿付的限制

如果一个企业已经无力偿付债务，或因股利的支付而使其失去偿债能力，则不能支付股利。

(二)股东因素

股东投资的目的在于获取经济利益，为满足自身需求，对企业的股利分配往往会产生一些影响。

1. 稳定的收入和避税

一方面，企业中一些股东是依靠发放股利维持生活的，他们要求企业支付稳定的股利，希望企业采用高股利支付率的政策；另一方面，一些高股利收入的股东为避税(股利收入的所得税高于股票交易的资本利得税)反对发放较多的股利。

2. 控制权的稀释

企业支付较高的现金股利，就会导致留存盈余减少，这又意味着将来发行新股的可能性加大，而发行新股必然稀释企业的控制权。因此，持有控股权的股东希望少分股利，多留收益，少增发新股，以防止控制权被稀释。

(三)企业因素

企业的经营活动和经营能力会影响和制约其股利政策的选择。

1. 盈余的稳定性

企业是否能获得长期稳定的盈余，是其股利分配政策的重要基础。盈余稳定性强的企业可以支付较高的股利，而盈余稳定性弱的企业则一般采用低股利政策。

2. 资产的流动性

企业现金股利的支付，需要有足够的流动性强的资产，如现金、有价证券等。企业分派较多的现金股利，会使大量的现金流出，降低资产的流动性，企业为了保持一定的流动性和变现能力就不宜支付过多的现金股利。资产流动性的强弱，必然制约着企业股利政策的选择。

3. 偿债能力

如果一个公司的举债能力强，能够及时从资金市场中筹到资金，则有可能多得分派股利，而对于一个举债能力较弱的公司来讲往往分配较少的股利。具有较强偿债能力的企业因为能够及时地筹到所需的资金，有可能采取较宽松的股利政策；而偿货能力弱的企业则不得不多留存盈余，因而采取较紧的股利政策。

4. 投资机会

企业的股利政策在很大程度上也会受到企业投资机会的限制。当企业有良好投资机会时，需要有强大的资金支持，因而往往较少发放股利，将盈余多用于投资，多采取低股利政策；如果企业缺乏良好的投资机会，往往需加大分红数额，处于经营收缩的企业为避免资金闲置，就要多采取高股利政策。

5. 资本成本

与发行新股和债务筹资相比，保留盈余不需花费筹资费用，是一种较经济的筹资渠道，此时，企业筹资的权益资金应当首选的是留存收益资金，因此，从资本成本角度考虑，企业扩大资金需要时应采取低股利政策。

6. 债务需要

具有较高债务偿还需要的企业一般采取低股利政策。

(四) 其他因素

除上述三个因素外，影响企业股利政策还包括以下两个因素。

1. 债务合同约束

当企业以负债的形式或以发行优先股的形式向外部筹资时，在合同、契约的有关条款中常常对企业发放股利加以限制，这使企业只能采取低现金股利政策。

2. 通货膨胀

通货膨胀时期，由于货币资金的贬值，企业购买力下降，维持现有经营规模需要不断追加投入，企业筹集资金困难，往往会导致企业没有足够的资金重置固定资产。此时，用盈余来弥补资金来源，而使企业采取较紧的股利政策。

任务三 股利支付方式和程序

一、股利支付方式

企业通常以多种方式发放股利，股利支付方式一般有现金股利、负债股利、财产股利和股票股利等四种，其中最为常见的是现金股利和股票股利。现实中，我国上市企业的股利分配广泛采用一部分现金股利和一部分股票股利的做法，其效果是现金股利和股票股利的结合。

(一) 现金股利

现金股利是指企业以现金支付的股利，是企业股利支付最常见的、也是投资者最易接受的方式。该形式能满足投资者得到现金的投资要求，分配后企业的所有权结构没有发生变化(企业现金与所有者权益同时减少)，但却加大了企业筹足现金的压力。

(二)股票股利

股票股利是指应分给股东的股利以额外增发股票的形式来发放。股票股利并不直接增加股东的财富，不导致企业资产的流出或者负债的增加，因而不是企业资金的使用，同时也不会因此增加企业的财产，但股票权利会增加流通在外的股票数量，同时降低股票的每股价值。它不改变公司股东权益总额，但会改变股东权益的构成。

【例8-5】 新华企业在发放股票股利前，股东权益的情况如表8-1所示。

表8-1　发放股票股利前股东权益的情况表　　　　　　　　　　单位：元

项目	金额
普通股(面额1元，已发行20 000 000股)	20 000 000
资金公积	40 000 000
未分配利润	200 000 000
股东权益合计	260 000 000

假定该企业宣布发放10%的股票股利。

要求：计算发放股票股利后股东权益的构成？

解：发放 200 00 000×10%=2 000 000(股)普通股股票，并规定现有股东每持10股可得1股新发放股票。若该股票当时市价20元，股票股利的发放，需从"未分配利润"项目划转出的资金为：20×2 000 000=40 000 000(元)。

由于股票面额不变，发放2 000 000股，"普通股"项目只应增加2 000 000元，其余的38 000 000元(40 000 000−2 000 000)应作为股票溢价转至"资本公积项目"，而企业股东权益总额保持不变。发放股票股利后，股东权益的情况如表8-2表示。

表8-2　发放股票股利后股东权益的情况表　　　　　　　　　　单位：元

项目	金额
普通股(面额1元，已发行22 000 000股)	22 000 000
资金公积	78 000 000
未分配利润	160 000 000
股东权益合计	260 000 000

以市价计算股票股利价格的做法，是很多西方国家所通用的；除此之外，也有的按股票面值计算股票股利价格，如我国目前就采用这种做法。如果采用这种做法，资本公积不发生变化。发放股票股利后，如果盈利总额和市盈率不变，会由于普通股股数增加而引起每股收益和每股市价的下降；但又由于股东所持股份的比例不变，每位股东所持股票的市场价值总额仍保持不变。

【例8-6】 接例8-5，根据上述企业本年盈余为44 000 000元，某股东持有2 000 000股普通股，假定市盈率不变。

要求：计算发放股票股利对该股东的影响？

解：发放股票股利对该股东的影响情况如表8-3所示。

表 8-3　发放股票股利的影响情况　　　　　　　　　　　　　　　　单位：元

项　目	发　放　前	发　放　后
每股收益(EPS)	44 000 000÷20 000 000=2.2	44 000 000÷22 000 000=2
每股市价	20	20÷(1+10%)=18.18
持股比例	(2 000 000÷20 000 000)×100%=10%	(2 200 000÷22 000 000)×100%=10%
所持股总价值	20×2 000 000=40 000 000	18.18×2 200 000=40 000 000

发放股票股利对每股收益和每股市价的影响，可以通过对每股收益、每股市价的调整直接算出：

发放股票股利后的每股收益 $= \dfrac{E_0}{1+D_s}$

式中，E_0 为发放股票股利前的每股收益；D_s 为股票股利发放率。

发放股票股利后的每股市价 $= \dfrac{M}{1+D_s}$

式中，M 为股利分配权转移日的每股市价；D_s 为股票股利发放率。

1. 股票股利对股东的意义

(1) 有时企业发放股票股利后其股价并不成比例下降；一般在发放少量股票股利后，基本上不会引起股价的立即变化。这可使股东得到股票价值相对上升的好处。

(2) 发放股票股利通常由成长中的企业所为，因此投资者往往认为发放股票股利预示着企业将会有较大的发展，利润将大幅度增长，足以抵消增发股票带来的消极影响，这种心理会稳定住股价甚至会使股价略有上升。

(3) 在股东需要现金时，还可以将分得的股票股利出售，有些国家税法规定出售股票所需缴纳的资本利得税率比收到现金股利所需缴纳的所得税税率低，这使得股东可以从中获得纳税上的好处。

2. 股票股利对企业的意义

(1) 发放股票股利可使股东分享企业的盈余无需分配现金，这使企业留存了大量现金，便于进行再投资，有利于企业长远发展。

(2) 在盈余和现金股利不变的情况下，发放股票股利可以降低每股价值，从而吸引更多的投资者。

(3) 发放股票股利往往会向社会传递企业将会继续发展的信息，从而提高投资者对企业的信心，在一定程度上稳定股票价格。但在某些情况下，发放股票股利也会被认为是企业资金周转不灵的征兆，从而降低投资者对企业的信心，加剧股价的下跌。

(4) 发放股票股利的费用比发放现金股利的费用高，会增加企业的负担。

(三)财产股利

财产股利是指公司以现金以外的资产(如公司实物资产、公司所拥有的其他企业的有价证券等)给股东支付股利。由于这种形式不会增加公司的现金流出,所以当公司资产变现能力弱时,还是一种可取的支付股利的方式,但是这种支付方式有明显的缺点:一是不为广大股东所乐意接受,因为股东持股票的目的是获取现金收入,而不是分得财产;二是以财产支付股利会严重影响公司形象,社会普遍会对财务状况不好、变现能力下降、资金流转不流畅的公司失去信心,由此导致股票市价的大跌。因此,这种支付方式若不是到不得已的情况下不宜采用。

(四)负债股利

负债股利是指企业以负债形式发放股利,这种发放形式通常是公司以应付票据或公司债券抵付股利。由于票据和债券都是带息的,所以会使企业支付利息的压力增大,但可以缓解企业资金不足的矛盾。这种股利发放方式只是公司的一种权宜之策,股东往往也不乐意采取这种股利支付方式。

财产股利和负债股利实际上都是现金股利的替代方式,目前这两种股利形式在我国公司实务中很少使用,但并非法律所禁止。

二、股利支付日程

公司选择了股利政策,确定了股利支付水平和方式后,应当进行股利的支付。一般情况下,股利的支付需要按照下列日程来进行。

(一)预案公布日

上市公司分派股利时,首先要由公司董事会制定分红预案,包括本次分红的数量、分红的方式,股东大会召开的时间、地点及表决方式等,以上内容由公司董事会向社会公开发布。

(二)宣布日

董事会制定的分红预案必须经过股东大会讨论。只有讨论通过后,才能公布正式的分红预案及实施时间。

(三)股权登记日

股权登记日是由公司在宣布分红方案时确定的一个具体日期。凡是在此指定日期收盘之前取得了公司股票,成为公司在册股东的投资者,都可以作为股东,享受公司分派的股利。在此之后取得股票的股东则无权享受已宣布的股利。证券交易所的中央清算登记系统为股权登记提供了很大的方便,一般在营业结束的当天即可打印出股东名册。

(四)除息日

除息日是指领取股利的权利与股票相互分离的日期。在除息日前,股利权从属于股票,持有股票者到享有领取股利的权利,从除息日开始,股利权与股票相分离,除息日以后购入股票的投资者不能分享股利。通常在除息日之前进行交易的股票,其价格高于在除息日之后进行交易的股票价格,其原因主要在于前种股票的价格包含应得的股利收入在内。

(五)股利支付日

股利支付日是公司按公布的分红方案向股权登记日在册的股东实际支付股利的日期。

案例解析

根据现行公司法章程规定,公司发放现金股利符合规定,用友软件的发展思路与大股东取得的分红并不矛盾。但是,制定股利分配方案要兼顾各方利益。

项 目 小 结

根据《公司法》的规定,公司弥补亏损和提取公积金后所剩余税后利润,可以向股东(投资者)分配股利(利润)。确定股利分配方案应当充分考虑法律、股东、公司本身、债务、通货膨胀等相关因素的影响,另外,需要考虑选择股利政策,确定股利支付水平和方式,然后进行股利的支付。

常用的股利政策有剩余股利政策、固定或稳定增长的股利政策、固定股利支付率政策、低正常股利加额外股利政策等。本章还介绍了两种常用的股利支付方式:现金股利、股票股利。

项目强化训练

一、单项选择题

1. 我国上市公司不得用于支付股利的权益资金是( )。
   A. 资本公积   B. 意盈余公积
   C. 法定盈余公积   D. 上年末分配利润

2. 新华企业注册资本 10 000 万元,盈余公积 8 000 万元,企业用盈余公积转增资本的最高限额为( )万元。
   A. 2 500   B. 5 000   C. 4 000   D. 5 500

3. 企业投资并取得收益时,必须按一定的比例和基数提取各种公积金,这一要求体现的是( )。
   A. 资本保全限制   B. 企业积累限制
   C. 超额累积利润限制   D. 偿债能力限制

4. 新华企业 2022 年实现利润总额 60 000 万元,适用的所得税税率为 25%,企业按照 10%的比例提取法定公积金,年初已超过 5 年的尚未弥补亏损 10 000 万元,企业可供分配的利润为( )万元。
   A. 33 750   B. 31 500   C. 40 500   D. 37 500

5. 我国股利分配决策权属于( )。
   A. 董事会　　　　B. 股东大会　　　C. 监事会　　　　D. 董事长
6. 下列各项中,可能会采取高股利政策的是( )。
   A. 资产流动性较差的公司　　　　B. 有良好投资机会的公司
   C. 资产负债率较高的公司　　　　D. 举债能力强的公司
7. 公司发放股票股利后,以下表述不正确的是( )。
   A. 公司股东权益总额不变　　　　B. 股东权益各项目之间的比例不变
   C. 每股净资产下降　　　　　　　D. 股东持股比例不变
8. ( )之后的股票交易,其交易价格可能有所下降。
   A. 股利宣告日　　B. 除息日　　　C. 股权登记日　　D. 股利支付日
9. 下列关于发放股票股利和股票分割的说法不正确的是( )。
   A. 都不会对公司股东权益总额产生影响
   B. 都会导致股数增加
   C. 都会导致每股面额降低
   D. 都可以达到降低股价的目的
10. 主要依靠股利维持生活的股东最不赞成的公司股利政策是( )。
    A. 剩余股利政策　　　　　　　　B. 固定或持续增长的股利政策
    C. 固定股利支付率政策　　　　　D. 低股正常利加额外股利政策

二、多项选择题

1. 新华企业本年净利润为 10 000 万元,法律规定的法定公积金计提比率为 10%,下列关于计提法定公积金的说法,正确的是( )。
   A. 如果存在年初累计亏损 1 000 万元,则本年计提的法定公积金为 900 万元
   B. 如果不存在年初累计亏损,则本年计提的法定公积金 1 000 万元
   C. 如果存在年初累计亏损 12 000 万元,则本年计提的法定公积金为 0
   D. 如果存在年初累计亏损 12 000 万元,且都是 6 年前的亏损导致的,则本年计提的法定公积金 1 000 万元
2. 确定企业收益分配政策时需要考虑的法规限制因素主要包括( )。
   A. 资本保全限制　　　　　　　　B. 企业积累限制
   C. 无力偿付的限制　　　　　　　D. 稳定股价限制
3. 按照公司法的规定,下列各项中属于公司利润分配项目的是( )。
   A. 法定公积金　　B. 股利　　　　C. 税前补亏　　　D. 资本公积金
4. 采用正常股利加额外股利政策,通常有利于公司( )。
   A. 灵活掌握资金的调配　　　　　B. 维持股价稳定
   C. 吸引那些依靠股利度日的股东　D. 保持理想的资本结构
5. 在我国,下列关于除息日表述正确的是( )。
   A. 除息日的下一个交易日为股权登记日
   B. 除息日交易的股票不再享有本次分红派息的权利
   C. 在除息日前,股利权不从属于股票

D. 从除息日开始，新购入股票的投资者不能享有本次发放的股利

6. 新华公司目前普通股1 000万股(每股面值1元，市价25元)，资本公积4 000万元，未分配利润5 000万元。如果按1股换成2股的比例进行股票分割，则下列说法正确的有(　　)。
　　A. 股本为1 000万元　　　　　　B. 资本公积增加2 400万元
　　C. 股本为2 000万元　　　　　　D. 股东权益总额为10 000万元

7. 企业选择股利政策通常需要考虑的因素有(　　)。
　　A. 企业所处的成长与发展阶段　　B. 企业支付能力的稳定情况
　　C. 企业获利能力的稳定情况　　　D. 目前的投资机会

8. 上市公司发放现金股利的主要原因有(　　)。
　　A. 投资者偏好　　　　　　　　　B. 减少代理成本
　　C. 传递公司的未来信息　　　　　D. 降低财务杠杆

三、判断题

1. 在连续通货膨胀的条件下，公司应采取偏紧的股利政策。（　　）
2. 剩余股利政策能充分利用筹资成本最低的资金资源保持理想的资本结构。（　　）
3. 根据《公司法》的规定，法定盈余公积的提取比例为当年税后利润的10%。（　　）
4. 在除息日之前，股利权从属于股票，从除息日开始，股利权与股票相分离。（　　）
5. 股票股利发放后，每股市价和每股利润一定会下跌。（　　）
6. 采用固定或稳定增长股利政策公司财务压力较小，有利于股票价格的稳定与上涨。（　　）
7. 剩余股利政策能保持理想的资本结构，使企业价值长期最大化。（　　）
8. 根据"无利不分"原则，当企业出现年度亏损时，不得分配利润。（　　）

四、名词解释

利润分配　　剩余股利分配政策　　现金股利　　股票股利

五、思考题

1. 简述公司利润分配的构成情况。
2. 企业发展不同阶段适用哪些股利分配措施？

六、计算分析题

1. 按照剩余股利政策，假定新华公司资本结构目标为产权比率为2/3，明年计划投资6 000万元，今年年末税后利润为5 000万元，不需要弥补亏损。
　　要求：计算今年年末股利分配时，应从税后净利润中保留多少用于投资需要？
2. 新华公司原发行普通股30 000 000股，拟发放15%的股票股利，已知原每股盈余为3.68元。
　　要求：若盈余总额不变，发放股票股利后的每股盈余是多少？
3. A公司现有发行在外的普通股1 000 000股，每股面值1元，未分配利润50 000 000元，股票市价20元。

要求：若按 10%的比例发放股票股利并按面值结算，公司报表上列示的未分配利润将为多少？

4. B 公司 2022 年年初的未分配利润为 10 000 万元，当年的税后利润为 40 000 万元，2022 年年初公司讨论决定股利分配的数额。公司目前的目标资本结构为权益资本占 60%，债务资本占 40%，2022 年不打算继续保持目前的资本结构，也不准备追加投资。

要求：按有关法规规定该公司应该至少提取 10%的法定公积金。则该公司最多用于派发的现金股利为多少？

微课视频

扫一扫，获取本项目相关微课视频。

任务一、任务二　利润分配概述、
股利分配政策

任务三、任务四　股票股利、
股票分割

项目九 财务预算

【知识目标】

- 掌握财务预算的具体构成内容。
- 掌握财务预算的概念和作用。
- 掌握弹性预算、零基预算和滚动预算等具体方法的特征。
- 掌握固定预算、增量预算和定期预算的含义和内容。

【技能目标】

- 能编制弹性预算、零基预算和滚动预算。
- 能编制现金预算与预计财务报表。
- 能熟练编制各种财务预算。

案例引导

丰华公司是一家以非转基因大豆为主要原料的大豆油、豆粕等产品的专业生产加工企业，拥有完整、科学的生产经营体系，占地面积 80 040 平方米，资产总额 1.5 亿元。该公司生产的食用油已通过 ISO 9001 质量管理体系认证、ISO 22000 食品安全管理体系认证，是农业产业化国家重点龙头企业。

丰华公司的预算编制采用"自上而下"和"自下而上"相结合的方式完成。虽然上下结合的预算编制方式能够很好地体现企业各等级结构的具体状况，方便解决具体问题，确保企业预算管理的实施，但也存在以下问题。

（1）预算管理人员素质欠缺、观念淡薄。在预算编制之前故意做宽做松预算，使得预算目标容易完成并取得相应的目标奖励，或是故意做高预算，以显示具有某种能力达到某种资质。诸如此类情况都不利于财务预算的有效落实，影响预算执行效果。

（2）财务预算的编制不符合公司发展战略。采用单一固定的预算编制方法，缺乏弹性和对市场的应变能力。在预算实施过程中，由于原料供应、市场环境、政策法规等发生变化，而导致财务预算执行结果与事前编制的预算计划产生偏差，使公司短期的预算指标与长期的战略目标不能相互适应。

分析：请给出解决丰华公司财务预算管理中存在问题的对策。

理论认知

任务一　财务预算概述

一、财务预算的概念及内容

全面预算就是企业未来一定期间内全部经营活动各项具体目标的计划与相应措施的数量说明，具体包括特种决策预算、日常业务预算和财务预算三大类内容。其中，财务预算是一系列专门反映企业未来一定预算期内预计财务状况和经营成果，以及现金收支等价值指标的各种预算总称，具体包括反映现金收支活动的现金预算、反映企业财务状况的预计资产负债表、反映企业财务成果的预计损益表和预计现金流量表等内容。

二、财务预算的作用

财务预算是企业全面预算体系中的组成部分，它在全面预算体系中具有重要的作用，主要表现在以下三个方面。

1. 财务预算使决策目标具体化、系统化和定量化

在现代企业财务管理中，财务预算必须服从决策目标的要求，尽量做到全面、综合地协调、规划企业内部各部门、各层次的经济关系与职能，使之统一服从于未来经营总体目标的要求。同时，财务预算又能使决策目标具体化、系统化和定量化，能够明确规定企业

有关生产经营人员各自职责及相应的奋斗目标，做到人人事先心中有数。

2. 财务预算是总预算，其余预算是辅助预算

财务预算作为全面预算体系中的最后环节，可以从价值方面总括地反映经营特种决策预算与业务预算的结果，使预算执行情况一目了然。

3. 财务预算有助于财务目标的顺利实现

通过财务预算，可以建立评价企业财务状况的标准，以预算数作为标准的依据，将实际数与预算数对比，及时发现问题和调整偏差，使企业的经济活动按预定的目标进行，从而实现企业的财务目标。编制财务预算，并建立相应的预算管理制度，可以指导与控制企业的财务活动，提高预见性，减少盲目性，使企业的财务活动有条不紊地进行。

任务二　财务预算的编制

企业可以根据不同的预算项目，分别采用固定预算、弹性预算、增量预算、零基预算、定期预算和滚动预算等方法编制预算。

一、固定预算与弹性预算

编制预算的方法按照其业务量基础的数量特征不同分类，可以分为固定预算方法和弹性预算方法两大类。

(一)固定预算

1. 固定预算的概念

固定预算又称静态预算，是根据预算期内正常的、可实现的某一业务量，如生产量、销售量水平作为唯一基础编制的预算。

2. 固定预算的优缺点

固定预算的优点是编制简单。

固定预算的缺点如下：一是过于呆板。因为编制预算的业务量基础是实现假定的某个业务量。在这种方法下，无论预算期内业务量水平实际可能发生哪些变动，都只按照事先确定的某一个业务量水平作为编制预算的基础。二是可比性差。当实际的业务量与编制预算所依据的业务量发生较大差异时，有关预算指标的实际数与预算数就会因业务量基础不同而失去可比性。例如，某企业预计业务量为销售 300 000 件产品，按照此业务量给销售部门的预算费用为 9 000 元。如果该销售部门实际销售量达到 320 000 件，超出了预算业务量，固定预算下的费用预算仍为 9 000 元。

3. 固定预算的适用范围

固定预算适用于固定费用或者数额比较稳定的预算项目，如固定资产预算、折旧预算、

职员工资预算等。

(二)弹性预算

1. 弹性预算的概念

弹性预算又称变动预算或滑动预算，是指在成本习性分析的基础上，以业务量、成本和利润之间有规律的依存关系为依据，按照预算期可预见的各种业务量水平，编制能够适应多种情况预算的方法，以便分别反映在不同业务量的情况下所应支出的成本费用水平。该方法是为了弥补固定预算的缺陷而产生的。编制弹性预算所依据的业务量可能是生产量、销售量、机器工时、材料消耗量和直接人工工时等。

2. 弹性预算的优缺点

弹性预算的优点如下：一是预算范围宽。弹性预算能够反映预算期内与一定相关范围内的可预见的多种业务量水平相对应的不同预算额，从而扩大了预算的适用范围，便于预算指标的调整。因为弹性预算不再是只适应业务量水平的一个预算，而是能够随着业务量水平的变动做机动调整的一组预算。一经编制，只要各项消耗标准和价格等依据不变，便可连续使用，从而大大减少了工作量。二是可比性强。在预算期实际业务量与计划业务量不一致的情况下，可以将实际指标与实际业务量相应的预算额进行对比，从而能够使预算执行情况的评价与考核建立在更加客观和可比的基础上，比较确切并容易被考核人所接受，便于更好地发挥预算的控制作用。

弹性预算的缺点有：一是可控性差。弹性预算的预算指标留有一定的调整余额，有关当事人可以在一定的范围内灵活执行预算确定的各项目标和要求，但灵活性掌握不好就会失控。二是编制过程较为复杂。

3. 弹性预算的适用范围

弹性预算一般适用于编制全面预算中所有与业务量有关的各种预算，但主要用于编制成本费用和利润预算，尤其是编制费用预算。

4. 弹性预算的编制步骤

弹性预算可用于编制与业务量相关的各种预算，下面以编制弹性成本预算为例进行介绍。

(1) 确定业务量的计量单位。业务量的计量单位应根据企业的具体情况进行选择。一般来说，生产单一产品的部门，可以选用产品实物计量；生产多品种产品的部门，可以选用人工工时、机器工时等；修理部门可以选用修理工时等。以手工操作为主的企业应选用人工工时，机械化程度较高的企业选用机器工时。

(2) 确定业务量范围。业务量范围是指弹性预算所使用的业务量区间。一般来说，可定在正常生产能力的70%～110%或以历史上最高业务量和最低业务量为其上下限。

(3) 确定成本项目的成本习性。按照成本习性，企业的成本可以分为固定成本和变动成本两大类，业务量变动后，只有变动成本随之而变动，固定成本不变。这样，在编制弹性预算时，只要将全部成本中的变动成本部分按照业务量的变动加以调整即可，固定成本可以保持在一个水平上不变。

(4) 确定预算期各业务水平的预算额。按照所确定的业务量范围和间隔区间，计算预算额。弹性成本预算的计算公式如下。

弹性成本预算=单位变动成本预算×业务量+固定成本预算

5．弹性预算的编制方法

弹性预算的编制，既可以采用公式法，也可以采用列表法来编制。

(1) 公式法。公式法是假设成本和业务量之间存在线性关系，成本总额、固定成本总额、业务量和单位变动成本之间的变动关系可以表示如下。

$$y = a + bx$$

式中，y 为总成本；a 为固定成本；b 为单位变动成本；x 为业务量。

这种方法要求按照上述成本与业务量之间的线性假设关系，将企业各项目成本总额分解为变动成本和固定成本两部分。

【例 9-1】某企业的制造费用项目单位变动费用和固定费用资料如表 9-1 所示。

表 9-1　某企业的制造费用项目单位变动费用和固定费用资料

费用明细项目	单位变动费用/元	费用明细项目	固定费用/元
变动费用：		固定费用：	
间接人工	0.5	维护费用	12 000
间接材料	0.6	折旧费用	30 000
维护费用	0.4	管理费用	20 000
水电费用	0.3	保险费用	10 000
机物料	0.2	财产税	5 000
小　计	2.0	小计	77 000

假设该企业预算期可能的预算工时变动范围为 49 000～51 000 工时，制造费用弹性预算如表 9-2 所示。

根据表 9-2，可利用 $y=77\,000+2x$，计算出工时在 49 000～51 000 工时的范围内，任一业务量基础上的制造费用预算总额。

表 9-2　某企业制造费用弹性预算表(公式法)　　　　　　　　　　　　　单位：元

项　目	a	b
固定部分		
维护费用	12 000	—
折旧费用	30 000	—
管理费用	20 000	—
保险费用	10 000	—
财产税	5 000	—
小　计	77 000	—

续表

项目	a	b
变动部分		
间接人工	—	0.5
间接材料	—	0.6
维护费用	—	0.4
水电费用	—	0.3
机物料	—	0.2
小计	—	2.0
总计	77 000	2.0

公式法的优点是在一定范围内预算可以随业务量的变动而变动，可比性和适应性强，编制预算的工作量相对较小；缺点是按照公式进行成本分解比较麻烦，对每个费用子项目甚至细目逐一进行成本分解，工作量很大。

(2) 列表法。列表法是指通过列表的方式，将与各种业务量对应的预算数列示出来的一种弹性预算编制方法。

【例 9-2】有关资料见表 9-1。预算期企业可能的直接人工工时分别为 49 000 工时、49 500 工时、50 000 工时、50 500 工时和 51 000 工时。用列表法编制制造费用弹性预算，如表 9-3 所示。

表 9-3　某企业制造费用弹性预算表(列表法)　　　　　　　　　　单位：元

费用明细项目	单位变动费用	业务量				
		49 000 工时	49 500 工时	50 000 工时	50 500 工时	51 000 工时
变动费用：						
间接人工	0.5	24 500	24 750	25 000	25 250	25 500
间接材料	0.6	29 400	29 700	30 000	30 300	30 600
维护费用	0.4	19 600	19 800	20 000	20 200	20 400
水电费用	0.3	14 700	14 850	15 000	15 150	15 300
机物料	0.2	9 800	9 900	10 000	10 100	10 200
小计	2.0	98 000	99 000	100 000	101 000	102 000
固定费用：						
维护费用		12 000	12 000	12 000	12 000	12 000
折旧费用		30 000	30 000	30 000	30 000	30 000
管理费用		20 000	20 000	20 000	20 000	20 000
保险费用		10 000	10 000	10 000	10 000	10 000
财产税		5 000	5 000	5 000	5 000	5 000
小计		77 000	77 000	77 000	77 000	77 000
制造费用合计		175 000	176 000	177 000	178 000	179 000

列表法的主要优点是可以直接从表中查得各种业务量下的成本费用预算，不用再另行计算，直接、简便；缺点是编制工作量较大，而且由于预算数不能随着业务量的变动而任意变动，弹性仍然不足。

二、增量预算与零基预算

(一)增量预算

1. 增量预算的概念

增量预算又称调整预算，是指以基期成本费用水平为基础，结合预算期业务量水平及有关影响成本因素的未来变动情况，通过调整有关费用项目而编制预算的方法。可参考：预算值=基期值(1+变动率)，进行编制。

2. 增量预算的编制假设

增量预算以过去的费用发生水平为基础，主张不需要在预算内容上做较大的调整，它的编制遵循以下三条假定。

(1) 企业现有业务活动是合理的，不需要进行调整。
(2) 企业现有各项业务的开支水平是合理的，在预算期予以保持。
(3) 未来预算期的费用变动是在现有费用的基础上调整的结果。

3. 增量预算的优缺点

增量预算的优点是方法简单、工作量小。

增量预算的缺点表现在：一是受原有费用项目限制，可能导致保护落后；二是滋长预算中的"平均主义"和"简单化"；三是不利于企业未来的发展。

4. 增量预算的适用范围

增量预算适用于历史资料较全的项目或部门。

【例 9-3】某企业上年的制造费用为 60 000 元，考虑到本年生产任务增加 10%。

要求：按照增量预算编制计划年度的制造费用。

解：计划年度的制造费用预算=60 000×(1+10%)=66 000(元)

(二)零基预算

1. 零基预算的概念

零基预算的全称为"以零为基础的编制计划和预算方法"，它是在编制费用预算时，不考虑以往会计期间所发生的费用项目或费用数额，而是一切以零为出发点，从实际需要逐项审议预算期内各项费用的内容及开支标准是否合理，在综合平衡的基础上，编制费用预算的方法。

2. 零基预算的优缺点

零基预算的优点表现在：一是不受现有费用项目的限制；二是不受现行预算的束缚；三是能够调动各方面节约费用的积极性；四是有利于促使各基层单位精打细算，合理使用资金。

零基预算的缺点表现在：一是业绩差的人员会认为零基预算是对他的一种威胁，因此拒绝接受；二是工作量较大，费用较昂贵；三是评级和资源分配具有主动性，容易引起部门间的矛盾；四是容易引起人们注重短期利益而忽视企业长期利益。

3. 零基预算的适用范围

零基预算适用于历史资料不全的项目或部门、变动较大的部门、新部门、新项目等。

4. 零基预算的程序

(1) 企业内部各级部门的员工，根据企业的生产经营目标，详细讨论计划期内应该发生的费用项目，并对每个费用项目编写一套方案，提出费用开支的目的及需要开支的费用数额。

(2) 划分不可避免的费用项目和可避免的费用项目。在编制预算时，对不可避免的费用项目必须保证资金供应；对可避免的费用项目，则需要逐项进行成本与效益分析，尽量控制将不可避免的项目纳入预算中。

(3) 划分不可延缓费用项目和可延缓费用项目。在编制预算时，应根据预算期内可供支配的资金数额在各费用之间进行分配。应优先安排不可延缓费用项目的支出。再根据需要，按照费用项目的轻重缓急确定可延缓费用项目的开支。

三、定期预算与滚动预算

(一)定期预算

1. 定期预算的概念

定期预算是指在编制预算时，以不变的会计期间(如日历年度)作为预算期的一种编制预算的方法。

2. 定期预算的优缺点

定期预算的优点是能够使预算期间与会计期间相对应，便于将实际数与预算数进行对比，也有利于对预算执行情况进行分析和评价。

定期预算的缺点是固定以 1 年为预算期，在执行一段时期之后，往往使管理人员只考虑剩下的几个月的业务量，缺乏长远打算，导致一些短期行为的出现。

(二)滚动预算

1. 滚动预算的概念

滚动预算又称连续预算，是指在编制预算时，将预算期与会计期间脱离开，随着预算的执行不断地补充预算，逐期向后滚动，使预算期始终保持为一个固定长度(一般为 12 个月)的一种预算方法。滚动预算的基本做法是使预算期始终保持为 12 个月，每过 1 个月或 1 个季度，便立即在期末增列 1 个月或 1 个季度的预算，逐期往后滚动，因而在任何一个时期都使预算保持为 12 个月的时间长度，故又称为连续预算或永续预算。

2. 滚动预算的优缺点

滚动预算的优点主要包括：一是能保持预算的完整性、连续性，从动态预算中把握企业的未来；二是能使各级管理人员始终保持对未来一定时期的生产经营活动做周详的考虑和全面规划；三是由于预算能随着时间的推进，不断加以调整和修订，最终使预算与实际情况更加相适应。

滚动预算的主要缺点是预算工作量大。

3. 滚动预算的适用范围

滚动预算适用于规模较大、时间较长的工程类或大型设备采购项目。

4. 滚动预算的编制方式

例如，某企业 2022 年 1 月份和 2 月份滚动预算的编制方式如图 9-1 所示。

2022 年预算(一)											
1月	2月	3月	4月	5月	6月	7月	8月	9月	10月	11月	12月
预算调整和修订因素											
预算与实际差异分析				客观条件变化				经营方针调整			
2022 年预算(二)											2023 年
1月	2月	3月	4月	5月	6月	7月	8月	9月	10月	11月	1月

图 9-1　某企业 2022 年 1 月份和 2 月份滚动预算的编制方式

此方法编制滚动预算已不仅仅是每年年末才开展的工作了，而是与日常管理密切结合的一项措施。当然，滚动预算采用按月滚动的方法，预算编制工作比较繁重，所以，也可以采用按季度滚动来编制预算。

任务三　现金预算的编制

一、现金预算的概念

现金预算又称为现金收支预算，是反映预算期企业全部现金收入和全部现金支出的预算。完整的现金预算，一般包括以下四个组成部分：①现金收入；②现金支出；③现金收支差额；④资金的筹集与运用。

现金收入主要指经营业务活动的现金收入，主要来自现金余额和产品销售。现金支出除了涉及有关直接材料、直接人工、制造费用、销售费用及管理费用、缴纳税金、股利分配等各方面的经营性现金支出外，还包括购买设备等资本性支出。现金收支差额反映了现金收入合计与现金支出合计之间的差额，差额为正，说明现金有多余，可用于偿还过去向银行取得的借款，或用于购买短期证券；差额为负，说明现金不足，需要向银行取得新的借款。资金的筹集和运用主要是反映了预算期内向银行借款还款、支付利息以及进行短期投资及投资收回等内容。

现金预算实际上是其他预算有关现金收支部分的汇总，以及收支差额平衡措施的具体计划。它的编制，要以其他各项预算为基础，或者说其他预算在编制时要为现金预算做好数据准备。

二、现金预算的编制

下面分别介绍各项预算的编制，为现金预算的编制提供数据以及编制依据。

(一)销售预算

销售预算是整个预算的编制起点，其他预算的编制都是以销售预算作为预算基础，根据预算期现销收入与回收赊销货款的可能情况反映现金收入，以便为编制现金收支预算提供信息。

【例 9-4】榕辉机械有限责任公司生产和销售甲产品，根据 2022 年各季度的销售量及售价的有关资料编制销售预算表，如表 9-4 所示。

表 9-4 销售预算表

2022 年度　　　　　　　　　　　　　　　　　　　　　　　　单位：元

项　目	第一季度	第二季度	第三季度	第四季度	合计
预计销售量/件	5 000	7 500	10 000	9 000	31 500
预计单位售价/(元/件)	20	20	20	20	20
销售收入/元	100 000	150 000	200 000	180 000	630 000

在实际工作中，产品销售往往不是现购现销的，即产生了很大数额的应收账款，所以，销售预算中通常还包括预计现金收入的计算，其目的是为编制现金预算提供必要的信息资料。

假设本例中，每季度销售收入在本季收到现金 60%，其余赊销在下季度收账。榕辉机械有限责任公司 2022 年度预计现金收入表如表 9-5 所示。

表 9-5 预计现金收入表

2022 年度　　　　　　　　　　　　　　　　　　　　　　　　单位：元

项　目	本期发生额	现金收入			
		第一季度	第二季度	第三季度	第四季度
期初数	31 000	31 000			
第一季度	100 000	60 000	40 000		
第二季度	150 000		90 000	60 000	
第三季度	200 000			120 000	80 000
第四季度	180 000				108 000
期末数	72 000				
合　计	589 000	91 000	130 000	180 000	188 000

(二)生产预算

生产预算是根据销售预算编制的。通常，企业的生产和销售不能做到"同步量"，生产数量除了满足销售数量外，还需要设置一定的存货，以保证能在发生意外需求时按时供货，并可均衡生产，节省赶工的额外开支。预计生产量可用下列公式计算。

预计生产量=预计销售量+预计期末存货量-预计期初存货量

【例9-5】承例9-4，榕辉机械有限责任公司希望能在每季末保持相当于下季度销售量10%的期末存货，上年末产品的期末存货为500件，单位成本为8元，共计4 000元。

预计下年第一季度销售量为10 000件，榕辉机械有限责任公司2022年度生产预算表如表9-6所示。

表9-6 生产预算表

2022年度 单位：件

项　　目	第一季度	第二季度	第三季度	第四季度	全年合计
预计销售量	5 000	7 500	10 000	9 000	31 500
加：期末存货	750	1 000	900	1 000	1 000
合　　计	5 750	8 500	10 900	10 000	32 500
减：期初存货	500	750	1 000	900	500
预计生产量	5 250	7 750	9 900	9 100	32 000

(三)直接材料预算

在生产预算的基础上，可以编制直接材料预算，但同时还要考虑期初、期末原材料存货的水平。直接材料生产上的需要量同预计采购量之间的关系可按下列公式计算。

预计采购量=生产需要量+期末库存量-期初库存量

期末库存量一般是按照下期生产需要量的一定百分比来计算的。其计算公式如下。

生产需要量=预计生产量×单位产品材料耗用量

【例9-6】根据例9-5的资料，假设甲产品只耗用一种材料，榕辉公司期望每季末材料库存量分别为2 100千克、3 100千克、3 960千克、3 640千克。上年末库存材料1 500千克。榕辉机械有限责任公司2022年直接材料预算表如表9-7所示。

表9-7 直接材料预算表

2022年度 单位：元

项　　目	第一季度	第二季度	第三季度	第四季度	全年合计
预计生产量/件	5 250	7 750	9 900	9 100	32 000
单位产品材料用量/(千克/件)	2	2	2	2	2
生产需用量/千克	10 500	15 500	19 800	18 200	64 000
加：预计期末存量	2 100	3 100	3 960	3 640	3 640
合　　计	12 600	18 600	23 760	21 840	67 640

续表

项 目	第一季度	第二季度	第三季度	第四季度	全年合计
减：预计期初存量	1 500	2 100	3 100	3 960	1 500
预计采购量	11 100	16 500	20 660	17 880	66 140
单价/(元/千克)	2.5	2.5	2.5	2.5	2.5
预计采购金额/元	27 750	41 250	51 650	44 700	165 350

材料的采购与产品的销售有相似处，即货款也不是马上用现金全部支付的，这样就可能存在一部分应付款项，所以，对于材料采购我们还需编制现金支出预算，目的是便于编制现金预算。假设材料采购的货款有 50% 在本季度内付清，另外 50% 在下季度付清。榕辉机械有限责任公司 2022 年度预计现金支出表如表 9-8 所示。

表 9-8　预计现金支出表

2022 年度　　　　　　　　　　　　　　　　　　　　　　单位：元

项 目	本期发生额	现金支出			
		第一季度	第二季度	第三季度	第四季度
期初数	11 000	11 000			
第一季度	27 750	13 875	13 875		
第二季度	41 250		20 625	20 625	
第三季度	51 650			25 825	25 825
第四季度	44 700				22 350
期末数	(22 350)				
合 计	154 000	24 875	34 500	46 450	48 175

(四)直接人工预算

直接人工预算也是以生产预算为基础编制的。其主要内容有预计生产量、单位产品工时、人工总工时、每小时人工成本和人工总成本。直接人工预算也能为编制现金预算提供资料。

【例 9-7】榕辉机械有限责任公司 2022 年度直接人工预算表如表 9-9 所示。

表 9-9　直接人工预算表

2022 年度　　　　　　　　　　　　　　　　　　　　　　单位：元

项 目	第一季度	第二季度	第三季度	第四季度	全年合计
预计生产量/件	5 250	7 750	9 900	9 100	32 000
单位产品工时/小时	0.2	0.2	0.2	0.2	0.2
人工总工时/小时	1 050	1 550	1 980	1 820	6 400
每小时人工成本/元	10	10	10	10	10
人工总成本	10 500	15 500	19 800	18 200	64 000

(五)制造费用预算

制造费用预算是指除了直接材料和直接人工预算以外的其他一切生产成本的预算。制造费用按其成本性态可分为变动制造费用和固定制造费用两部分。变动制造费用以生产预算为基础来编制,即根据预计生产量和预计的变动制造费用分配率来计算,固定制造费用是期间成本直接列入损益作为当期利润的一个扣减项目,与本期的生产量无关,一般可以按照零基预算的编制方法编制。

【例9-8】榕辉机械有限责任公司2022年度制造费用预算表如表9-10所示。

表9-10 制造费用预算表

2022年度　　　　　　　　　　　　　　　　　　　　　　　　　　　单位：元

项目	每小时费用分配率/(元/小时)	第一季度	第二季度	第三季度	第四季度	全年合计
预计人工总工时/小时		1 050	1 550	1 980	1 820	6 400
变动制造费用						
间接材料	1	1 050	1 550	1 980	1 820	6 400
间接人工	0.6	630	930	1 180	1 092	3 840
修理费	0.4	420	620	792	728	2 560
水电费	0.5	525	775	990	910	3 200
小 计	2.5	2 625	3 875	4 950	4 550	16 000
固定制造费用						
修理费		3 000	3 000	3 000	3 000	12 000
水电费		1 000	1 000	1 000	1 000	4 000
管理人员工资		2 000	2 000	2 000	2 000	8 000
折旧费		5 000	5 000	5 000	5 000	20 000
保险费		1 000	1 000	1 000	1 000	4 000
小 计		12 000	12 000	12 000	12 000	48 000
合 计		14 625	15 875	16 950	16 550	64 000
减：折旧费		5 000	5 000	5 000	5 000	20 000
现金支出费用		9 625	10 875	11 950	11 550	44 000

在制造费用预算中,除了折旧费以外都需要支付现金。为了便于编制现金预算,需要预计现金支出,将制造费用预算额扣除折旧费后,调整为"现金支出的费用"。

(六)产品生产成本预算

为了计算产品的销售成本,必须先确定产品的生产总成本和单位成本。产品生产成本预算是生产预算、直接材料预算、直接人工预算、制造费用预算的汇总。

【例9-9】榕辉机械有限责任公司2022年度产品生产成本预算表如表9-11所示。

根据产品生产成本预算表,计算本年销售产品成本,如表9-12所示。

由于期初存货的单位成本为8元,而本年生产产品的单位成本为7.5元,两者不一致,所以,存货流转需采用先进先出法。

表 9-11　产品生产成本预算表

2022 年度　　　　　　　　　　　　　　　　　　　　　　单位：元

项　目	全年生产量 32 000/件			
	单耗/ (千克/件或小时/件)	单价/ (元/千克或元/小时)	单位成本/ (元/件)	总成本
直接材料	2	2.5	5	160 000
直接人工	0.2	10	2	64 000
变动制造费用	0.2	2.5	0.5	16 000
合　计			7.5	240 000

表 9-12　本年销售产品成本计算表

产成品存货	数量/件	单位成本/元	总成本/元
年初存货	500	8	4 000
年末存货	1 000	7.5	7 500
本年销售	31 500		236 500

(七)销售及管理费用预算

销售及管理费用预算是指为了实现产品销售和维持一般管理业务所发生的费用。它是以销售预算为基础，按照成本的性态分为变动销售及管理费用和固定销售及管理费用。其编制方法与制造费用预算的编制方法相同。

【例 9-10】榕辉机械有限责任公司 2022 年度销售及管理费用预算表如表 9-13 所示。

表 9-13　销售及管理费用预算表

2022 年度　　　　　　　　　　　　　　　　　　　　　　单位：元

项　目	变动费用率 (按销售收入)	第一季度	第二季度	第三季度	第四季度	全年合计
预计销售收入		100 000	150 000	200 000	180 000	630 000
变动销售及管理费用						
销售佣金	1%	1 000	1 500	2 000	1 800	6 300
运输费	1.60%	1 600	2 400	3 200	2 880	10 080
广告费	5%	5 000	7 500	10 000	9 000	31 500
小　计	7.60%	7 600	11 400	15 200	13 680	47 880
固定销售及管理费用						
薪金		5 000	5 000	5 000	5 000	20 000
办公用品		4 500	4 500	4 500	4 500	18 000
杂项		3 500	3 500	3 500	3 500	14 000
小　计		13 000	13 000	13 000	13 000	52 000
合　计		20 600	24 400	28 200	26 680	99 880

(八)现金预算

现金预算的编制，是以各项日常业务预算和特种决策预算为基础来反映各预算的收入款项和支出款项。其目的在于资金不足时如何筹措资金，资金多余时怎样合理地运用资金，并且提供现金收支的控制限额，以便发挥现金管理的作用。

【例 9-11】根据例 9-4 至例 9-10 所编制的各种预算所提供的资料，并假设榕辉机械有限责任公司每季度末应保持现金余额 10 000 元，若资金不足或多余，可以以 2 000 元为单位进行借入或偿还，借款年利率为 8%，于每季初借入，每季末偿还，借款利息于偿还本金时一起支付。同时，在 2022 年度公司准备投资 100 000 元购入设备，于第二季度与第三季度分别支付价款 50%；每季度预交所得税 20 000 元；预算在第三季度发放现金股利 30 000 元；第四季度购买国库券 10 000 元。依上述资料编制榕辉机械有限责任公司 2022 年度现金预算表如表 9-14 所示。

表 9-14 现金预算表

2022 年度 单位：元

项 目	第一季度	第二季度	第三季度	第四季度	全年合计
期初现金余额	8 000	13 400	10 125	11 725	8 000
加：销货现金收入	91 000	130 000	180 000	188 000	589 000
可供使用现金	99 000	143 400	190 125	199 725	597 000
减：现金支出					
直接材料	24 875	34 500	46 450	48 175	154 000
直接人工	10 500	15 500	19 800	18 200	64 000
制造费用	9 625	10 875	11 950	11 550	44 000
销售及管理费用	20 600	24 400	28 200	26 680	99 880
预交所得税	20 000	20 000	20 000	20 000	80 000
购买国库券				10 000	10 000
发放股利			30 000		30 000
购买设备		50 000	50 000		100 000
支出合计	85 600	155 275	206 400	134 605	581 880
现金收支差额	13 400	(11 875)	(16 275)	65 120	15 120
向银行借款		22 000	28 000		50 000
归还银行借款				50 000	50 000
借款利息(年利率为 8%)				2 440	2 440
期末现金余额	13 400	10 125	11 725	12 680	12 680

● 案例解析

丰华公司财务预算管理中存在问题的解决对策如下。

(1) 加强人才资源建设，提高财务预算管理人员素质。规范公司管理制度，树立以人为本的管理理念，让全体员工参与并且认同公司财务预算管理工作，使其在整个预算程序中发挥应有的作用，从而深化各部门职责，进一步促进整个公司的管理时效，提高经济效益。

(2) 转换传统观念，树立以长期战略为导向的管理理念。财务预算的编制要对公司资金的使用情况、长期投资计划和盈亏状况等作出详细的评估，并通过评估结果重新分配预算项目，修正预算指标，最终得出确切的财务预算报告。

项 目 小 结

财务预算是一系列专门反映企业未来一定预算期内预计财务状况和经营成果，以及现金收支等价值指标的各种预算总称，包括现金预算、预计利润表、预计资产负债表和预计现金流量表。财务预算的作用：财务预算使决策目标具体化、系统化和定量化；财务预算是总预算，其余预算是辅助预算；财务预算有助于财务目标的顺利实现。固定预算和弹性预算的特点：固定预算是针对某一特定业务量编制的；弹性预算是针对一系列可能达到的预计业务量水平编制的。增量预算和零基预算的特点：增量预算是以基期成本费用水平为基础；零基预算是一切从零开始。定期预算和滚动预算的特点：定期预算一般以会计年度为单位定期编制；滚动预算却不将预算期与会计年度挂钩，而是始终保持为12个月。现金预算的内容包括：现金收入、现金支出、现金收支差额和资金的筹集及应用等。现金预算实际上是销售预算、生产预算、直接材料预算、直接人工预算、制造费用预算、产品生产成本预算、销售及管理费用预算等预算中有关现金收支部分的汇总。现金预算的编制，要以其他各项预算为基础。

项目强化训练

一、单项选择题

1. 在现金预算表内，(　　)应分类列示预算期内可能发生的一切。
　　A. 现金收支项目　　　　　　　　B. 资金增减项目
　　C. 资金流入和流出项目　　　　　D. 营业收入和支出项目
2. 生产预算的编制依据是(　　)。
　　A. 现金预算　　　B. 资本预算　　　C. 成本预算　　　D. 销售预算
3. 增量预算的对称是(　　)。
　　A. 静态预算　　　B. 滚动预算　　　C. 零基预算　　　D. 弹性预算
4. 企业的直接材料、直接人工和制造费用预算是根据(　　)直接确定的。
　　A. 销售预算　　　B. 成本预算　　　C. 现金预算　　　D. 生产预算
5. 预计人工总成本=(　　)×(单位产品工时×每工时工资率)。
　　A. 预计销售量　　B. 预计生产量　　C. 预计工时量　　D. 预计材料消耗量
6. 不受现有费用项目和开支水平限制，并能够克服增量预算方法缺点的是(　　)。
　　A. 弹性预算方法　　　　　　　　B. 固定预算方法
　　C. 零基预算方法　　　　　　　　D. 滚动预算方法

7. 全面预算体系的各种预算,是以企业决策确定的经营目标为出发点,根据以销定产的原则,按照( )的顺序编制的。
   A. 先经营预算后财务预算　　　　B. 先财务预算后经营预算
   C. 先经营预算后现金预算　　　　D. 先现金预算后财务预算
8. 须按成本性态分析的方法将企业划分为固定成本和变动成本的预算编制方法是( )。
   A. 固定预算　　B. 零基预算　　C. 滚动预算　　D. 弹性预算
9. 零基预算在编制时,对于所有的预算费用支出均以( )为基底。
   A. 可能需要　　　　　　　　　B. 零
   C. 现有费用支出　　　　　　　D. 基期费用支出
10. 下列各项预算中,作为全面预算体系中最后环节的是( )。
    A. 财务预算　　　　　　　　　B. 日常业务预算
    C. 销售预算　　　　　　　　　D. 特种决策预算

二、多项选择题

1. 预算的编制方法主要有( )。
   A. 弹性预算　　B. 零基预算　　C. 全面预算　　D. 滚动预算
2. 在实际工作中,弹性预算主要适用于编制与业务量有关的各种预算,因而主要用于编制( )等。
   A. 直接材料预算　　　　　　　B. 直接人工预算
   C. 制造费用预算　　　　　　　D. 销售管理费用预算
3. 现金预算的组成部分包括( )。
   A. 现金收入　　　　　　　　　B. 现金收支差额
   C. 现金支出　　　　　　　　　D. 资金筹集与运用
4. 财务预算包括( )。
   A. 现金预算　　B. 业务预算　　C. 预计损益表　　D. 预计资产负债表
5. 为编制现金预算提供依据的预算有( )。
   A. 销售预算　　　　　　　　　B. 预计现金流量表
   C. 成本预算　　　　　　　　　D. 资本支出预算
6. 财务预算能使决策目标( )。
   A. 定性化　　B. 定量化　　C. 系统化　　D. 具体化
7. 下列预算中,既能够反映经营业务又能够反映现金收支内容的有( )。
   A. 销售预算　　　　　　　　　B. 直接材料预算
   C. 生产预算　　　　　　　　　D. 制造费用预算
8. 在下列各项预算中,( )是编制产品生产成本预算的基础。
   A. 支付各项利息　　　　　　　B. 生产预算
   C. 直接材料消耗及采购预算　　D. 直接人工预算
9. 在所有的预算中,( )不是生产企业最为关键的预算。
   A. 销售预算　　B. 生产预算　　C. 现金预算　　D. 直接人工预算

10. 滚动预算的优点包括(　　)。

　　A. 透明度高　　　B. 及时性强　　　C. 连续性好　　　D. 完整性突出

三、判断题

1. 在编制制造费用预算时，应将固定资产折旧费剔除。　　　　　　　　　　　(　　)
2. 财务预算是关于企业在未来一定期间内财务状况和经营成果以及现金收支等价值指标的各种预算总称。　　　　　　　　　　　　　　　　　　　　　　　　　(　　)
3. 在编制零基预算时，应以企业现有的费用水平为基础。　　　　　　　　　(　　)
4. 能够克服固定预算缺点的预算方法是滚动预算。　　　　　　　　　　　　(　　)
5. 销售管理费用预算是根据生产预算来编制的。　　　　　　　　　　　　　(　　)
6. 滚动预算的主要特点是预算期永远保持12个月。　　　　　　　　　　　　(　　)
7. 销售量和单价预测的准确性，直接影响企业财务预算的质量。　　　　　　(　　)
8. 直接人工预算可以直接参加现金预算汇总。　　　　　　　　　　　　　　(　　)
9. 预算比决策估算更细致、更精确。　　　　　　　　　　　　　　　　　　(　　)
10. 生产预算是日常业务预算中唯一仅以实物量作为计量单位的预算，不直接涉及现金收支。　　　　　　　　　　　　　　　　　　　　　　　　　　　　　　　　(　　)

四、名词解释

财务预算　固定预算　弹性预算　增量预算　零基预算　定期预算　滚动预算　现金预算　生产预算　销售预算

五、思考题

怎样编制弹性预算、零基预算和滚动预算？

六、计算分析题

1. A公司2024年1月份现金收支的预计资料如下。

(1) 1月1日的现金(包括银行存款)余额为13 000元，已收到未入账的支票36 000元。

(2) 产品售价7.2元/件。2023年11月销售18 000件，2023年12月销售27 000件，2024年1月预计销售36 000件，2024年2月预计销售22 500件。根据经验，商品售出后当月可收回货款的60%，次月收回30%，再次月收回8%，另外2%作为坏账处理。

(3) 进货成本为4.5元/件，平均在15天后付款。编制预算时月底存货为次月销售的10%加500件。2023年12月末的实际存货为3 600件，应付账款余额为69 750元。

(4) 1月的费用预算为76 500元，其中折旧费为10 800元，其余费用须当月用现金支付。

(5) 预计1月份将购置设备一台，支出135 000元，须当月付款。

(6) 1月份预交所得税18 000元。

(7) 现金不足时可从银行借入，借款额为10 000元的整数倍，利息在还款时一同支付。期末现金余额不少于5 000元。

要求：编制2024年1月份的现金预算表如表9-15所示。(分别列示各项收支金额)

表9-15　1月份的现金预算表　　　　　　　　　　　　　　　　　单位：元

项　目	金　额
期初现金	
现金收入：	
可使用现金合计	
现金支出：	
现金支出合计	
现金多余(或不足)	
借入银行借款	
期末现金余额	

2. 某公司2024年第1～3月实际销售额分别为38 000万元、36 000万元和41 000万元，预计4月份销售额为40 000万元。每月销售收入中有70%能于当月收现，20%于次月收现，10%于第三个月收讫，不存在坏账。假定该公司销售的产品在流通环节只需缴纳消费税，税率为10%，并于当月以现金缴纳。该公司3月末现金余额为80万元，应付账款余额为5 000万元(需要在4月份付清)，不存在其他应收应付款项。

4月份有关项目预计资料如下：采购材料8 000万元(当月付款70%)；工资及其他支出8 400万元(用现金支付)；制造费用8 000万元(其中折旧费等非付现费用为4 000万元)；销售费用和管理费用1 000万元(用现金支付)；所得税费用1 900万元；购买设备12 000万元(用现金支付)。现金不足时，通过向银行借款解决。4月末现金余额要求不低于100万元。

要求：根据上述资料，计算该公司4月份的下列预算指标。

(1) 经营性现金流入。

(2) 经营性现金流出。

(3) 现金余缺。

(4) 应向银行借款的最低金额。

(5) 4月末应收账款的余额。

微课视频

扫一扫,获取本项目相关微课视频。

任务一、任务二　财务预算概述、　　　　任务三　现金预算的编制
　　　　　　财务预算的编制

项目十 财务控制

【知识目标】

- 掌握财务控制的含义、特征、分类。
- 掌握财务控制分类的依据、实现方式。
- 掌握成本中心、利润中心和投资中心的含义、类型、特点及考核指标。
- 掌握财务评价的内涵及意义。

【技能目标】

- 能领会财务控制的意义和重要性。
- 能运用成本中心、利润中心和投资中心实施财务控制。
- 能对企业进行财务评价。
- 能进行责任预算及责任报告的编制。
- 能将财务控制思想运用到生活中的其他领域。

● **案例引导**

佳佳食品公司内部甲车间是以个人为利润中心，本期实现内部销售收入100万元，销售变动成本为60万元，该车间负责人可控固定成本为5万元，车间负责人不可控但应由该车间负担的固定成本为10万元。

分析：计算该利润中心的各项考核指标(利润中心边际贡献总额、利润中心负责人可控利润总额、利润中心可控利润总额)。

● **理论认知**

任务一 财务控制概述

一、财务控制的含义和特征

财务控制是指按照一定的程序和方法，确保企业及其内部机构和人员全面落实及实现财务预算的过程。财务控制具有以下三个特征。

(1) 以价值控制为手段。财务控制以实现财务预算为目标，必须借助价值手段进行。

(2) 以综合经济业务为控制对象。财务控制以价值为手段，可以将不同岗位、不同部门、不同层次的业务活动综合起来。

(3) 以现金流量控制为日常控制的内容。由于日常的财务活动过程表现为组织现金流量的过程，因此，控制现金流量成为日常财务控制的主要内容。

二、财务控制的基本原则

财务控制的基本原则主要包括以下内容。

(1) 目的性原则。财务控制作为一种财务管理职能，必须具有明确的目的性，为企业理财目标服务。

(2) 充分性原则。财务控制的手段对于目标而言，应当是充分的，应当足以保证目标的实现。

(3) 及时性原则。财务控制的及时性要求及时发现偏差，并能及时采取措施加以纠正。

(4) 认同性原则。财务控制的目标、标准和措施必须被相关人士所认同。

(5) 经济性原则。财务控制的手段应当是必要的，没有多余，财务控制所获得的价值应该大于所需费用。

(6) 客观性原则。管理者对绩效的评价应当客观公正，防止主观片面。

(7) 灵活性原则。财务控制应当含有足够灵活的要素，以便在出现任何失常情况下，都能保持对运行过程的控制，不受环境变化、计划疏忽、计划变更的影响。

(8) 适应性原则。财务控制的目标、内容和方法与组织结构中的职位相适应。

(9) 协调性原则。财务控制的各种手段在功能、作用、方法和范围方面不可以相互制约，而应该相互配合，在单位内部形成合力，产生协同效应。

(10) 简明性原则。控制目标应当明确,控制措施与规章制度应当简明易懂,容易被执行者所理解和接受。

三、财务控制的内容

1. 组织规划控制

组织规划控制主要包括财务治理结构的科学设置、财权和财务控制权的合理分割、明确与财务管理相关的各职能部门间的横向或纵向财务关系、不相容职务的分离等。

2. 业务处理程序控制

财务管理的"业务"是指资金筹集、资金投放、资金耗费、资金收回、资金分配等五个方面。每个方面都必须明确相应的预测决策程序、执行程序和信息反馈程序。

3. 信息控制

一是关于资金筹集、投放、耗费(成本费用)、收回、分配等各项理财业务的运作过程及结果的信息。二是关于各责任中心财务控制方面的信息。这些信息与财务会计有关,更主要的是内部会计信息,也有一部分是其他经济信息。

4. 资金安全控制

无论是筹资、投资(广义的包括资金投放、耗费、收回等过程),还是利润分配,都有一个风险防范问题。资金安全控制在财务管理中主要是一个风险的评估、预警和防范问题,属于风险控制的内容。一要维持资金收支在数量和时间上的动态平衡;二要保证资金不受无谓的损失和消耗。

5. 人员素质控制

财务控制作为一项风险较大的、复杂的、需要随机应变的管理工作,对从业人员素质要求较高。

6. 预算控制

财务预算控制是财务内控的日常工作和使用最为普遍的控制手段,在财务内控中具有十分重要的地位。

7. 内部财务管理审计

财务内控制度和控制业绩的审计评价是公司内部管理审计的重要组成部分。

四、财务控制的种类

1. 一般控制和应用控制

按照财务控制的内容不同分类可将财务控制分为一般控制和应用控制两种类型。一般控制是指对企业财务活动赖以进行的内部环境所实施的总体控制,因而也称为基础控制或环境控制。应用控制是指直接作用于企业财务活动的具体控制,也称为业务控制。

2. 预防性控制、侦查性控制、纠正性控制、指导性控制和补偿性控制

按照财务控制的功能不同分类可将财务控制分为预防性控制、侦查性控制、纠正性控制、指导性控制和补偿性控制五种类型。

(1) 预防性控制是为了避免产生错误或尽量减少今后的更正性活动,是为了防止资金、时间或其他资源的损耗而采取的一种预防保证措施。

(2) 侦查性控制是指为及时识别已存在的财务危机和已发生的错弊和非法行为或增强识别风险和发现错弊机会的能力所进行的各种控制。侦查性控制主要解决"如果风险和错弊发生,如何识别"的问题。

(3) 纠正性控制是指为了发现工作中存在的问题以便进行更正而进行的控制。更正性控制的目的是发现行为的偏差并使行为或实施进程回到预先确定的或管理者所希望的水平。

(4) 指导性控制不是为了预防、检查和纠正不利的结果,而是为了实现有利的结果而采取的控制。

(5) 补偿性控制是针对某些环节的不足或缺陷而采取的控制措施。补偿性控制的目的是要排除损失、错误和舞弊,把风险水平限制在一定范围内。例如,岗位轮换、不定期盘点、突击检查等。

3. 事先控制、事中控制和事后控制

按照财务控制的时序不同分类可将财务控制分为事先控制、事中控制和事后控制三种类型。

(1) 事先控制是指企业单位为防止财务资源在质和量上发生偏差,而在行为发生之前所实施的控制。

(2) 事中控制是指财务收支活动发生过程中所进行的控制。

(3) 事后控制是指对财务收支活动的结果所进行的考核及其相应的奖罚。

4. 出资者的财务控制、经营者的财务控制和财务部门的财务控制

按照财务控制的主体不同分类可将财务控制分为出资者的财务控制、经营者的财务控制和财务部门的财务控制三种类型。

(1) 出资者的财务控制是出资者为了实现其资本保全和资本增值目标而对经营者的财务收支活动进行的控制。

(2) 经营者的财务控制是经营者为了实现财务预算目标而对企业及各责任中心的财务收支活动所进行的控制。

(3) 财务部门的财务控制是财务部门为了有效地组织现金流动,通过编制现金预算,执行现金预算,对企业日常财务活动所进行的控制。

5. 预算控制和制度控制

按照财务控制的依据不同分类可将财务控制分为预算控制和制度控制两种类型。

(1) 预算控制是指以财务预算为依据,对预算执行主体的财务收支活动进行监督、调整的一种控制形式。

(2) 制度控制是指通过制定企业内部规章制度,并以此为依据约束企业和各责任中心财

务收支活动的一种控制形式。

6. 收支控制和现金控制

按照财务控制的对象不同分类可将财务控制分为收支控制和现金控制(或货币资金控制)两种类型。

(1) 收支控制是对企业和各责任中心的财务收入活动和财务支出活动所进行的控制。
(2) 现金控制是对企业和各责任中心的现金流入和现金支出所进行的控制。

7. 定额控制和定率控制

按照财务控制的手段不同分类可将财务控制分为定额控制和定率控制两种类型，也可称为绝对控制和相对控制。

(1) 定额控制是指对企业和各责任中心采用绝对额指标进行的控制。
(2) 定率控制是指对企业和各责任中心采用相对比率指标进行的控制。

五、财务控制的实现方式

(1) 公司治理结构控制是财务控制的基础，通过建立职业化的董事会制度和独立董事制度，明确财权分配关系，突出各利益主体间授权控制方式及职责分工。

(2) 预算控制是财务控制中使用最广泛的一种方法，也是最有效的方法。公司通过计划的形式具体、系统地反映出公司为达到经营目标所拥有的经济资源的配置。

(3) 财务制度控制是管理当局通过规章、制度的形式规范、约束公司财务行为，处理公司内部财务关系，以保证管理有利于公司战略目标实现。

(4) 激励控制是指企业通过激励的方式来控制人的行为，使他们的行为与企业目标相协调。激励控制强调的是人的创造性。

(5) 业绩评价控制是指企业通过对经营业绩的考核评价来规范企业各级管理者的行为，它强调控制目标而不是控制过程。

(6) 软控制是指那些属于精神层面的事物，如高级管理阶层的管理风格、管理哲学、企业文化、财务控制意识等。

六、财务控制的程序

财务控制作为一种经济调控行为，有其独特的程序和步骤，具体如下。
第一步：制定财务控制标准。
第二步：分解指标。
第三步：实施调控。
第四步：衡量成效。
第五步：纠正偏差。

任务二 责任控制

责任中心是指具有一定的管理权限并承担相应经济责任的企业内部责任单位，是一个责权利结合的实体。划分责任中心的标准是：凡是可以划清管理范围，明确经济责任，能够单独进行业绩考核的内部单位，无论大小都可称为责任中心。责任中心按其责任权限范围及业务活动的特点不同，可分为成本中心、利润中心和投资中心三大类。

一、成本中心

成本中心是指对成本或费用承担责任的责任中心。成本中心往往没有收入，其职责是用一定的成本去完成规定的具体任务。成本中心一般包括产品生产的生产部门、提供劳务的部门和有一定费用控制指标的企业管理部门。成本中心是责任中心中应用最为广泛的一种责任中心形式。任何发生成本的责任领域，都可以确定为成本中心，上至企业，下至车间、工段、班组，甚至个人都可以划分为成本中心。成本中心的规模不一，一个成本中心可以由若干个更小的成本中心组成，因而在企业可以形成一个逐级控制，并层层负责的成本中心体系。

(一)成本中心的类型

广义的成本中心有两种类型：标准成本中心和费用中心。

1. 标准成本中心

标准成本中心是以实际产出量为基础，并按标准成本进行成本控制的成本中心。通常，制造业工厂、车间、工段、班组等是典型的标准成本中心。在产品生产中，这类成本中心的投入与产出有着明确的函数对应关系，它不仅能够计量产品产出的实际数量，而且每个产品因有明确的原材料、人工和制造费用的数量标准和价格标准，从而对生产过程实施有效的弹性成本控制。实际上，任何一项重复性活动，只要能够计量产出的实际数量，并且能够建立起投入与产出之间的函数关系，都可以作为标准成本中心。

2. 费用中心

费用中心是指产出物不能以财务指标衡量，或者投入与产出之间没有密切关系的有费用发生的单位，通常包括一般行政管理部门、研究开发部门及某些销售部门。一般行政管理部门的产出难以度量，研究开发和销售活动的投入量与产出量没有密切的联系。费用中心的费用控制应重点在预算总额的审批上。

狭义的成本中心将标准成本中心划分为基本成本中心和复合成本中心两种，前者是指没有下属的成本中心，它是属于较低层次的成本中心。后者是指有若干个下属成本中心，它是属于较高层次的成本中心。

(二)成本中心的责任成本与可控成本

由成本中心承担责任的成本就是责任成本，它是该中心的全部可控成本之和。基本成本中心的责任成本就是其可控成本，复合成本中心的责任成本不仅包括本中心的责任成本，也包括下属成本中心的责任成本，各成本中心的可控成本之和即为企业的总成本。

可控成本是指责任单位在特定时期内，能够直接控制其发生的成本。作为可控成本必须同时具备以下条件。

(1) 责任中心能够通过一定的方式预知成本的发生。

(2) 责任中心能够对发生的成本进行计量。

(3) 责任中心能够通过自己的行为对这些成本加以调节和控制。

(4) 责任中心可以将这些成本的责任分解落实。

凡不能同时满足上述条件的成本就是不可控成本。对于特定成本中心来说，它不应当承担不可控成本的相应责任。正确判断成本的可控性是成本中心承担责任成本的前提。从整个企业的空间范围和较长时间来看，所有的成本都是人的某种决策或行为的结果，都是可控的。但是，对于特定的人或时间来说，有些是可控的，则有些是不可控的。所以，对成本的可控性理解应注意以下几个方面。

(1) 成本的可控性总是与特定责任中心相关，与责任中心所处管理层次的高低、管理权限及控制范围的大小有直接关系。同一成本项目，受责任中心层次高低的影响，其可控性不同。就整个企业而言，所有的成本都是可控成本；而对于企业内部的各部门、车间、工段、班组和个人来讲，则既有其各自的可控成本又有其各自的不可控成本。有些成本对于较高层次的责任中心来说属于可控成本，而对于其下属的较低层次的责任中心来讲，可能就是不可控成本。例如，车间主任的工资，尽管要计入产品成本，但不是车间的可控成本，而它的上级则可以控制。反之，属于较低层次责任中心的可控成本，则一定是其所属较高层次责任中心的可控成本。至于下级责任中心的某项不可控成本对于上一级的责任中心来说，就有两种可能，要么仍然是不可控成本，要么是可控成本。成本的可控性要受到管理权限和控制范围的约束。同一成本项目，对于某一责任中心来讲是可控成本，而对于处在同一层次的另一责任中心来讲却是不可控成本。例如，广告费，对于销售部门是可控的，但对于生产部门却是不可控的。又如，直接材料的价格差异对于采购部门来说是可控的，但对于生产耗用部门却是不可控的。

(2) 成本的可控性要联系时间范围考虑。一般说来，在消耗或支付的当期成本是可控的，一旦消耗或支付了就不再可控了。例如，折旧费、租赁费等成本是过去决策的结果，这在添置设备和签订租约时是可控的，而使用设备或执行契约时就无法控制了。成本的可控性是一个动态概念，随着时间推移，成本的可控性还会随企业管理条件的变化而变化。例如，某成本中心管理人员工资过去是不可控成本，但随着用工制度的改革，该责任中心既能决定工资水平，又能决定用工人数，则管理人员工资成本就转化为可控成本了。

(3) 成本的可控性与成本性态和成本可辨认性的关系。一般来讲，一个成本中心的变动成本大都是可控成本，固定成本大都是不可控成本。直接成本大都是可控成本，间接成本大都是不可控成本。但实际上也并非如此，需要结合有关情况具体分析，如广告费、科研开发费、教育培训费等酌量性固定成本是可控的。某个成本中心所使用的固定资产的折旧费是直接成本，但不是可控成本。

(三)成本中心的责任成本与产品成本

作为产品制造的标准成本中心,必然会同时面对责任成本和产品成本两个问题,承担责任成本还必须了解这两个成本的区别与联系。责任成本和产品成本的主要区别如下。

(1) 成本归集的对象不同。责任成本是以责任成本中心为归集对象;产品成本则以产品为对象。

(2) 遵循的原则不同。责任成本遵循"谁负责谁承担"的原则,承担责任成本的是"人";产品成本则遵循"谁收益谁负担"的原则,承担产品成本的是"物"。

(3) 核算的内容不同。责任成本的核算内容是可控成本,产品成本的构成内容是指应归属于产品的全部成本,它既包括可控成本,又包括不可控成本。

(4) 核算的目的不同。责任成本的核算目的是实现责权利的协调统一,考核评价经营业绩,调动各个责任中心的积极性;产品成本的核算目的是反映生产经营过程的耗费,规定配比的补偿尺度,确定经营成果。

责任成本和产品成本的联系是:两者内容同为企业生产经营过程中的资金耗费。就一个企业而言,一定时期发生的广义产品成本总额应当等于同期发生的责任成本总额。

(四)成本中心考核指标

由于成本中心只对成本负责,对其评价和考核的主要内容是责任成本,即通过各责任成本中心的实际成本与预算责任成本的比较,以此评价各成本中心责任预算的执行情况。成本中心考核指标包括成本(费用)变动额和成本(费用)变动率两个指标,计算公式如下。

成本(费用)变动额=实际责任成本(或费用)-预算责任成本(费用)

成本(费用)变动率=成本(费用)变动额÷预算责任成本(费用)×100%

在进行成本中心指标考核时,如果预算产量与实际产量不一致时,应按弹性预算的方法先行调整预算指标,然后再按上述指标进行计算。

【例10-1】某公司内部某成本中心,生产甲产品预算产量为10 000件,单位成本为100元,实际产量为11 000件,单位成本为95元。

要求:计算该成本中心的成本变动额和成本变动率。

解:成本变动额=95×11 000-100×11 000=-55 000(元)

成本变动率=-55 000÷(100×11 000)×100%=-5.5%

(五)成本中心责任报告

成本中心责任报告是以实际产量为基础,反映责任成本预算实际执行情况,揭示实际责任成本与预算责任成本差异的内部报告。成本中心通过编制责任报告,以反映、考核和评价责任中心责任成本预算的执行情况。

【例10-2】某成本中心责任报告如表10-1所示。

由表10-1计算可知,该成本中心实际责任成本较预算责任成本增加了430元,上升了1.41%,主要由于成本中心的可控成本增加了230元和下属责任中心转来的责任成本增加了200元所致,究其主要原因是设备维修费超支200元和甲班组责任成本超支500元,没有完成责任成本预算。乙班组责任成本减少300元,初步表明责任成本控制有成效。

表 10-1　某成本中心责任报告　　　　　　　　　　　　　　单位：元

项　目	实　际	预　算	差　异
下属责任中心转来的责任成本			
甲班组	11 500	11 000	+500
乙班组	13 700	14 000	−300
合　计	25 200	25 000	+200
本成本中心的可控成本：间接人工	1 580	1 500	+80
管理人员工资	2 750	2 800	−50
设备维修费	1 400	1 200	+200
合　计	5 730	5 500	+230
本责任中心的责任成本合计	30 930	30 500	+430

二、利润中心

利润中心是指既能控制成本，又能控制收入，对利润负责的责任中心，它是处于比成本中心高一层次的责任中心，其权利和责任都相对较大。利润中心通常是那些具有产品或劳务生产经营决策权的部门。

(一)利润中心类型

利润中心分为自然利润中心和人为利润中心两种类型。自然利润中心是指能直接对外销售产品或提供劳务取得收入而给企业带来收益的利润中心。这类责任中心一般具有产品销售权、价格制定权、材料采购权和生产决策权等，具有很大的独立性。人为利润中心是不能直接对外销售产品或提供劳务的，只能在企业内部各责任中心之间按照内部转移价格相互提供产品或劳务而形成的利润中心。大多数成本中心都可以转化为人为利润中心。这类责任中心一般也具有相对独立的经营管理权，即能够自主决定本利润中心生产的产品品种、产品产量、作业方法、人员调配和资金使用等。但这些部门提供的产品或劳务主要在企业内部转移，很少对外销售。

(二)利润中心考核指标

由于利润中心既对其发生的成本负责，又对其发生的收入和实现的利润负责，所以利润中心业绩评价和考核的重点是边际贡献和利润。但对于不同范围的利润中心来说，其指标的表现形式也不相同。例如，某公司采用事业部制，其考核指标可采用以下几种形式：

部门边际贡献=部门销售收入总额-部门变动成本总额
部门经理可控利润=部门边际贡献-部门经理可控固定成本
部门可控利润=部门经理边际贡献-部门经理不可控固定成本
部门税前利润=部门边际贡献-分配的公司管理费用

指标一，部门边际贡献是利润中心考核指标中的一个中间指标。指标二，它反映了部门经理在其权限范围内有效使用资源的能力，部门经理可控制收入，以及变动成本和部分固定成本，因而可以对可控利润承担责任，该指标主要用于评价部门经理的经营业绩。这里的主要问题是，要将各部门的固定成本进一步区分为可控成本和不可控成本，这是因为有些费用虽然可以追溯到有关部门，却不为部门经理所控制，如广告费、保险费等。因此在考核部门经理业绩时，应将其不可控成本从中剔除。指标三，主要用于对部门的业绩评价和考核，用以反映该部门补偿共同性固定成本后对企业利润所做的贡献。如果要决定该部门的取舍，部门可控利润是有重要意义的信息。指标四，用于计算部门提供的可控利润必须抵补总部的管理费用等，否则企业作为一个整体就不会盈利。这样，部门经理可集中精力增加收入并降低可控成本，为企业实现预期的利润目标做出应有的贡献。

【例10-3】某企业某部门(利润中心)的有关资料如下。

部门销售收入　　　　　　　　　　　　　　　　200万元
部门销售产品的变动生产成本和变动性销售费用　　174万元
部门可控固定成本　　　　　　　　　　　　　　　6万元
部门不可控固定成本　　　　　　　　　　　　　　8万元

要求：计算该部门的各级利润考核指标。

解：(1) 部门边际贡献=200-174=26(万元)

(2) 部门经理可控利润=26-6=20(万元)

(3) 部门可控利润=20-8=12(万元)

(4) 部门税前利润=12-5=7(万元)

(三)利润中心责任报告

利润中心通过编制责任报告，可以集中反映利润预算的完成情况，并对其产生差异的原因进行具体分析。

【例10-4】某利润中心责任报告如表10-2所示。

表10-2　某利润中心责任报告　　　　　　　　　　　单位：万元

项　目	实　际	预　算	差　异
销售收入	260	250	+10
变动成本			
变动生产成本	164	158	+6
变动成本合计	198	193	+5
边际贡献	62	57	+5
固定成本			
直接发生的固定成本	17.4	17	+0.4
上级分配的固定成本	12	12.5	-0.5
固定成本合计	29.4	29.5	-0.1
营业利润	32.6	27.5	+5.1

由表10-2的计算可知，该利润中心的实际利润超额完成预算5.1万元，如果剔除上级分配来的固定成本这一因素，利润超额完成4.6万元。

三、投资中心

投资中心是指既要对成本、利润负责，又要对投资效果负责的责任中心。投资中心与利润中心的主要区别是：利润中心没有投资决策权，需要在企业确定投资方向后组织具体的经营；而投资中心则不仅在产品生产和销售上享有较大的自主权，而且具有投资决策权，能够相对独立地运用其所掌握的资金，有权购置或处理固定资产，扩大或削减现有的生产能力。投资中心是最高层次的责任中心，它具有最大的决策权，也承担着最大的责任。一般而言，大型集团所属的子公司、分公司、事业部往往都是投资中心。投资中心拥有投资决策权和经营决策权，同时各投资中心在资产和权益方面应划分清楚，以便准确计算出各投资中心的经济效益，对其进行正确的评价和考核。

(一)投资中心的考核指标

投资中心评价与考核的内容是利润及投资效果，反映投资效果的指标主要是投资报酬率和剩余收益。

1. 投资报酬率

投资报酬率是指投资中心所获得的利润占投资额(或经营资产)的比率，可以反映投资中心的综合盈利能力。其计算公式如下：

投资报酬率=净利润(或营业利润)÷投资额(或经营资产)×100%

投资报酬率指标可分解如下：

投资报酬率=投资(或经营资产)周转率×销售利润率

式中，投资额(或经营资产)应按平均投资额(或平均经营资产)计算。

投资报酬率是个相对数正指标，数值越大越好。目前，有许多企业采用投资报酬率作为评价投资中心业绩的指标。该指标的优点是：投资报酬率能反映投资中心的综合盈利能力，且由于剔除了因投资额不同而导致的利润差异的不可比因素，因而具有横向可比性，有利于判断各投资中心经营业绩的优劣；此外，投资利润率可作为选择投资机会的依据，有利于优化资源配置。

这一评价指标的不足之处是缺乏全局观念。当一个投资项目的投资报酬率低于某投资中心的投资报酬率而高于整个企业的投资报酬率时，虽然企业希望接受这个投资项目，但该投资中心可能拒绝它；当一个投资项目的投资报酬率高于该投资中心的投资报酬率而低于整个企业的投资报酬率时，该投资中心可能只考虑自己的利益去接受它，而不顾企业整体利益是否受到损害。

假设某个部门现有资产200万元，年净利润44万元，投资报酬率为22%。部门经理目前面临一个投资报酬率为17%的投资机会，投资额为50万元，每年净利8.5万元。企业投资报酬率为15%。尽管对整个企业来说，由于该项目投资报酬率高于企业投资报酬率，应当利用这个投资机会，但是它却使这个部门的投资报酬率由过去的22%下降到21%。

投资报酬率=(44+8.5)÷(200+50)=21%

同样的道理，当情况与此相反时，假设该部门现有一项资产价值50万元，每年获利8.5万元，投资报酬率为17%，该部门经理却愿意放弃该项资产，以提高部门的投资报酬率。

投资报酬率=(44-8.5)÷(200-50)=23.67%

当使用投资报酬率作为业绩评价标准时,部门经理可以通过加大公式分子或减少公式分母来提高这个比率。这样做,会失去不是最有利但可以扩大企业总净利的项目。从引导部门经理采取与企业总体利益一致的决策来看,投资报酬率并不是一个很好的指标。

因此为了使投资中心的局部目标与企业的总体目标保持一致,弥补投资报酬率这一指标的不足,还可以采用剩余收益指标来评价、考核投资中心的业绩。

2. 剩余收益

剩余收益是指投资中心获得的利润扣减投资额按预期最低投资报酬率计算的投资报酬后的余额。其计算公式如下。

$$剩余收益=利润-投资额×预期最低投资报酬率$$

$$剩余收益=投资额(投资利润率-预期最低投资报酬率)$$

以剩余收益作为投资中心经营业绩评价指标,各投资中心只要投资利润率大于预期最低投资报酬率,即剩余收益大于零,该项投资项目就是可行的。剩余收益是个绝对数正指标,这个指标越大,说明投资效果越好。

【例 10-5】某企业有若干个投资中心,平均投资报酬率为 15%,其中甲投资中心的投资报酬率为 20%,该中心的经营资产平均余额为 150 万元。预算期甲投资中心有一次追加投资的机会,投资额为 100 万元,预计利润为 16 万元。投资报酬率为 16%。

要求:

(1) 假定预算期甲投资中心接受了上述投资项目,分别用投资报酬率和剩余收益指标来评价考核甲投资中心追加投资后的工作业绩。

(2) 分别从整个企业和甲投资中心的角度,说明是否应当接受这一追加投资项目。

解:(1) 甲投资中心接受投资后的评价指标分别为:

投资报酬率=(150×20%+16)÷(150+100)=18.40%

剩余收益=16-100×15%=1(万元)

从投资报酬率指标看,甲投资中心接受投资后的投资报酬率为 18.40%,低于该中心原有的投资报酬率 20%,追加投资使甲投资中心的投资报酬率指标降低了。从剩余收益指标看,甲投资中心接受投资后可增加剩余收益 1 万元,大于零,表明接受追加投资可行。

(2) 如果从整个企业角度看,该追加投资项目的投资报酬率为 16%,高于企业的投资报酬率 15%;剩余收益为 1 万元,大于零。结论是:无论从哪个指标看,企业都应当接受该项追加投资。

如果从甲投资中心看,该追加投资项目的投资报酬率为 16%,低于该中心的投资报酬率 20%,若仅用这个指标来考核投资中心的业绩,则甲投资中心不会接受这项追加投资(因为这将导致甲投资中心的投资报酬率指标由 20%降低为 18.4%);但若以剩余收益指标来考核投资中心的业绩,则甲投资中心会因为剩余收益增加了 1 万元,而愿意接受该项追加投资。

通过上例可以看出,利用剩余收益指标考核投资中心的工作业绩,能使个别投资中心的局部利益与企业整体利益达到一致,避免投资中心有本位主义倾向。

需要注意的是,以剩余收益作为评价指标,所采用的投资报酬率的高低对剩余收益的影响很大,通常应以整个企业的平均投资报酬率作为最低报酬率。

(二)投资中心责任报告

投资中心责任报告的结构与成本中心和利润中心类似。通过编制投资中心责任报告，可以反映该投资中心投资业绩的具体情况。

【例 10-6】某投资中心责任报告如表 10-3 所示。

表 10-3　某投资中心责任报告　　　　　　　　　　单位：万元

项　目	实　际	预　算	差　异
营业利润(1)	800	648	+152
平均经营资产(2)	4 000	3 600	+400
投资报酬率(3)=(1)÷(2)	20%	18%	+2%
按最低投资报酬率 15%计算的投资报酬(4)=(2)×15%	600	540	+60
剩余收益(5)=(1)-(4)	200	108	+92

由表 10-3 计算可知，该投资中心的投资报酬率和剩余收益指标都超额完成了预算，表明给投资中心投资业绩比较好。

四、责任结算与核算

1. 内部转移价格的含义

内部转移价格是指企业内部各责任中心之间转移中间产品或相互提供劳务，而发生内部结算和进行内部责任结转所使用的计价标准。

从企业总体来看，内部转移价格无论怎样变动，企业利润总额不变，变动的只是企业内部各责任中心的收入或利润的分配份额。

内部转移价格的制定原则：全局性原则；公平性原则；自主性原则；重要性原则。

内部转移价格的类型：市场价格；协商价格；双重价格；成本转移价格。

2. 内部结算方式

内部结算方式包括以下三种：内部支票结算方式、转账通知单方式、内部货币结算方式。

3. 责任成本的内部结转

责任成本的内部结转又称责任转账，是指在生产经营过程中，对于因不同原因造成的各种经济损失，由承担损失的责任中心对实际发生或发现损失的责任中心进行损失赔偿的账务处理过程。责任转账的目的是划清各责任中心的成本责任，使不应承担损失的责任中心在经济上得到合理补偿。

五、现代财务控制的创新——战略成本控制

1. 战略成本控制的产生背景

企业经营环境变化和面临的挑战主要是：全球化竞争；新技术的飞速发展与应用；新

经济的产生与应用；组织结构的改变。

2. 战略成本控制的特点

战略成本控制的特点：时间范围的拓展；空间范围的拓展；以增加顾客价值为出发点；更加重视人的因素；管理方法和手段的创新。

3. 战略成本控制的基础

战略成本控制的基础是差异分析。按照成本差异的形成因素，可以分为价格差异和用量差异。

差异的计算公式如下：

$$利润差异=销售差异+成本差异$$

4. 战略成本控制的方法

现代战略成本控制的方法主要包括作业成本管理、全面质量管理、目标成本管理、即时成本管理等。

● 案例解析

利润中心边际贡献总额=100-60=40(万元)
利润中心负责人可控利润总额=40-5=35(万元)
利润中心可控利润总额=35-10=25(万元)

项 目 小 结

财务控制和财务业绩评价是实现企业财务目标的有效手段。一个企业要实现价值最大化就必须采用科学的控制方法，而企业财务活动结果的好坏，又要通过一定的方法进行评价。

财务控制是指按照一定的程序和方法，确保企业及其内部机构和人员全面落实并实现财务预算的过程。责任中心财务控制包括成本中心财务控制、利润中心财务控制和投资中心财务控制。

财务业绩评价是指以财务会计、统计、管理等资料为基础，采用定量和定性方法，依据统一的评价标准，按照一定的程序，对企业一定经营期间的经营业绩作出客观、科学的综合评价。财务业绩评价体系的基本要素构成有以下几点：评价主体；评价目标；评价对象；评价指标；评价标准；评价报告。

项目强化训练

一、单项选择题

1. (　　)既要防止因现金短缺而可能出现的支付危机，也要防止因现金沉淀而可能出现的机会成本增加。

  A. 收支控制   B. 现金控制   C. 定额控制   D. 定率控制

2. 下列说法中错误的是(　　)。

  A. 定率控制具有投入与产出对比、开源与节流并重的特征

  B. 相比较而言，定额控制没有弹性，定率控制具有弹性

  C. 指导性控制在实现有利结果的同时，也避免了不利结果的发生

  D. 侦查性控制是为了把风险水平限制在一定范围内

3. 出资者的财务控制、经营者的财务控制和财务部门的财务控制是将财务控制按(　　)进行的分类。

  A. 控制的主体   B. 控制的手段   C. 控制的依据   D. 控制的对象

4. (　　)是指为了实现有利结果而采取的控制。

  A. 侦查性控制   B. 预防性控制   C. 补偿性控制   D. 指导性控制

5. (　　)是针对某些环节的不足或缺陷而采取的控制措施。

  A. 指导性控制   B. 预防性控制   C. 侦查性控制   D. 补偿性控制

6. 责任中心的特征不包括(　　)。

  A. 是一个责权利结合的实体   B. 不承担经济责任

  C. 责任和权利皆可控   D. 有一定的经营业务和财务收支活动

7. 一个责任中心，如果只对成本、收入和利润负责，该中心则是(　　)。

  A. 成本中心   B. 投资中心   C. 利润中心   D. 费用中心

8. (　　)是指企业在日常经营管理活动中按照既定的职责和程序进行的授权。

  A. 常规性授权   B. 一般授权   C. 临时性授权   D. 特别授权

9. 下列各项措施中，不属于财产保护控制的是(　　)。

  A. 限制接触财产   B. 业绩评价   C. 财产保险   D. 定期盘点

10. 某投资中心当年实现利润 10 000 元，投资额为 50 000 元，预期最低的投资收益率为 12%，则该中心的剩余收益为(　　)元。

  A. 4 000   B. 5 000   C. 1 200   D. 600

11. 可以将财务控制分为一般控制和应用控制的分类标准是(　　)。

  A. 按照财务控制的内容   B. 按照财务控制的功能

  C. 按照财务控制的时序   D. 按照财务控制的主体

12. 财务控制按控制的功能不同，可分为(　　)。

  A. 一般控制、应用控制

  B. 预防性控制、侦查性控制、纠正性控制、指导性控制、补偿性控制

  C. 收支控制、现金控制

  D. 预算控制、制度控制

二、多项选择题

1. 财务控制具有的特征有(　　)。

  A. 以价值控制为手段   B. 以综合经济业务为控制对象

C. 以现金流量控制为日常控制内容　　D. 以过程控制为主，以结果控制为辅
　2. 按照财务控制的时序可将财务控制分为(　　)。
　　　A. 事先控制　　　B. 事中控制　　　C. 事后控制　　　D. 反馈控制
　3. 按照财务控制的依据可将财务控制分为(　　)。
　　　A. 预算控制　　　B. 制度控制　　　C. 科学控制　　　D. 人事控制
　4. 按照财务控制的手段可将财务控制分为(　　)。
　　　A. 定额控制　　　B. 定率控制　　　C. 定基控制　　　D. 环比控制
　5. 按照财务控制的对象可将财务控制分为(　　)。
　　　A. 一般控制　　　B. 财务收支控制　C. 应用控制　　　D. 现金控制
　6. 计算责任成本时，制造费用要分析各种消耗与责任中心的关系，下列办法中，可采用(　　)。
　　　A. 直接计入某责任中心　　　　　　B. 按责任基础分配
　　　C. 按受益基础分配　　　　　　　　D. 列作不可控费用不进行分摊
　7. 下列各项中，属于揭示自然利润中心特征的表述包括(　　)。
　　　A. 直接面对市场　　　　　　　　　B. 具有部分生产经营决策权
　　　C. 通常只计算可控成本　　　　　　D. 对外销售产品而取得收入
　8. 下列关于人为利润中心的说法中，正确的有(　　)。
　　　A. 该中心可以向其他责任中心提供产品
　　　B. 该中心可以取得对外销售收入
　　　C. 能确定合理的内部转移价格
　　　D. 具有投资决策权
　9. 投资中心具备的特征有(　　)。
　　　A. 拥有投资决策权　　　　　　　　B. 处于责任中心的最高层次
　　　C. 承担最大的责任　　　　　　　　D. 一般都是独立法人
　10. 影响剩余收益的因素有(　　)。
　　　A. 营业现金流量　B. 部门边际贡献　C. 部门资产　　　D. 资金成本

三、判断题

　1. 职责分工控制要求企业根据职责分工，明确各部门、各岗位办理经济业务与事项的权限范围、审批程序和相应责任等内容。　　　　　　　　　　　　　　　　(　　)
　2. 纠正性控制是指针对某些环节不足或缺陷而采取的控制措施。　　　　(　　)
　3. 财务控制按照实施控制的主体分为出资者的财务控制、经营者的财务控制和财务部门的财务控制，通常把出资者的财务控制认为是一种内部控制。　　　　(　　)
　4. 与预算控制相比，制度控制具有激励性的特征。　　　　　　　　　　(　　)
　5. 一般而言，对于激励性指标采用最高控制标准，对于约束性指标采用最低控制标准。　　　　　　　　　　　　　　　　　　　　　　　　　　　　　　　(　　)
　6. 责任中心是指承担一定的经济责任的企业内部单位。　　　　　　　　(　　)

7. 只要有成本发生，需要对成本负责，并实施成本控制的单位，都可以称为成本中心。
（　　）
8. 利润中心是指既对成本负责又对收入和利润负责的责任中心，它有独立或相对独立的收入和生产经营决策权。（　　）
9. 投资中心必然是利润中心，但利润中心并不都是投资中心。（　　）
10. 最高层次责任中心的责任报告应当最详细。（　　）

四、名词解释

责任中心　成本中心　利润中心　投资中心　责任报告　业绩考核　财务控制　纠正性控制　收支控制　现金控制

五、思考题

1. 怎样运用成本中心、利润中心和投资中心实施财务控制？
2. 怎样对企业进行财务评价？
3. 怎样进行责任预算及责任报告的编制？

六、计算分析题

1. 某公司第一车间为成本中心，生产甲产品，预算产量 10 万件，预算单位成本为 82 元；实际产量 9.5 万件，单位成本为 80 元。

要求：

(1) 计算甲产品预算责任成本。
(2) 计算甲产品的成本变动额及成本变动率。

2. 某公司下设三个投资中心，有关资料如表 10-4 所示。

表 10-4　投资中心相关财务指标值　　　　　　　单位：万元

指标　　投资中心	甲投资中心	乙投资中心	丙投资中心	总公司
净利润	230	280	210	720
净资产平均占用额	1 900	2 400	1 700	6 000
规定的最低投资报酬率	9%	9%	9%	

要求：

(1) 计算各投资中心及总公司的投资利润率，并据此评价各投资中心的业绩。
(2) 计算各投资中心及总公司的剩余收益，并据此评价各投资中心的业绩。
(3) 综合评价各投资中心的业绩。

3. 榕辉机械有限责任公司下设 A、B 两个投资中心，A 投资中心的投资额为 200 万元，投资利润率为 15%；B 投资中心的投资利润率为 17%，剩余收益为 20 万元；公司要求的平均最低投资利润率为 12%。公司决定追加投资 100 万元，若投向 A 投资中心，每年可增加利润 20 万元；若投向 B 投资中心，每年可增加利润 15 万元。

要求:

(1) 计算追加投资前 A 投资中心的剩余收益。
(2) 计算追加投资前 B 投资中心的投资额。
(3) 计算追加投资前榕辉机械有限责任公司的投资利润率。
(4) 若 A 投资中心接受追加投资,计算其剩余收益。
(5) 若 B 投资中心接受追加投资,计算其投资利润率。

 微课视频

扫一扫,获取本项目相关微课视频。

任务一、任务二　财务控制概述、责任控制

项目十一 财务分析

【知识目标】

- 理解财务分析的含义和步骤。
- 掌握比较分析法、比率分析法和因素分析法的应用。
- 掌握偿债能力、营运能力、盈利能力、杜邦财务分析的含义及其计算方法。

【技能目标】

- 能够根据相关财务数据及资料,对企业的偿债能力、营运能力、盈利能力和发展能力作出评价。
- 能够运用杜邦财务分析体系综合评价企业的财务状况与盈利水平。

案例引导

巴菲特的成功之道

巴菲特成功的股票投资经历作为传奇被人们津津乐道，在造就这种成功的诸多原因中，巴菲特对上市公司股票理智、专业的财务分析功不可没。

大学期间，在所有课程中，巴菲特最重视的是财务会计。巴菲特认为：必须懂会计，而且必须要懂会计的微妙之处。会计是商业的语言，尽管是一种并不完美的语言。除非你愿意投入时间精力学习掌握财务会计，学会如何阅读和分析财务报告，否则，你就无法真正独立地选择股票。而且，巴菲特读大学时最喜欢看的也是公司年度财务报告。他对伙伴说："我阅读我所关注的公司的年度财务报告，同时我也阅读它们竞争对手的年度财务报告，这些年报是我最主要的阅读材料。"正是依靠这些财务分析的专业知识，巴菲特从19岁开始，走上了他的股票投资之道。

(资料来源：张雪同. 财务管理[M]. 上海：立信会计出版社，2015: 195.)

分析：请思考财务报表分析对投资者和财务经理的重要性。

理论认知

任务一　财务分析概述

一、财务分析的含义

财务分析是指以财务报表以及其他相关资料为起点，采用专门的方法，系统的分析和评价企业的过去和现在的经营成果、财务状况及变动，目的是了解过去、评价现在、预测未来，帮助利益关系集团改善决策。财务分析的内容通常包括：偿债能力分析、营运能力分析、盈利能力分析、发展能力分析及财务综合能力分析五个方面。

二、财务分析的基本功能

财务分析的基本功能是通过将大量的报表数据转换成对特定决策有用的信息，以减少决策的不确定性。

财务分析的结果是对企业的偿债能力、盈利能力和抵抗风险能力作出评价，或找出存在的问题。财务分析是认识的过程，通常只能发现问题而不能提供解决问题的现成答案，只能作出评价而不能改善企业的状况。例如，某企业的资产收益率低，通过分析得知是资产周转率低，进一步分析，得知资产周转率低的原因是由于存货过高，存货过高的原因是产成品过高。而如何处理积压产品，财务分析则不能回答。

对外发布的财务报表是根据全体使用者的一般要求设计的，不适合特定使用者的特定要求。报表使用者要从中选取自己的信息，重新加工，使之符合特定的决策需求。企业财务报表的主要使用者有投资者、债权人、经理人员、供应商、政府、雇员和工会、中介机构等七种，他们的分析目的不完全相同。

(1) 投资人：为决定是否投资，分析企业的资产和盈利能力；为决定是否转让股份，分析盈利状况、股价水平和发展前景；为考查经营者的业绩，分析资产盈利水平、破产风险和竞争能力；为决定股利分配政策，分析筹资状况。

(2) 债权人：是否发放贷款，要分析报酬和风险；了解短期偿债能力，要分析流动状况；了解长期偿债能力，要分析盈利状况；是否转让债权，要分析其价值。

(3) 经理人员：涉及的内容最广泛，几乎包括外部使用者关心的所有问题。

(4) 供应商：要通过分析来看企业是否能长期合作，了解企业信用水平如何，是否应对企业延长付款期。

(5) 政府：分析纳税情况；是否遵守法规和市场秩序；职工收入和就业情况等。

(6) 雇员和工会：通过分析，判断企业盈利与雇员收入、保险、福利之间是否相适应。

(7) 中介机构：审计人员确定审计重点财务分析领域的逐渐扩展与咨询业的发展有关。在一些国家，财务分析师已成为专门的职业，他们为各类报表使用者提供专业咨询。

三、财务分析对企业的作用

(一)财务分析可正确评价企业过去

财务分析通过对实际会计报表等资料的分析能够准确地说明企业过去的业绩状况，指出企业存在的问题及产生的原因，是主观原因还是客观原因等，对企业投资者和债权人的行为产生正确的影响。

(二)财务分析可全面反映企业现状

根据不同分析主体的分析目的，采用不同的分析手段和方法，可得出反映企业在该方面现状的指标，如反映企业资产结构的指标、企业权益结构的指标、企业支付能力和偿债能力的指标、企业营运状况的指标、企业盈利能力的指标等。这种分析对于全面反映和评价企业的现状有重要作用。

(三)财务分析可用于估价企业未来

财务分析不仅可用于评价过去和反映现状，更重要的是可通过对过去与现状的分析与评价，估价企业的未来发展状况与趋势。第一，可为企业未来财务预测、财务决策和财务预算指明方向；第二，可准确评估企业的价值及价值创造，这对企业进行经营者绩效评价、资本经营和产权交易都是十分有益的；第三，可为企业进行财务危机预测提供必要信息。

任务二　财务分析方法

一、常用的财务报表分析方法

财务分析方法是完成财务分析任务、实现财务分析目的的技术手段。财务分析方法多种多样，但常用的方法主要有比较分析法、比率分析法和因素分析法三种。

(一)比较分析法

比较分析法是指通过对比两期或连续数期财务报告中的相同指标，确定其增减变动的方向、数额和幅度，来说明企业财务状况和经营成果的变动趋势的一种方法。其主要有三种方式：一是重要财务指标的比较；二是会计报表的比较；三是会计报表项目构成的比较。

1. 重要财务指标的比较

(1) 定基动态比率，是以某一时期的数额为固定的基期数额而计算出来的动态比率。其计算公式如下。

$$定基动态比率=分析期数额\div 固定基期数额\times 100\%$$

(2) 环比动态比率，是以每一分析期的前期数额为基期数额而计算出来的动态比率。其计算公式如下。

$$环比动态比率=分析期数额\div 前期数额\times 100\%$$

【例 11-1】某公司 2015 年净利润为 100 万元，2021 年为 500 万元，2022 年为 600 万元，现以 2015 年为固定基期。

要求：计算 2022 年净利润的定基动态比率和环比动态比率。

解：定基动态比率=600÷100×100%=600%

环比动态比率=600÷500×100%=120%

2. 会计报表的比较

会计报表的比较，具体包括资产负债表的比较、利润表的比较和现金流量表的比较等，是以会计报表中的某个总体指标作为 100%，再计算出其各组成项目占该总体指标的百分比，从而比较各个项目百分比的增减变动，以此来判断有关财务活动的变化趋势。采用比较分析法时，必须注意以下问题。

(1) 用于进行对比的各个时期的指标，在计算口径上必须一致。

(2) 剔除偶发性项目的影响，使作为分析的数据能反映正常的经营状况。

(3) 应运用例外原则，对某项有显著变动的指标作重点分析，研究其产生的原因，以便采取对策，趋利避害。

3. 会计报表项目构成的比较

会计报表项目构成的比较是在会计报表比较的基础上发展而来的，即以会计报表中的某个总体指标作为 100%，再计算出其各组成指标占该总体指标的百分比，从而来比较各个项目百分比的增减变动，以此来判断有关财务活动的变化趋势。这种方法比前面两种方法更能准确地分析企业财务活动的发展趋势，它既可用于同一企业不同时期财务状况的纵向比较，又可用于不同企业同一时期之间的横向比较。同时，它还能消除不同时期或不同企业之间业务规模差异的影响，有利于分析企业的耗费水平和赢利水平。

(二)比率分析法

比率分析法是通过计算各种比率指标来确定财务活动变动程度的分析方法。比率指标的类型包括以下三种。

1. 构成比率

构成比率又称结构比率，是某项财务指标的各组成部分数值占总体数值的百分比，反映部分与总体的关系。例如，流动资产占资产总额的比率。其计算公式如下。

$$构成比率=某个组成部分数值÷总体数值×100\%$$

2. 效率比率

效率比率是某项经济活动中所费与所得的比率，反映投入与产出的关系。一般而言，涉及利润的有关比率指标基本上均为效率比率，如营业利润率、成本费用利润率等。

3. 相关比率

相关比率是以某个项目和与其有关但又不同的项目加以对比所得的比率，反映有关经济活动的相互关系，如流动比率等。但采用这一方法时应注意以下三点。

(1) 对比项目的相关性(比率指标的分子分母必须具有相关性)。

(2) 对比口径的一致性(分子分母必须在计算时间、范围等方面保持口径一致)，如净资产收益率。其计算公式如下。

$$净资产收益率=净利润÷年平均净资产×100\%$$

因为净利润是年度的，是一年这个期间产生出来的，而净资产是时点数据，用期初或者期末的净资产，都不是期间数据，故取平均数，保持口径一致。

(3) 衡量标准的科学性。

(三)因素分析法

因素分析法是依据分析指标与其影响因素的关系，从数量上确定各因素对分析指标影响方向和影响程度的一种方法。其包括连环替代法和差额分析法。其中，连环替代法为基本方法，差额分析法为简化方法。

(1) 连环替代法，是将分析指标分解为各个可以计量的因素，并根据各个因素之间的依存关系，顺次用各因素的比较值(通常为实际值)替代基准值(通常为标准值或计划值)，并据以测定各因素对分析指标的影响。

(2) 差额分析法，是利用各个因素的比较值与基准值之间的差额，来计算各因素对分析指标的影响。

【例11-2】某企业2022年10月某种原材料费用的实际数是4 620元，而其计划数是4 000元；实际比计划增加 620 元。原材料费用是由产品产量、单位产品材料消耗用量和材料单价三个因素的乘积构成的，以上资料如表11-1 所示。

表11-1 产品及相关因素

项 目	单 位	计划数	实际数
产品产量	件	100	110
单位产品材料消耗量	千克	8	7
材料单价	元	5	6
材料费用总额	元	4 000	4 620

根据表 11-1 中的资料，材料费用总额实际数较计划数增加 620 元，这是分析对象。运用连环替代法可以计算各因素变动对材料费用总额的影响程度。

材料费用总额=产量×单位产品材料消耗量×材料单价

计划指标：100×8×5=4 000(元)　　　①
第一次替代：110×8×5=4 400(元)　　②
第二次替代：110×7×5=3 850(元)　　③
第三次替代：110×7×6=4 620(元)　　④
实际指标：
②-①=4 400-4 000=400(元)(产量增加的影响)
③-②=3 850-4 400=-550(元)(材料节约的影响)
④-③=4 620-3 850=770(元)(价格提高的影响)
400-550+770=620(元)(全部因素的影响)

【例 11-3】仍以表 11-1 所列数据为例，可采用差额分析法计算确定各因素变动对材料费用的影响。

材料费用总额=产量×单位产品材料消耗量×材料单价

(1) 产量增加对材料费用的影响为：

(110-100)×8×5=400(元)

(2) 材料消耗节约对材料费用的影响为：

110×(7-8)×5=-550(元)

(3) 价格提高对材料费用的影响为：

110×7×(6-5)=770(元)

在应用这一方法时，必须注意以下四个问题。

(1) 因素分解的关联性。即确定构成经济指标的因素，必须是客观上存在着因果关系的因素，要能够反映形成该项指标差异的内在构成原因，否则就失去了其存在的价值。

(2) 因素替代的顺序性。因素替代时，必须按照各因素的依存关系，排列成一定的顺序并依次替代，不可随意加以颠倒，否则就会得出不同的计算结果。

(3) 顺序替代的连环性。因素分析法在计算每一个因素变动的影响时，都是在前一次计算的基础上进行的，并采用连环比较的方法确定因素变化的影响结果。

(4) 计算结果的假定性。由于因素分析法计算的各因素变动的影响会因替代计算顺序的不同而有所差别，因而计算结果难免带有假定性，即它不可能使每个因素计算的结果都达到绝对的准确。

二、财务分析的局限性

财务分析对于了解企业的财务状况和经营成果，评价企业的偿债能力和经营能力，帮助制定经济决策，有着显著的作用。但由于种种因素的影响，财务分析也存在着一定的局限性。

(一)资料来源的局限性

1. 报表数据的时效性问题

财务报表中的数据，均是企业过去经济活动的结果和总结，用于预测未来发展趋势，只有参考价值，并非绝对合理。

2. 报表数据的真实性问题

在企业形成其财务报表之前，信息提供者往往对信息使用者所关注的财务状况以及对信息的偏好进行仔细的分析与研究，其结果极有可能使信息使用者所看到的报表信息与企业实际状况相差甚远，从而误导信息使用者的决策。

3. 报表数据的可靠性问题

财务报表虽然是按照会计准则编制的，但不一定能准确地反映企业的客观事实。例如，报表数据未按照通货膨胀进行调整；某些资产以成本计价，并不代表其现在的真实价值；许多支出在记账时存在灵活性，既可以作为当期费用，也可以作为资本项目在以后年度的摊销；很多资产以估计值入账，但未必正确；偶然事件可能歪曲本期的损益，不能反映盈利的正常水平。

4. 报表数据的可比性问题

根据会计准则的规定，不同的企业或同一个企业的不同时期都可以根据实际情况采用不同的会计政策和会计处理方法，使得报表上的数据在企业不同时期和不同企业之间的对比在很多时候失去意义。

5. 报表数据的完整性问题

由于报表本身的原因，其提供的数据是有限的。对报表使用者来说，可能不少有用的信息在报表或附注中根本找不到。

(二)财务分析方法的局限性

比率分析法是针对单个指标进行分析的，综合程度较低，在某些情况下无法得出令人满意的结论。比率指标的计算一般都是建立在以历史数据为基础的财务报表之上的，这使比率指标提供的信息与决策之间的相关性大打折扣。无论何种分析法，均是对过去经济事项的反映，随着环境的变化，这些比较标准也会发生变化。而在分析时，分析者往往只注重数据的比较，而忽略经营环境的变化，这样得出的分析结论也是不全面的。

(三)财务分析指标的局限性

1. 财务指标体系不严密

每一个财务指标只能反映企业的财务状况或经营状况的某一方面，每一类指标都过分强调本身所反映的方面，导致整个指标体系不严密。

2. 财务指标所反映的情况具有相对性

在判断某个具体财务指标是好还是坏，或根据一系列指标形成对企业的综合判断时，必须注意财务指标本身所反映情况的相对性。

3. 财务指标的评价标准不统一

对于流动比率，人们一般认为指标值为 2 比较合理，速动比率则认为 1 比较合适，但许多成功企业的流动比率都低于 2，不同行业的速动比率也有很大差别。例如，采用大量现金销售的企业，几乎没有应收账款，速动比率大大低于 1 是很正常的；相反，一些应收账款较多的企业，速动比率可能要大于 1。因此，在不同企业之间用财务指标进行评价时，没有一个统一标准，不便于不同行业间的对比。

4. 财务指标的计算口径不一致

对于反映企业营运能力指标，分母的计算可用年末数，也可用平均数，而平均数的计算又有不同的方法，这些都会导致计算结果不一样，不利于评价、比较。

三、财务分析的步骤

由于分析主体的目的、分析形式、分析方法等的不同，因此财务分析没有一个固定模式，分析的具体步骤和程序，是根据特定需要，由分析人员个别设计的。

财务分析的一般步骤如下。

(1) 明确分析目的。只有确定分析目的，才能设计具体的财务分析程序，拟定具体的分析内容，进而决定采用的分析方法。

(2) 拟定分析提纲。分析目的明确以后，要拟定分析提纲，以便做到心中有数，有利于分析工作的安排。

(3) 收集整理资料。资料准备不足，分析就不能深入，就会影响分析的质量。在进行财务分析前需要准备的基本资料包括：有关企业战略发展的文件、财务预算、投资融资的文件、主要经营情况、财务报表等。

(4) 研究分析。根据分析目的先把整体的各个部分分割开来进行分析，然后深入研究各部分的特殊本质，进一步研究各个部分的联系。

(5) 出具财务分析报告。通过分析结果，提供对决策者有帮助的信息。

任务三　基本财务分析

财务比率也称为财务指标，是通过财务报表数据的相对关系来揭示企业经营管理各方面的问题，是最主要的财务分析方法。基本的财务指标分析包括偿债能力分析、营运能力分析、盈利能力分析、发展能力分析四个方面。

本书以榕辉机械有限责任公司资产负债表和利润表的数据为基础来阐述财务分析的具体内容。该公司的资产负债表如表 11-2 所示，利润表如表 11-3 所示。

表 11-2 资产负债表

编制单位：榕辉机械有限责任公司　　　　时间：2022 年 12 月 31 日　　　　　　　　　单位：万元

资　产	年初数	期末数	负债及所有者权益	年初数	期末数
流动资产：			流动负债：		
货币资金	100	523	短期借款	5 455	5 624
应收票据	173	173	应付账款	2 041	2 509
应收账款	3 290	3 140	应付职工薪酬	399	183
其他应收款	316	148	应交税费	212	305
存货	4 412	5 459	其他应付款	592	604
一年内到期的非流动资产	27	34	流动负债合计	8 699	9 225
流动资产合计	8 318	9 477	非流动负债：		
非流动资产：			长期借款	1 027	982
固定资产	3 227	3 097	非流动负债合计	1 027	982
在建工程	725	783	负债合计	9 726	10 207
其他长期资产	895	387	所有者权益：		
非流动资产合计	4 847	4 267	实收资本	2 412	2 412
资产总计	13 165	13 744	资本公积	324	336
			盈余公积	593	593
			未分配利润	110	196
			所有者权益合计	3 439	3 537
			负债及所有者权益总计	13 165	13 744

表 11-3 利润表

编制单位：榕辉机械有限责任公司　　　　2022 年 12 月 31 日　　　　　　　　　　　单位：万元

项　目	本月数	本年累计数
一、营业收入		12 452
减：营业成本		10 089
税金及附加		52
销售费用		437
管理费用		1 269
财务费用		461
加：投资收益		112
二、营业利润		256
加：营业外收入		94
减：营业外支出		84
三、利润总额		266
减：所得税费用		70
四、净利润		196

(备注：资产负债表和利润表均为简化格式，仅用于示例。)

一、偿债能力分析

(一)短期偿债能力

所谓短期偿债能力是指公司在短期债务到期可以转换为现金以偿付流动负债的能力，也可称作支付能力。短期偿债能力的强弱，能直接反映出公司现时财务能力的好坏。目前，可用于分析公司短期偿债能力的指标主要有六项，即：流动比率、速动比率、现金比率、应收账款周转率、存货周转率和现金流量指标。下面主要介绍流动比率、速动比率和现金比率。

1. 流动比率

流动比率又称营运资产比率，是公司中流动资产总额与流动负债总额的比率。该指标主要用于衡量与判断公司流动资产短期债务到期以前可以转换为现金，以用于偿还流动负债的能力强弱与否。其计算公式如下。

$$流动比率=流动资产\div流动负债\times100\%$$

该项比率表示每一元流动负债可以有多少流动资产来作为还款的保证。

【例11-4】继续使用表11-2资产负债表的资料。

要求：计算榕辉机械有限责任公司的流动比率。

解：流动比率=9 477÷9 225×100%=102.78%

流动比率是衡量公司短期偿债能力的一个重要的财务指标。这个比率越高，表示公司短期偿债能力越强，流动负债获得清偿的机会越大，安全性也越大，债权人的债权就越有保障。从生产经营的角度看，过高的流动比率也不完全是好现象。原因是过高的流动比率可能是由于滞留在流动资产上的资金过多所致，这反映了经营者未能有效地利用资金，可能会影响公司的获利能力。流动比率维持在2∶1左右，表示该公司的财务状况基本上是稳固的。

2. 速动比率

速动比率是速动资产与流动负债的比率，计算公式如下。

$$速度比率=速动资产\div流动负债\times100\%$$

简而言之，速动资产就是能迅速转换为现金的资产，包括货币资金、交易性金融资产、应收票据、应收账款、其他应收款等。这是因为货币资金本身就是现款，交易性金融资产能够很快在证券市场变现，应收票据在必要时可以通过贴现变现，应收账款可在较短的时间内收回。

一般来说，1∶1的速动比率是合理的，它说明1元流动负债有1元的速动资产作保证。如果速动比率大于1，说明公司有足够的能力偿还短期债务，但同时也说明公司拥有过多的不能获利的现款和应收账款；如果速动比率小于1，企业将依赖于出售存货或举借新债偿还到期债务，这就可能造成急需售出存货带来的削价损失或举借新债形成的利息负担。

【例11-5】继续使用表11-2资产负债表的资料。

要求：计算榕辉机械有限责任公司的速动比率。

解：速动比率=(9 477-5 459-34)÷9 225 ×100%=43.19%
说明榕辉机械有限责任公司的短期偿债能力很差，财务状况不是很好。

3. 现金比率

现金比率又称负债现金比率，是反映公司的立即变现能力，也就是随时可以还债的能力。其计算公式如下。

$$现金比率=现金类资产÷流动负债$$
$$=(货币资金+交易性金融资产)÷流动负债×100\%$$

现金类资产包括现金、各种存款和交易性金融资产。在数量上，它等于速动资产减去各种应收款项后的资产。这是由于应收账款存在着发生坏账损失的可能，使某些到期的账款也不一定能按时收回。一般来说，现金比率在 0.2 以上为好。

【例 11-6】继续使用表 11-2 资产负债表的资料。

要求：计算榕辉机械有限责任公司的现金比率。

解：现金比率=523÷9 225×100%=5.67%

这说明公司的短期偿债能力很差。但是，也不能认为这项指标越高越好，因为指标太高可能是由于拥有大量不能获利的现款和各种存款。

(二)长期偿债能力

长期偿债能力是指公司偿还长期债务的能力。衡量公司长期偿债能力主要看公司资金结构是否合理、稳定以及公司长期盈利能力的大小。

1. 资产负债率

资产负债率是公司负债总额与资产总额的比率，计算公式如下。

$$资产负债率=负债总额÷资产总额×100\%$$

公司的资金是由所有者权益和负债构成的，因此公司的资产总额应大于负债总额，资产负债率应小于 100%。如果公司的资产负债率较低(50%以下)，说明公司有较好的偿债能力和负债经营能力。

【例 11-7】继续使用表 11-2 资产负债表的资料。

要求：计算榕辉机械有限责任公司的资产负债率。

解：资产负债率=(9 225+982)÷13 744=74.26%

由计算可知，公司的资产负债率偏高。

所有者总希望利用负债经营得到财务杠杆利益，从而提高资产负债率。但债权人希望公司的资产负债率低一些，因为债权人的利益主要表现在权益的安全方面。如果企业的资产负债率等于甚至大于 100%，说明公司资不抵债，债权人为维护自己的利益可向人民法院申请公司破产。

2. 产权比率

产权比率又称资本负债率，是公司负债总额与所有者权益之比。其计算公式如下。

$$产权比率=负债总额÷所有者权益×100\%$$

产权比率表明债权人投入的资本所受股东权益保障的程度。该比率越低，债权人承担的风险越小；该比率越高，债权人承担的风险越大。因此，该比率的变动是公司债权人所关注的。

产权比率反映由债权人提供的资本与所有者权益的相对关系，反映公司基本财务结构是否稳定。从股东来看，产权比率高，是高风险、高报酬的财务结构；产权比率低，是低风险、低报酬的结构。

【例 11-8】 继续使用表 11-2 资产负债表的资料。

要求：计算榕辉机械有限责任公司的产权比率。

解：产权比率=(9 225+982) ÷3 537 ×100%=288%

3. 已获利息倍数

已获利息倍数是指公司在一定时期内息税前利润与利息支出的比率。它是衡量公司偿付利息支出的承担能力和保证程度，同时也反映了债权人投资的风险程度。其计算公式如下。

$$已获利息倍数=息税前利润÷利息支出$$

式中，息税前利润是指包括利息支出和所得税前的正常业务经营利润，利息支出应包括公司在生产经营过程中实际支出的借款利息、债券利息等。这个指标的倍数越大，说明公司承担利息的能力越强。如果倍数小于1，则表示公司的获利能力无法承担举债经营的利息支出。究竟公司息税前利润应是利息支出的多少倍，才算偿付能力强，这要根据往年经验结合行业特点来判断。

【例 11-9】 继续使用表 11-3 利润表的资料。

要求：计算榕辉机械有限责任公司的已获利息倍数。

解：已获利息倍数=(266+461) ÷461=1.58

二、营运能力分析

公司的经营活动离不开各项资产的运用。对公司营运能力的分析是指对各项资产的周转使用情况进行的分析。资产管理涉及公司的供、产、销各环节。

(一)应收账款周转率

1. 应收账款周转次数

应收账款周转次数是公司一定时期内(一般是1年)的营业收入与应收账款平均余额的比率，反映了一个年度内应收账款的平均收现次数。其计算公式如下。

$$应收账款周转次数=营业收入÷应收账款平均余额$$

式中，应收账款平均余额=(期初应收账款+期末应收账款)÷2

2. 应收账款周转天数

应收账款周转天数也称为应收账款平均收账期，是1个年度内应收账款平均周转1次所需要的天数。其计算公式如下。

$$应收账款周转天数=360÷应收账款周转次数$$
$$=应收账款平均余额×360÷营业收入$$

应收账款周转率是分析公司资产流动情况的一项指标。应收账款周转次数多,周转天数少,则表明应收账款周转快,公司信用销售严格;反之,则表明应收账款周转慢,公司信用销售放宽。信用销售严格有利于加速应收账周转,减少坏账损失,但可能丧失销售商品的机会,减少销售收入。

【例 11-10】继续使用表 11-2 资产负债表和表 11-3 利润表的资料。

要求:计算榕辉机械有限责任公司的应收账款周转次数和应收账款周转天数。

解:应收账款周转次数=12 452÷[(3 290+3 140)÷2]=3.87(次/年)

应收账款周转天数=360÷3.87=93.02(天/次)

(二)存货周转率

存货周转率是一定时期内公司销售成本与存货平均资金占用额之比,是反映公司流动资产流动性的一个指标,也是衡量公司生产经营各环节中存货运营效率的一个综合指标。其计算公式如下。

$$存货周转率(次数)=销售成本÷存货平均成本$$
$$存货周转天数=360÷存货周转次数$$

一般来讲,存货周转速度越快,存货的占用水平越低,流动性越强,存货转换为现金或应收账款的速度越快。提高存货周转率可以提高公司的变现能力,而存货周转速度越慢则变现能力越差。对存货周转率的评价要注意两点:一是要注意存货的结构,是否存在积压、滞销的存货;二是要注意其他公司和行业水平。

【例 11-11】继续使用表 11-2 资产负债表和表 11-3 利润表的资料。

要求:计算榕辉机械有限责任公司的存货周转率。

解:存货周转率=10 089÷[(4 412+5 459)÷2]=2.04(次/年)

根据存货周转率可以进一步算出存货平均周转天数,即:

存货平均周转天数=360÷存货周转率=360÷2.04=176.5(天/次)

根据计算可以看出,公司存货一年周转两次,需要近 180 天周转一次,周转速度过慢,公司营运能力不强,同样资产获利能力也不会高。

(三)流动资产周转率

流动资产周转率指标在会计报表分析中具有重要作用,该指标不仅反映流动资产运用效率,同时也影响着企业的偿债能力和盈利水平。企业流动资产周转率越快,周转次数越多,表明企业以相同的流动资产占用实现的营业收入越多,说明企业流动资产的运用效率越好,进而使企业的偿债能力和盈利能力均得以增强;反之,则表明企业利用流动资产进行经营活动的能力差,效率较低。其计算公式如下。

$$流动资产周转率=营业收入÷平均流动资产$$
$$流动资产周转天数=360÷流动资产周转率$$

式中,平均流动资产=(年初流动资产+年末流动资产)÷2

【例 11-12】继续使用表 11-2 资产负债表和表 11-3 利润表的资料。

要求:计算榕辉机械有限责任公司流动资产周转率和流动资产周转天数。

解:流动资产周转率=12 452÷[(8 318+9 477)÷2]=1.4(次/年)

流动资产周转天数=360÷1.4=257.1(天/次)

一般情况下,流动资产周转率越高,表明企业流动资产周转速度越快,利用越好。在较快的周转速度下,流动资产会相对节约,相当于流动资产投入的增加,在一定程度上增强了企业的盈利能力;而周转速度慢,则需要补充流动资金参加周转,会形成资金浪费,降低企业的盈利能力。

(四)营业周期

营业周期是基于应收账款周转天数和存货周转天数提出来的,是指从取得存货开始、到销售存货并收回现金为止的这段时间。其计算公式如下。

$$营业周期=应收账款周转天数+存货周转天数$$

【例 11-13】继续使用例 11-10 和例 11-11 的资料。

要求:计算榕辉机械有限责任公司的营业周期。

解:营业周期=93.02+176.5=269.52(天/次)

一般情况下,营业周期短,说明资金周转速度快;营业周期长,说明资金周转速度慢。

(五)总资产周转率

总资产周转率是指公司销售收入净额与平均资产总额之比,可用来反映公司全部资产的利用效果。其计算公式如下。

$$总资产周转率=销售收入净额÷平均资产总额$$

如果这个比率较低,说明公司利用其资产进行经营的效率较差,或者因为公司过度投资于固定资产而流动资产规模不够,公司应该采取措施提高销售收入,或处置某些资产,或调整资产结构,以提高资产利用效率。

【例 11-14】继续使用表 11-2 资产负债表和表 11-3 利润表的资料。

要求:计算榕辉机械有限责任公司的总资产周转率。

解:总资产周转率=12 452÷[(13 165+13 744)]÷2=0.93

(六)固定资产周转率

固定资产周转率是指企业一定期间的营业收入与固定资产平均净值的比率。它是反映企业固定资产周转状况,衡量固定资产运用效率的指标。其计算公式如下。

$$固定资产周转率=营业收入净额÷固定资产平均净值$$
$$固定资产周转天数=360÷固定资产周转率$$

式中,固定资产平均净值=(期初固定资产净值+期末固定资产净值)÷2

固定资产周转率越高,表明企业固定资产利用越充分,说明企业固定资产投资得当,固定资产结构分布合理,能够较充分地发挥固定资产的使用效率,企业的经营活动越有效;反之,则表明固定资产使用效率不高,提供的生产经营成果不多,企业固定资产的营运能力较差。

【例 11-15】继续使用表 11-2 资产负债表和表 11-3 利润表的资料。

要求:计算榕辉机械有限责任公司的本年度固定资产周转率和固定资产周转天数。

解:固定资产周转率=12 452÷[(3 227+3 097)÷2]=3.94

固定资产周转天数=360÷3.94=91.37(天/次)

三、盈利能力分析

盈利能力是公司资金增值的能力,即公司获取利润的能力。它是衡量公司经营效果的重要指标。

(一)销售毛利率

销售毛利率又称营业毛利率,是指企业一定时期的毛利占营业收入的百分比,其中,毛利是营业收入减去营业成本后的差额。其计算公式如下。

$$销售毛利率=销售毛利÷营业收入×100\%$$
$$=(营业收入-营业成本)÷营业收入×100\%$$

销售毛利率表示每百元营业收入扣除营业成本后,还有多少可用于支付各项期间费用和税金,形成利润。销售毛利率是企业销售净利率的最初基础,没有足够大的毛利率便不能有盈利。

【例11-16】 继续使用表11-3利润表的资料。

要求:计算榕辉机械有限责任公司的本年度销售毛利率。

解:销售毛利率=(12 452-10 089)÷12 452×100%=18.98%

从计算结果可知,该公司的销售毛利率是18.98%,企业应把该指标与行业的平均水平进行比较,评价企业的盈利能力。

销售毛利率指标的作用主要表现在:①有助于选择投资方向。②有助于预测企业的发展、衡量企业的成长性。③有助于发现企业是否隐瞒销售收入或者虚报销售成本。④有助于评价经理人员的经营业绩。⑤有助于合理预测企业的核心竞争力。⑥有助于发现公司潜在的问题。

(二)销售净利率

销售净利率又称营业净利率,是指企业一定时期的净利润与营业收入的百分比。其计算公式如下。

$$销售净利率=净利润÷营业收入×100\%$$

销售净利率反映每百元营业收入能带来多少净利润,表示营业收入的收益水平。企业在增加营业收入的同时,必须相应获得更多的净利润,才能使销售净利率保持不变或有所提高。通过分析销售净利率的升降变动,可以促使企业在扩大销售的同时,注意改进经营管理,提高盈利水平。

【例11-17】 继续使用表11-3利润表的资料。

要求:计算榕辉机械有限责任公司的本年度销售净利率。

解:销售净利率=196÷12 452×100%=1.57%

从计算结果可知,该公司的销售净利率是1.57%,企业应把该指标与行业的平均水平进行比较,评价企业的盈利能力。

(三)总资产报酬率

总资产报酬率是指企业一定时期内获得的报酬总额与平均资产总额的比率。它是反映企业综合资产利用效果的指标,也是衡量企业利用债权人和所有者权益总额所取得盈利的重要指标。其计算公式如下。

$$总资产报酬率=息税前利润总额÷平均资产总额×100\%$$

【例 11-18】继续使用表 11-2 资产负债表和表 11-3 利润表的资料。

要求:计算榕辉机械有限责任公司的本年度总资产报酬率。

解:总资产报酬率=(266+461)÷[(13 165+13 744)÷2]×100%=5.40%

总资产报酬率全面反映了企业全部资产的获利水平,企业所有者和债权人对该指标都非常关心。一般情况下,该指标越高,表明企业的资产利用效益越好,整个企业的盈利能力越强,经营管理水平越高。企业还可将该指标与市场利率进行比较,如果前者大于后者,则说明企业可以充分利用财务杠杆,适当举债经营,以获取更多的收获。

(四)营业利润率

营业利润率是指公司营业利润与营业收入净额的比率。该指标越大,说明公司的盈利能力越强,也是评价公司销售增长是否与利润同步增长的依据。其计算公式如下。

$$营业利润率=营业利润÷营业收入净额×100\%$$

【例 11-19】继续使用表 11-3 利润表的资料。

要求:计算榕辉机械有限责任公司的营业利润率。

解:营业利润率=256÷12 452×100%=2.06%

(五)成本费用利润率

成本费用利润率是指公司利润总额与成本费用总额的比率。该指标越大,说明公司耗费所取得的收益越高。它也是评价公司增收节支效果的综合性指标。其计算公式如下。

$$成本费用利润率=利润÷成本费用×100\%$$

式中,成本费用是指成本与费用的合计,包括营业成本、税金及附加、销售费用、管理费用、财务费用等;利润一般是指利润总额。

【例 11-20】继续使用表 11-3 利润表的资料。

要求:计算榕辉机械有限责任公司的成本费用利润率。

解:成本费用利润率=266÷(10 089+52+437+1 269+461)=2.16%

从计算结果可知,公司的获利能力较低,100 元的成本费用仅能获得 2.16 元的利润。可见,该公司成本费用控制能力较差,除制造成本偏高外,管理费用以及其他费用过多,直接影响公司的利润水平。

(六)净资产收益率

净资产收益率也称股东权益报酬率或所有者收益报酬率,是一定时期内公司的净利润与股东权益平均总额的比率。这个比率越高,说明公司的获利能力越强,越有可能保持住现有的投资者并吸引潜在的投资者进入。其计算公式如下。

净资产收益率=净利润÷股东权益平均余额×100%

式中，股东权益平均余额是股东权益期初数与期末数的平均数，在股东权益比较稳定的情况下，也可以直接用期末数代替平均数进行计算。

【例11-21】继续使用表11-2资产负债表和表11-3利润表的资料。

要求：计算榕辉机械有限责任公司的净资产收益率。

解：净资产收益率=196÷[(3 439+3 537)÷2]×100%=5.62%

从计算结果来看，该公司的获利能力较差，对投资者吸引力较小。

(七)资本保值增值率

资本保值增值率是公司所有者关注的。资本保值增值率是公司期末所有者权益总额与期初所有者权益总额之比。如果该比率大于100%，说明公司所有者权益总额增加，资本达到增值效果；如果该比率小于100%，则意味着所有者权益遭受损失。其计算公式如下。

资本保值增值率=年末所有者权益÷年初所有者权益×100%

【例11-22】继续使用表11-2资产负债表的资料。

要求：计算榕辉机械有限责任公司的资本保值增值率。

解：资本保值增值率=3 537÷3 439×100%=102.85%

(八)社会贡献率

社会贡献率是公司社会贡献总额与平均资产总额的比率。其计算公式如下。

社会贡献率=公司社会贡献总额÷平均资产总额

式中，公司社会贡献总额包括工资(含奖金、津贴等工资性收入)、劳保退休统筹及其他社会福利支出、利息支出净额、应交或已交的各种税款、附加及福利等。

【例11-23】根据榕辉机械有限责任公司的其他资料得知，该公司2022年末的社会贡献总额为710万元。

要求：计算该公司的社会贡献率。

解：社会贡献率=710÷[(13 165+13 744)÷2]=0.053

四、发展能力分析

发展能力是公司在生存的基础上，扩大规模、壮大实力的潜在能力。

(一)销售增长率

销售增长率是公司本年销售收入增长额同上年销售收入总额的比率。其计算公式如下。

销售增长率=本年销售增长额÷上年销售收入总额×100%

计算过程中，销售收入可以使用利润表中的"营业收入"数据。

该指标是衡量公司经营状况和市场占有能力、预测公司经营业务拓展趋势的重要标志，不断增加的销售收入是公司生存的基础和发展的条件。

【例11-24】榕辉机械有限责任公司上年的销售收入总额为10 260万元。

要求：计算该公司的销售增长率。

解：销售增长率=(12 452-10 260)÷10 260×100%=21.36%

(二)资本增长率

资本增长率是指公司本年所有者权益增长额同年初所有者权益的比率。其计算公式如下。

$$资本增长率 = 本年所有者权益增长额 \div 年初所有者权益 \times 100\%$$

该指标反映了公司所有者权益在当年的变动水平,资本增长率是公司发展强盛的标志,也是公司扩大再生产的源泉,展示了公司的发展活力。

【例11-25】继续使用表11-2资产负债表的资料。

要求:计算榕辉机械有限责任公司的资本增长率。

解:资本增长率=(3 537-3 439)÷3 439×100%=2.85%

(三)总资产增长率

总资产增长率是指公司本年总资产增长额同年初资产总额的比率。其计算公式如下。

$$总资产增长率 = 本年总资产增长额 \div 年初资产总额 \times 100\%$$

该指标表明公司规模增长水平对公司发展后期的影响。但应注意规模扩张的质量,避免资产盲目扩张。

【例11-26】继续用表11-2资产负债表的资料。

要求:计算榕辉机械有限责任公司的总资产增长率。

解:总资产增长率=(13 744-13 165)÷13 165×100%=4.40%

(四)每股收益

每股收益是指普通股每股的收益额。它是指股份有限公司实现的税后利润总额扣减优先股股利后的余额与普通股发行总股数的比值,反映普通股的每股获利水平。其计算公式如下。

$$每股收益 = (税后利润 - 优先股股利) \div 普通股总股数$$

每股收益是衡量上市公司盈利能力最重要的财务指标,反映了普通股的获利水平。一般来讲,每股收益越大,说明公司的盈利能力越强,股东投资效益越好,公司有较好的经营和财务状况。由于每股收益高,就可能使公司有发放较高股利率的能力,促使公司股票价格在市场上有良好的表现。

使用每股收益指标分析公司盈利性时还需要注意以下三点。

(1) 每股收益多,并不一定就意味着分红多,还要看公司股利分配政策。

(2) 股票是一个"份额"概念,不同股票的每一股在经济上都不等量,限制了每股收益的公司间的比较。

(3) 每股收益不能反映股票所含有的风险。

(五)每股股利

每股股利是指普通股每股股利,它是股利总额与发行在外的普通股股数的比率,是用于衡量股份制企业获利能力的重要指标之一。其计算公式如下。

$$每股股利 = 当年宣布分派的股利总额 \div 普通股股数$$

该指标表明每一普通股所能获得的股利额。该指标值越高,说明企业盈利能力越强,对投资者越有吸引力。并且由于每股股利是按当年宣布分派的股利总额计算的,因而指标值高同时也反映了企业资金运转流畅，经营状况良好。

(六) 市盈率

市盈率是指普通股每股市价与其每股收益的比值。其计算公式如下。

$$市盈率 = 普通股每股市场价格 \div 普通股每股净收益$$

每股市场价格是指普通股每股在证券市场的买卖价格，通常采用年度平均价格，但为了计算简便，也可采用报告日前一日的实际股价。

市盈率是衡量股份制企业盈利能力的重要指标。它表明投资者对每元股票利润所愿支付的价格。由于上市公司的股票可自由买卖或转让，股东在购买股票时支付的代价并不是股票面额，而是股票市价，所以考查股东投资效益应以市价计算。市盈率将每股收益额与每股市价进行比较，也就是将所费与所得联系起来综合考虑，有助于投资者作出投资决策。对于投资者来说，似乎该指标越低越值得投资。但基于股票投资的特征，在完善且健全的金融市场中，市盈率高反而吸引投资者。这是因为市盈率较高，表明公司具有良好的盈利能力和发展前景，投资者对公司前景看好。市盈率过低，同时资产收益率也低，表明公司的成长潜力小。但过高的市盈率表明公众对公司股票盈利能力的预期过高，市场风险大。市盈率的高低通常以金融市场当时的平均市盈率为依据进行评价。

使用市盈率对公司价值进行分析时还需要注意以下四点。

(1) 该指标不能用于不同行业及公司间的比较。例如，极具发展前景的新兴行业市盈率普遍较高，而成熟工业的市盈率普遍较低，这并不说明后者的股票就没有投资价值。

(2) 在每股收益很小或亏损时，市价不会降至零，市盈率很高，已无实际意义。

(3) 市盈率的高低受市价的影响，市价变动的影响因素很多，因此，观察市盈率的长期趋势很重要。

(4) 单纯运用市盈率指标来分析公司价值，可能会错误地估计公司的发展。投资者必须结合其他有关信息，才能对公司股票的价值作出正确的判断。

任务四　财务综合分析

财务综合分析就是对企业的偿债能力、营运能力、盈利能力和发展能力等各个方面的分析纳入一个有机的整体，对企业的财务状况和经营成果进行全面剖析，对企业经济效益的优劣作出判断。

财务综合分析的意义在于能够全面、正确地评价企业的财务状况和经营成果。因为局部不能代替整体，某项指标的好坏不能说明整个企业经济效益的高低。除此之外，财务综合分析的结果在进行企业不同时期比较分析和不同企业之间比较分析时，消除了时间上和空间上的差异，使之更具有可比性，有利于总结经验、汲取教训、发现差距、赶超先进。进而从整体上、本质上反映和把握企业生产经营的财务状况和经营成果。

财务综合分析的方法有很多，传统方法主要有两种：杜邦分析法和沃尔评分法。本书主要介绍杜邦分析法。

一、杜邦分析法

杜邦分析法又称杜邦财务分析体系,简称杜邦体系,是利用各主要财务比率指标间的内在联系,对企业财务状况及经济效益进行综合系统分析评价的方法。

杜邦分析法是一种分解财务比率的方法,可用于任何财务指标的分解。杜邦分析体系的作用是揭示指标变动的原因和变动的趋势,为采取措施指明方向。

该体系是以净资产收益率为起点,以总资产净利率和权益乘数为核心,重点揭示企业获利能力及权益乘数对净资产收益率的影响,以及各相关指标间的相互影响作用关系。因其最初由美国杜邦企业成功应用,故得名。相关计算公式如下。

$$净资产收益率=净利\div 平均资产\times 平均资产\div 平均净资产$$
$$=总资产净利率\times 权益乘数$$
$$净利\div 收入\times 收入\div 平均资产=销售净利率\times 资产周转率$$

杜邦分析法将净资产收益率(权益净利率)分解如下。

$$净资产收益率=总资产净利率\times 权益乘数$$
$$=销售净利率\times 总资产周转率\times 权益乘数$$
$$净资产收益率=净利润\div 平均净资产(所有者权益)$$
$$总资产净利率=净利润\div 平均总资产$$
$$权益乘数=资产\div 权益(在杜邦分析法中一般分子分母均应用平均数)$$
$$=1\div (1-资产负债率)(资产负债率也根据平均数计算)$$

注意:权益乘数与资产负债率呈同方向变化,并且二者是可以相互推算的。

$$销售净利率=净利润\div 销售收入$$
$$总资产周转率=销售收入\div 平均总资产$$

用杜邦分析法需要抓住以下四点。

(1) 净资产收益率是一个综合性最强的财务分析指标,是杜邦分析体系的起点。

(2) 销售净利率反映了企业净利润与销售收入的关系,它的高低取决于销售收入与成本总额的高低。

(3) 影响总资产周转率的一个重要因素是资产总额。

(4) 权益乘数主要受资产负债率指标的影响。

杜邦分析法是一种综合性较强的财务分析方法,在实践中得到广泛应用与好评。但其指标较为机械,只能是若干财务指标的集合。

【例11-27】榕辉机械有限责任公司基本财务数据如表11-4、表11-5所示。

要求:分析该企业净资产收益率变化的原因。

解:根据表11-4与表11-5的数据分析如下。

(1) 对净资产收益率的分析。

企业的净资产收益率在2021—2022年出现了一定程度的好转,从2021年的10.23%增加至2022年的11.01%。

净资产收益率=权益乘数×总资产净利率

2021年净资产收益率=3.05×3.36%=10.23%

2022 年净资产收益率=2.88×3.83%=11.01%

通过分解可以明显地看出,该企业权益净利率的变动在于资本结构(权益乘数)变动和资产利用效果(资产净利率)变动两方面共同作用的结果。而该企业的资产净利率太低,显示出很差的资产利用效果。

表 11-4　基本财务数据　　　　　　　　　　　　　　　单位:万元

年　度	净利润	销售收入	平均资产总额	平均负债总额	全部成本	制造成本	销售费用	管理费用	财务费用
2021	10 284.04	411 224.01	306 222.94	205 677.07	403 967.43	373 534.53	10 203.05	18 667.77	1 562.08
2022	12 653.92	757 613.81	330 580.21	215 659.54	736 747.24	684 261.91	21 740.96	25 718.20	5 026.17

表 11-5　财务比率

年　度	2021	2022
净资产收益率	10.23%	11.01%
权益乘数	3.05	2.88
资产负债率	67.2%	65.2%
资产净利率	3.36%	3.83%
销售净利率	2.5%	1.67%
总资产周转率/次	1.34	2.29

(2) 对总资产净利率的分析。

总资产净利率=销售净利率×总资产周转率

2021 年总资产净利率=2.5%×1.34=3.36%

2022 年总资产净利率=1.67%×2.29=3.38%

通过分解可以看出,2022 年该企业的总资产周转率有所提高,说明资产的利用得到了比较好的控制,显示 2022 年比 2021 年较好的效果,表明该企业利用其总资产产生销售收入的效率在增加。总资产周转率提高的同时销售净利率的减少阻碍了资产净利率的增加。

(3) 对销售净利率的分析。

销售净利率=净利润÷销售收入

2021 年销售净利率=10 284.04÷411 224.01=2.5%

2022 年销售净利率=12 653.92÷757 613.81=1.67%

企业 2022 年大幅度提高了销售收入,但是净利润的提高幅度却很小,分析其原因是成本费用增多。由表 11-4 可知,全部成本从 2021 年的 403 967.43 万元增加到 2022 年的 736 747.24 万元,与销售收入的增加幅度大致相同。

(4) 对全部成本的分析。

全部成本=制造成本+销售费用+管理费用+财务费用

2021 年全部成本=373 534.53+10 203.05+18 667.77+1 562.08=403 967.43(万元)

2022 年全部成本=684 261.91+21 740.962+25 718.20+5 026.17=736 747.24(万元)

本例中，导致该企业权益利润率小的主原因是全部成本过大。也正是因为全部成本的大幅度提高导致了净利润提高幅度不大，而销售收入大幅度增加，就引起了销售净利率的减少，导致该企业销售盈利能力的降低。

由计算结果可知，总资产净利率的提高应当归功于总资产周转率的提高，销售净利率的减少却起到了阻碍的作用。

(5) 对权益乘数的分析。

权益乘数=资产总额÷权益总额

2021 年权益乘数=306 222.94÷(306 222.94−205 677.07)=3.05

2022 年权益乘数=330 580.21÷(330 580.21−215 659.54)=2.88

该企业下降的权益乘数，说明企业的资本结构在 2021—2022 年发生了变动。2022 年的权益乘数较 2021 年有所减小。权益乘数越小，企业负债程度越低，偿还债务能力越强，财务风险程度越低。这个指标同时也反映了财务杠杆对利润水平的影响。该企业的权益乘数一直处于 2～5 之间，即负债率在 50%～80%之间，属于激进战略型企业。管理者应该准确把握企业所处的环境，准确预测利润，合理控制负债带来的风险。

(6) 结论。

对于该企业，最为重要的就是要努力减少各项成本，在控制成本上下的同时也要保持自己高的总资产周转率。这样，可以使销售利润率得到提高，进而使资产净利率有大的提高。

二、沃尔评分法

企业财务综合分析的先驱者之一是亚历山大·沃尔(Alexander Wall)。他在 20 世纪初出版的《信用晴雨表研究》(Research on Credit Barometer)和《财务报表比率分析》(Financial Statement ratio discount)中提出了信用能力指数的概念，他把若干个财务比率用线性关系结合起来，以此来评价企业的信用水平，被称为沃尔评分法。他选择了七种财务比率，即流动比率、净资产负债比、资产与固定资产比、存货周转率、应收账款周转率、销售额与固定资产比，以及销售额与净资产比，分别给定了其在总评价中所占的比重，总和为 100 分；然后确定标准比率，并与实际比率相比较，评出每项指标的得分，求出总评分，从而对企业的业绩作出评价。

沃尔评分法从理论上讲有一个弱点，就是未能证明为什么要选择这七个财务比率，而不是更多些或更少些，或者选择别的财务比率，以及未能证明每个指标所占比重的合理性。沃尔评分法从技术上讲有一个问题，就是当某一个指标严重异常时，会对综合指数产生不符合逻辑的重大影响。

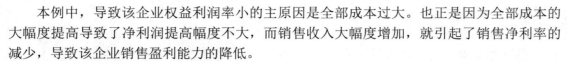

财务分析是以企业的财务报告及其相关资料为主要依据，对企业的财务状况和经营成果进行评价和剖析，反映企业在运营过程中的利弊得失和发展趋势，巴菲特之所以重视阅读和分析财务报表也正是如此。

各种财务报表其实就是把企业的经营状况和经营成果以一种特殊的语言表达出来，通过这种特殊的语言,企业老板和财务经理通过对财务报表的分析,了解企业在偿债、盈利、营运、发展等各方面的能力,也可以评价企业的财务状况和经营成果,也是衡量企业经营业绩的重要依据,更是督促企业挖掘企业潜力、改善管理、实现理财目标的重要手段,亦是实施财务决策的重要手段,所以企业老板和财务经理都应该重视财务报表的分析。

项 目 小 结

财务分析是指以财务报表及其他相关资料为起点,采用专门的方法,系统分析和评价企业的过去和现在的经营成果、财务状况及变动,目的是了解过去、评价现在、预测未来,帮助利益关系集团改善决策。常用的财务报表分析方法有比较分析法、比率分析法和因素分析法三种。财务分析的内容通常包括:偿债能力分析、营运能力分析、盈利能力分析、发展能力分析及财务综合能力分析五个方面。财务综合分析就是将企业偿债能力、营运能力、盈利能力和发展能力等方面的分析纳入一个有机的分析系统中,全面地对企业财务状况和经营成果进行评价和剖析,从而对企业经济效益作出较为准确的评价与判断。财务综合分析的方法主要有杜邦分析法和沃尔评分法。

项目强化训练

一、单项选择题

1. 如果企业的流动比率大于2,则下列说法中正确的是( )。
   A. 流动资产大于流动负债   B. 短期负债能力绝对有保障
   C. 速动比例大于1   D. 已达到合理水平
2. 杜邦分析法主要用于( )。
   A. 企业偿债能力分析   B. 企业盈利能力分析
   C. 企业资产管理能力分析   D. 财务综合分析
3. 企业的债权人分析财务报表时重点关注的是( )。
   A. 企业的发展能力   B. 企业的营运能力
   C. 企业的盈利能力   D. 企业的偿债能力
4. 企业的股东分析财务报表时重点关注的是( )。
   A. 企业的发展能力   B. 企业的营运能力
   C. 企业的盈利能力   D. 企业的偿债能力
5. 下列财务分析主体中,必须对企业营运能力、偿债能力、盈利能力及发展能力的全部信息予以详细了解和掌握的是( )。
   A. 短期投资者   B. 企业债权人   C. 企业经营者   D. 税务机关
6. 下列分析法中,属于财务综合分析方法的是( )。
   A. 因素分析法   B. 比率分析法   C. 趋势分析法   D. 沃尔比重分析法
7. ( )指标是一个综合性最强的财务比率,也是杜邦财务分析体系的核心。

A. 销售利润率　　B. 资产周转率　　C. 权益乘数　　D. 净资产收益率

8. 财务报表分析中，投资人是指(　　)。

　　A. 社会公众　　B. 金融机构　　C. 优先股东　　D. 普通股东

9. 流动资产和流动负债的比值称为(　　)。

　　A. 流动比率　　B. 速动比率　　C. 营运比率　　D. 资产负债比率

10. 当法定盈余公积达到注册资本的(　　)时，可以不再计提。

　　A. 5%　　　　B. 10%　　　　C. 25%　　　　D. 50%

11. 企业为股东创造财富的主要手段是增加(　　)。

　　A. 自由现金流量　　B. 净利润　　C. 净现金流量　　D. 营业收入

12. 某企业的流动资产为 360 000 元，长期资产为 4 800 000 元，流动负债为 205 000 元，长期负债为 780 000 元，则资产负债率为(　　)。

　　A. 15.12%　　B. 19.09%　　C. 16.25%　　D. 20.52%

二、多项选择题

1. 下列关于财务分析的说法中正确的有(　　)。

　　A. 以企业财务报告为主要依据

　　B. 对企业的财务状况和经营成果进行评价和剖析

　　C. 反映企业在运营过程中的利弊得失和发展趋势

　　D. 为改进企业财务管理工作和优化经济决策提供重要的财务信息

2. 财务分析的基本内容包括(　　)。

　　A. 发展能力分析　　　　　　B. 营运能力分析

　　C. 盈利能力分析　　　　　　D. 偿债能力分析

3. 从企业股权投资者角度看财务分析的目的有(　　)。

　　A. 看企业的盈利能力状况　　B. 权益结构

　　C. 支付能力　　　　　　　　D. 营运状况

4. 从企业债权者角度看财务分析的目的有(　　)。

　　A. 看其对企业的借款或其他债权是否能及时、足额收回，即研究企业偿债能力的大小

　　B. 看债务者的收益状况与风险程度是否相适应

　　C. 将偿债能力分析与盈利能力分析相结合

　　D. 衡量企业为税收所做的贡献

5. 财务分析常用的方法有(　　)。

　　A. 比较分析法　　B. 比率分析法　　C. 因素分析法　　D. 计量经济学方法

6. 因素分析法包括(　　)。

　　A. 连环替代法　　B. 差额分析法　　C. 相关分析法　　D. 因果分析法

7. 企业财务分析的局限性有(　　)。

　　A. 资料来源　　B. 分析方法　　C. 分析指标　　D. 人员素质

8. 计算存货周转率时，应考虑的因素有(　　)。

　　A. 主营业务收入　　　B. 期初存货净额　　　C. 期末存货净额

　　D. 主营业务成本　　　E. 存货平均净额

9. 分析长期资本收益率指标所适用的长期资本额是指( )。
   A. 长期负债   B. 长期股票投资   C. 长期债券投资
   D. 所有者权益   E. 长期资产
10. 在现金再投资比率中，总投资具体是指( )项目之和。
   A. 流动资产   B. 固定资产总额   C. 对外投资
   D. 其他长期资产   E. 营运资金
11. 与息税前利润相关的因素包括( )。
   A. 利息费用   B. 所得税   C. 营业费用
   D. 净利润   E. 投资收益
12. 分析企业投资报酬情况时，可使用的指标有( )。
   A. 市盈率   B. 股票获利率   C. 市净率
   D. 销售利润率   E. 资产周转率

三、判断题

1. 对债权人而言，企业的资产负债率越高越好。　　　　　　　　　　　　　　　( )
2. 盈利能力分析主要分析企业各项资产的使用效果。　　　　　　　　　　　　　( )
3. 相关比率反映部分与总体的关系。　　　　　　　　　　　　　　　　　　　　( )
4. 在采用因素分析法时，可任意颠倒顺序，其计算结果是相同的。　　　　　　　( )
5. 盈利能力分析主要分析企业各项资产的使用效果。　　　　　　　　　　　　　( )
6. 存货周转率是销售收入与存货平均余额之比。　　　　　　　　　　　　　　　( )
7. 采用因素分析法，可以分析引起变化的主要原因、变动性质，并可预测企业未来的发展前景。　　　　　　　　　　　　　　　　　　　　　　　　　　　　　　　　( )
8. 企业负债比率越高，财务杠杆系数越大，财务风险越小。　　　　　　　　　　( )
9. 在资本总额、息税前利润相同的情况下，负债比例越大，财务杠杆系数越大。 ( )
10. 一般来说，企业的获利能力越强，则长期偿债能力越强。　　　　　　　　　 ( )
11. 对企业市盈率高低的评价必须依据当时金融市场的平均市盈率进行，并非越高越好或越低越好。　　　　　　　　　　　　　　　　　　　　　　　　　　　　　　　( )
12. 企业的现金股利保障倍数越大，表明该企业支付现金股利的能力越强。　　　( )

四、名词解释

财务分析　比较分析法　比率分析法　偿债能力　营运能力　盈利能力　发展能力　市盈率　每股股利　每股收益　杜邦分析法

五、思考题

1. 怎样根据相关财务数据及资料，对企业的偿债能力、营运能力、盈利能力和发展能力作出评价？
2. 怎样运用杜邦财务分析体系综合评价企业的财务状况与盈利水平？

六、计算分析题

1. 某公司有关资料如表11-6所示。

表 11-6 资料　　　　　　　　　　　　　　　　　　　　　单位：万元

项　目	2020 年	2021 年	2022 年
净利润		3 500	3 800
营业收入净额		26 000	31 000
年末资产总额	28 000	32 000	36 500
年末所有者权益总额	19 500	22 000	24 500

要求：计算该公司 2021 年、2022 年的以下指标。

(1) 销售净利率。

(2) 总资产周转率。

(3) 年末权益乘数。

2. 某企业 2022 年赊销收入净额为 4 000 万元，销售成本为 3 200 万元；年初、年末应收账款余额分别为 400 万元和 800 万元；年初、年末存货余额分别为 400 万元和 1 200 万元；年末速动比率为 1.2，年末现金比率为 0.7。假定该企业流动资产由速动资产和存货组成，速动资产由应收账款和现金资产组成，一年按 360 天计算。

要求：

(1) 计算 2022 年应收账款周转天数。

(2) 计算 2022 年存货周转天数。

(3) 计算 2022 年年末流动负债余额和速动资产余额。

(4) 计算 2022 年年末流动比率。

3. 某公司 2022 年有关资料为：平均总资产为 369 805 万元，利润总额为 10 534 万元，利息费用为 3 592 万元，平均净资产为 153 163 万元，所得税费用为 4 530 万元。

要求：

(1) 计算该公司的已获利息倍数。

(2) 计算该公司的总资产净利率。

(3) 计算该公司的净资产收益率。

4. 某企业 2021 年和 2022 年有关总资产报酬率、总资产产值率、产品销售率和销售利润率的资料如表 11-7 所示。

表 11-7 资料

指　标	2021 年	2022 年
总资产产值率/%	82	80
产品销售率/%	94	98
销售利润率/%	22	30
总资产报酬率/%	16.96	23.52

要求：

(1) 采用连环替代法分析各因素变动对总资产报酬率的影响程度。

(2) 采用差额计算法分析各因素变动对总资产报酬率的影响程度。

5. 某公司 2020—2022 年利润表部分数据如表 11-8 所示。

表 11-8　利润表部分数据　　　　　　　　　　　　　　　单位：元

项　目	2020 年	2021 年	2022 年
销售收入	29 248	30 498	32 168
销售成本	17 463	18 531	20 281
净利润	3 305	3 385	2 669

要求：

(1) 分别计算该公司三年的销售净利率，并作出简要分析。

(2) 分别计算该公司三年的销售毛利率，并作出简要分析。

6. 某企业上年产品销售收入为 6 624 万元，全部资产平均余额为 2 760 万元，流动资产占全部资产的比重为 40%；本年产品销售收入为 7 350 万元，全部资产平均余额为 2 940 万元，速动资产占全部资产的比重为 45%。

要求：

(1) 分别计算上年和本年的总资产周转率、流动资产周转率和固定资产周转率指标。

(2) 对周转率变动的原因进行分析。

7. 某公司 2022 年 12 月 31 日资产负债表资料如表 11-9 所示。

表 11-9　资产负债表　　　　　　　　　　　　　　　　　单位：元

资　产	年　初	年　末	负债及所有者权益	年　初	年　末
流动资产			流动负债	450	300
货币资金	100	90	长期负债	250	400
应收账款	120	180	负债	700	700
存货	230	360	所有者权益	700	700
流动资产合计	450	630			
固定资产	950	770			
总　计	1 400	1 400	总　计	1 400	1 400

2022 年度销售收入为 840 万元，净利润为 117.6 万元。

要求：

(1) 计算 2022 年年末速动比率、资产负债率和权益乘数。

(2) 计算 2022 年总资产周转率、销售净利率。

微课视频

扫一扫,获取本项目相关微课视频。

任务一、任务二　财务分析概述、　　　任务三　基本财务分析　　　任务四　财务综合分析
　　　　　　　财务分析方法

附　录

附表1 复利终值系数表

计算公式：$f=(1+i)^n$

期数	1%	2%	3%	4%	5%	6%	7%	8%	9%	10%	11%	12%	13%	14%	15%
1	1.0100	1.0200	1.0300	1.0400	1.0500	1.0600	1.0700	1.0800	1.0900	1.1000	1.1100	1.1200	1.1300	1.1400	1.1500
2	1.0201	1.0404	1.0609	1.0816	1.1025	1.1236	1.1449	1.1664	1.1881	1.2100	1.2321	1.2544	1.2769	1.2996	1.3225
3	1.0303	1.0612	1.0927	1.1249	1.1576	1.1910	1.2250	1.2597	1.2950	1.3310	1.3676	1.4049	1.4429	1.4815	1.5209
4	1.0406	1.0824	1.1255	1.1699	1.2155	1.2625	1.3108	1.3605	1.4116	1.4641	1.5181	1.5735	1.6305	1.6890	1.7490
5	1.0510	1.1041	1.1593	1.2167	1.2763	1.3382	1.4026	1.4693	1.5386	1.6105	1.6851	1.7623	1.8424	1.9254	2.0114
6	1.0615	1.1262	1.1941	1.2653	1.3401	1.4185	1.5007	1.5869	1.6771	1.7716	1.8704	1.9738	2.0820	2.1950	2.3131
7	1.0721	1.1487	1.2299	1.3159	1.4071	1.5036	1.6058	1.7138	1.8280	1.9487	2.0762	2.2107	2.3526	2.5023	2.6600
8	1.0829	1.1717	1.2668	1.3686	1.4775	1.5938	1.7182	1.8509	1.9926	2.1436	2.3045	2.4760	2.6584	2.8526	3.0590
9	1.0937	1.1951	1.3048	1.4233	1.5513	1.6895	1.8385	1.9990	2.1719	2.3579	2.5580	2.7731	3.0040	3.2519	3.5179
10	1.1046	1.2190	1.3439	1.4802	1.6289	1.7908	1.9672	2.1589	2.3674	2.5937	2.8394	3.1058	3.3946	3.7072	4.0456
11	1.1157	1.2434	1.3842	1.5395	1.7103	1.8983	2.1049	2.3316	2.5804	2.8531	3.1518	3.4786	3.8359	4.2262	4.6524
12	1.1268	1.2682	1.4258	1.6010	1.7959	2.0122	2.2522	2.5182	2.8127	3.1384	3.4985	3.8960	4.3345	4.8179	5.3503
13	1.1381	1.2936	1.4685	1.6651	1.8856	2.1329	2.4098	2.7196	3.0658	3.4523	3.8833	4.3635	4.8980	5.4924	6.1528
14	1.1495	1.3195	1.5126	1.7317	1.9799	2.2609	2.5785	2.9372	3.3417	3.7975	4.3104	4.8871	5.5348	6.2613	7.0757
15	1.1610	1.3459	1.5580	1.8009	2.0789	2.3966	2.7590	3.1722	3.6425	4.1772	4.7846	5.4736	6.2543	7.1379	8.1371
16	1.1726	1.3728	1.6047	1.8730	2.1829	2.5404	2.9522	3.4259	3.9703	4.5950	5.3109	6.1304	7.0673	8.1372	9.3576
17	1.1843	1.4002	1.6528	1.9479	2.2920	2.6928	3.1588	3.7000	4.3276	5.0545	5.8951	6.8660	7.9861	9.2765	10.7613
18	1.1961	1.4282	1.7024	2.0258	2.4066	2.8543	3.3799	3.9960	4.7171	5.5599	6.5436	7.6900	9.0243	10.5752	12.3755
19	1.2081	1.4568	1.7535	2.1068	2.5270	3.0256	3.6165	4.3157	5.1417	6.1159	7.2633	8.6128	10.1974	12.0557	14.2318
20	1.2202	1.4859	1.8061	2.1911	2.6533	3.2071	3.8697	4.6610	5.6044	6.7275	8.0623	9.6463	11.5231	13.7435	16.3665
21	1.2324	1.5157	1.8603	2.2788	2.7860	3.3996	4.1406	5.0338	6.1088	7.4002	8.9492	10.8038	13.0211	15.6676	18.8215

续表

期数	1%	2%	3%	4%	5%	6%	7%	8%	9%	10%	11%	12%	13%	14%	15%
22	1.244 7	1.546 0	1.916 1	2.369 9	2.925 3	3.603 5	4.430 4	5.436 5	6.658 6	8.140 3	9.933 6	12.100 3	14.713 8	17.861 0	21.644 7
23	1.257 2	1.576 9	1.973 6	2.464 7	3.071 5	3.819 7	4.740 5	5.871 5	7.257 9	8.954 3	11.026 3	13.552 3	16.626 6	20.361 6	24.891 5
24	1.269 7	1.608 4	2.032 8	2.563 3	3.225 1	4.048 9	5.072 4	6.341 2	7.911 1	9.849 7	12.239 1	15.178 6	18.788 1	23.212 2	28.625 2
25	1.282 4	1.640 6	2.093 8	2.665 8	3.386 4	4.291 9	5.427 4	6.848 5	8.623 1	10.834 7	13.585 5	17.000 1	21.230 5	26.461 9	32.919 0
26	1.295 3	1.673 4	2.156 6	2.772 5	3.555 7	4.549 4	5.807 4	7.396 4	9.399 2	11.918 2	15.079 9	19.040 1	23.990 5	30.166 6	37.856 8
27	1.308 2	1.706 9	2.221 3	2.883 4	3.733 5	4.822 3	6.213 9	7.988 1	10.245 3	13.110 0	16.738 7	21.324 9	27.109 3	34.389 9	43.535 3
28	1.321 3	1.741 0	2.287 9	2.998 7	3.920 1	5.111 7	6.648 8	8.627 1	11.167 1	14.421 0	18.579 9	23.883 9	30.633 5	39.204 5	50.065 6
29	1.334 5	1.775 8	2.356 6	3.118 7	4.116 1	5.418 4	7.114 3	9.317 3	12.172 2	15.863 1	20.623 7	26.749 9	34.615 8	44.693 1	57.575 5
30	1.347 8	1.811 4	2.427 3	3.243 4	4.321 9	5.743 5	7.612 3	10.062 7	13.267 7	17.449 4	22.892 3	29.959 9	39.115 9	50.950 2	66.211 8

期数	16%	17%	18%	19%	20%	21%	22%	23%	24%	25%	26%	27%	28%	29%	30%
1	1.160 0	1.170 0	1.180 0	1.190 0	1.200 0	1.210 0	1.220 0	1.230 0	1.240 0	1.250 0	1.260 0	1.270 0	1.280 0	1.290 0	1.300 0
2	1.345 6	1.368 9	1.392 4	1.416 1	1.440 0	1.464 1	1.488 4	1.512 9	1.537 6	1.562 5	1.587 6	1.612 9	1.638 4	1.664 1	1.690 0
3	1.560 9	1.601 6	1.643 0	1.685 2	1.728 0	1.771 6	1.815 8	1.860 9	1.906 6	1.953 1	2.000 4	2.048 4	2.097 2	2.146 7	2.197 0
4	1.810 6	1.873 9	1.938 8	2.005 3	2.073 6	2.143 6	2.215 3	2.288 9	2.364 2	2.441 4	2.520 5	2.601 4	2.684 4	2.769 2	2.856 1
5	2.100 3	2.192 4	2.287 8	2.386 4	2.488 3	2.593 7	2.702 7	2.815 3	2.931 6	3.051 8	3.175 8	3.303 8	3.436 0	3.572 3	3.712 9
6	2.436 4	2.565 2	2.699 6	2.839 8	2.986 0	3.138 4	3.297 3	3.462 3	3.635 2	3.814 7	4.001 5	4.195 9	4.398 0	4.608 3	4.826 8
7	2.826 2	3.001 2	3.185 5	3.379 3	3.583 2	3.797 5	4.022 7	4.259 3	4.507 7	4.768 4	5.041 9	5.328 8	5.629 5	5.944 7	6.274 9
8	3.278 4	3.511 5	3.758 9	4.021 4	4.299 8	4.595 0	4.907 7	5.238 9	5.589 5	5.960 5	6.352 8	6.767 5	7.205 8	7.668 6	8.157 3
9	3.803 0	4.108 4	4.435 5	4.785 4	5.159 8	5.559 9	5.987 4	6.443 9	6.931 0	7.450 6	8.004 5	8.594 8	9.223 4	9.892 5	10.604 5
10	4.411 4	4.806 8	5.233 8	5.694 7	6.191 7	6.727 5	7.304 6	7.925 9	8.594 4	9.313 2	10.085 7	10.915 3	11.805 9	12.761 4	13.785 8
11	5.117 3	5.624 0	6.175 9	6.776 7	7.430 1	8.140 3	8.911 7	9.748 9	10.657 1	11.641 5	12.708 0	13.862 5	15.111 6	16.462 2	17.921 6
12	5.936 0	6.580 1	7.287 6	8.064 2	8.916 1	9.849 7	10.872 2	11.991 2	13.214 8	14.551 9	16.012 0	17.605 3	19.342 5	21.236 2	23.298 1
13	6.885 8	7.698 7	8.599 4	9.596 4	10.699 3	11.918 2	13.264 1	14.749 1	16.386 3	18.189 9	20.175 5	22.358 8	24.758 5	27.394 7	30.287 5

续表

期数	16%	17%	18%	19%	20%	21%	22%	23%	24%	25%	26%	27%	28%	29%	30%
14	7.987 5	9.007 5	10.147 2	11.419 8	12.839 2	14.421 0	16.182 2	18.141 4	20.319 1	22.737 4	25.420 7	28.395 7	31.691 3	35.339 1	39.373 8
15	9.265 5	10.538 7	11.973 7	13.589 5	15.407 0	17.449 4	19.742 3	22.314 0	25.195 6	28.421 7	32.030 1	36.062 5	40.564 8	45.587 5	51.185 9
16	10.748 0	12.330 3	14.129 0	16.171 5	18.488 4	21.113 8	24.085 5	27.446 2	31.242 6	35.527 1	40.357 9	45.799 4	51.923 0	58.807 9	66.541 7
17	12.467 7	14.426 5	16.672 2	19.244 1	22.186 1	25.547 7	29.384 4	33.758 8	38.740 8	44.408 9	50.851 0	58.165 2	66.461 4	75.862 1	86.504 2
18	14.462 5	16.879 0	19.673 3	22.900 5	26.623 3	30.912 7	35.849 0	41.523 3	48.038 6	55.511 2	64.072 2	73.869 8	85.070 6	97.862 2	112.455 4
19	16.776 5	19.748 4	23.214 4	27.251 6	31.948 0	37.404 3	43.735 8	51.073 7	59.567 9	69.388 9	80.731 0	93.814 7	108.890 4	126.242 2	146.192 0
20	19.460 8	23.105 6	27.393 0	32.429 4	38.337 6	45.259 3	53.357 6	62.820 6	73.864 1	86.736 2	101.721 1	119.144 6	139.379 7	162.852 4	190.049 6
21	22.574 5	27.033 6	32.323 8	38.591 0	46.005 1	54.763 7	65.096 3	77.269 4	91.591 5	108.420 2	128.168 5	151.313 7	178.406 0	210.079 6	247.064 5
22	26.186 4	31.629 3	38.142 1	45.923 3	55.206 1	66.264 1	79.417 5	95.041 3	113.573 5	135.525 3	161.492 4	192.168 3	228.359 6	271.002 7	321.183 9
23	30.376 2	37.006 2	45.007 6	54.648 7	66.247 4	80.179 5	96.889 4	116.900 8	140.831 2	169.406 6	203.480 4	244.053 8	292.300 3	349.593 5	417.539 1
24	35.236 4	43.297 3	53.109 0	65.032 0	79.496 8	97.017 2	118.205 0	143.788 0	174.630 6	211.758 2	256.385 3	309.948 3	374.144 4	450.975 6	542.800 8
25	40.874 2	50.657 8	62.668 6	77.388 1	95.396 2	117.390 9	144.210 1	176.859 3	216.542 0	264.697 8	323.045 4	393.634 4	478.904 9	581.758 5	705.641 0
26	47.414 1	59.269 7	73.949 0	92.091 8	114.475 5	142.042 9	175.936 4	217.536 9	268.512 1	330.872 2	407.037 3	499.915 7	612.998 2	750.468 5	917.333 3
27	55.000 4	69.345 5	87.259 8	109.589 3	137.370 6	171.871 9	214.642 4	267.570 4	332.955 0	413.590 3	512.867 0	634.892 9	784.637 7	968.104 4	1 192.533 3
28	63.800 4	81.134 2	102.966 6	130.411 2	164.844 7	207.965 1	261.863 7	329.111 5	412.864 2	516.987 9	646.212 4	806.314 0	1 004.336 3	1 248.854 6	1 550.293 3
29	74.008 5	94.927 1	121.500 5	155.189 3	197.813 6	251.637 1	319.473 7	404.807 2	511.951 6	646.234 9	814.227 6	1 024.018 7	1 285.550 4	1 611.022 5	2 015.381 3
30	85.849 9	111.064 7	143.370 6	184.675 3	237.376 3	304.481 6	389.757 9	497.912 9	634.819 9	807.793 6	1 025.926 7	1 300.503 8	1 645.504 6	2 078.219 0	2 619.995 6

附表2 复利现值系数表

计算公式：$f=(1+i)^{-n}$

期数	1%	2%	3%	4%	5%	6%	7%	8%	9%	10%	11%	12%	13%	14%	15%
1	0.990 1	0.980 4	0.970 9	0.961 5	0.952 4	0.943 4	0.934 6	0.925 9	0.917 4	0.909 1	0.900 9	0.892 9	0.885 0	0.877 2	0.869 6
2	0.980 3	0.961 2	0.942 6	0.924 6	0.907 0	0.890 0	0.873 4	0.857 3	0.841 7	0.826 4	0.811 6	0.797 2	0.783 1	0.769 5	0.756 1
3	0.970 6	0.942 3	0.915 1	0.889 0	0.863 8	0.839 6	0.816 3	0.793 8	0.772 2	0.751 3	0.731 2	0.711 8	0.693 1	0.675 0	0.657 5
4	0.961 0	0.923 8	0.888 5	0.854 8	0.822 7	0.792 1	0.762 9	0.735 0	0.708 4	0.683 0	0.658 7	0.635 5	0.613 3	0.592 1	0.571 8
5	0.951 5	0.905 7	0.862 6	0.821 9	0.783 5	0.747 3	0.713 0	0.680 6	0.649 9	0.620 9	0.593 5	0.567 4	0.542 8	0.519 4	0.497 2
6	0.942 0	0.888 0	0.837 5	0.790 3	0.746 2	0.705 0	0.666 3	0.630 2	0.596 3	0.564 5	0.534 6	0.506 6	0.480 3	0.455 6	0.432 3
7	0.932 7	0.870 6	0.813 1	0.759 9	0.710 7	0.665 1	0.622 7	0.583 5	0.547 0	0.513 2	0.481 7	0.452 3	0.425 1	0.399 6	0.375 9
8	0.923 5	0.853 5	0.789 4	0.730 7	0.676 8	0.627 4	0.582 0	0.540 3	0.501 9	0.466 5	0.433 9	0.403 9	0.376 2	0.350 6	0.326 9
9	0.914 3	0.836 8	0.766 4	0.702 6	0.644 6	0.591 9	0.543 9	0.500 2	0.460 4	0.424 1	0.390 9	0.360 6	0.332 9	0.307 5	0.284 3
10	0.905 3	0.820 3	0.744 1	0.675 6	0.613 9	0.558 4	0.508 3	0.463 2	0.422 4	0.385 5	0.352 2	0.322 0	0.294 6	0.269 7	0.247 2
11	0.896 3	0.804 3	0.722 4	0.649 6	0.584 7	0.526 8	0.475 1	0.428 9	0.387 5	0.350 5	0.317 3	0.287 5	0.260 7	0.236 6	0.214 9
12	0.887 4	0.788 5	0.701 4	0.624 6	0.556 8	0.497 0	0.444 0	0.397 1	0.355 5	0.318 6	0.285 8	0.256 7	0.230 7	0.207 6	0.186 9
13	0.878 7	0.773 0	0.681 0	0.600 6	0.530 3	0.468 8	0.415 0	0.367 7	0.326 2	0.289 7	0.257 5	0.229 2	0.204 2	0.182 1	0.162 5
14	0.870 0	0.757 9	0.661 1	0.577 5	0.505 1	0.442 3	0.387 8	0.340 5	0.299 2	0.263 3	0.232 0	0.204 6	0.180 7	0.159 7	0.141 3
15	0.861 3	0.743 0	0.641 9	0.555 3	0.481 0	0.417 3	0.362 4	0.315 2	0.274 5	0.239 4	0.209 0	0.182 7	0.159 9	0.140 1	0.122 9
16	0.852 8	0.728 4	0.623 2	0.533 9	0.458 1	0.393 6	0.338 7	0.291 9	0.251 9	0.217 6	0.188 3	0.163 1	0.141 5	0.122 9	0.106 9
17	0.844 4	0.714 2	0.605 0	0.513 4	0.436 3	0.371 4	0.316 6	0.270 3	0.231 1	0.197 8	0.169 6	0.145 6	0.125 2	0.107 8	0.092 9
18	0.836 0	0.700 2	0.587 4	0.493 6	0.415 5	0.350 3	0.295 9	0.250 2	0.212 0	0.179 9	0.152 8	0.130 0	0.110 8	0.094 6	0.080 8
19	0.827 7	0.686 4	0.570 3	0.474 6	0.395 7	0.330 5	0.276 5	0.231 7	0.194 5	0.163 5	0.137 7	0.116 1	0.098 1	0.082 9	0.070 3
20	0.819 5	0.673 0	0.553 7	0.456 4	0.376 9	0.311 8	0.258 4	0.214 5	0.178 4	0.148 6	0.124 0	0.103 7	0.086 8	0.072 8	0.061 1
21	0.811 4	0.659 8	0.537 5	0.438 8	0.358 9	0.294 2	0.241 5	0.198 7	0.163 7	0.135 1	0.111 7	0.092 6	0.076 8	0.063 8	0.053 1

续表

期数	1%	2%	3%	4%	5%	6%	7%	8%	9%	10%	11%	12%	13%	14%	15%
22	0.803 4	0.646 8	0.521 9	0.422 0	0.341 8	0.277 5	0.225 7	0.183 9	0.150 2	0.122 8	0.100 7	0.082 6	0.068 0	0.056 0	0.046 2
23	0.795 4	0.634 2	0.506 7	0.405 7	0.325 6	0.261 8	0.210 9	0.170 3	0.137 8	0.111 7	0.090 7	0.073 8	0.060 1	0.049 1	0.040 2
24	0.787 6	0.621 7	0.491 9	0.390 1	0.310 1	0.247 0	0.197 1	0.157 7	0.126 4	0.101 5	0.081 7	0.065 9	0.053 2	0.043 1	0.034 9
25	0.779 8	0.609 5	0.477 6	0.375 1	0.295 3	0.233 0	0.184 2	0.146 0	0.116 0	0.092 3	0.073 6	0.058 8	0.047 1	0.037 8	0.030 4
26	0.772 0	0.597 6	0.463 7	0.360 7	0.281 2	0.219 8	0.172 2	0.135 2	0.106 4	0.083 9	0.066 3	0.052 5	0.041 7	0.033 1	0.026 4
27	0.764 4	0.585 9	0.450 2	0.346 8	0.267 8	0.207 4	0.160 2	0.125 2	0.097 6	0.076 3	0.059 7	0.046 9	0.036 9	0.029 1	0.023 0
28	0.756 8	0.574 4	0.437 1	0.333 5	0.255 1	0.195 6	0.150 4	0.115 9	0.089 5	0.069 3	0.053 8	0.041 9	0.032 6	0.025 5	0.020 0
29	0.749 3	0.563 1	0.424 3	0.320 7	0.242 9	0.184 6	0.140 6	0.107 3	0.082 2	0.063 0	0.048 5	0.037 4	0.028 9	0.022 4	0.017 4
30	0.741 9	0.552 1	0.412 0	0.308 3	0.231 4	0.174 1	0.131 4	0.099 4	0.075 4	0.057 3	0.043 7	0.033 4	0.025 6	0.019 6	0.015 1

期数	16%	17%	18%	19%	20%	21%	22%	23%	24%	25%	26%	27%	28%	29%	30%
1	0.862 1	0.854 7	0.847 5	0.840 3	0.833 3	0.826 4	0.819 7	0.813 0	0.806 5	0.800 0	0.793 7	0.787 4	0.781 3	0.775 2	0.769 2
2	0.743 2	0.730 5	0.718 2	0.706 2	0.694 4	0.683 0	0.671 9	0.661 0	0.650 4	0.640 0	0.629 9	0.620 0	0.610 4	0.600 9	0.591 7
3	0.640 7	0.624 4	0.608 6	0.593 4	0.578 7	0.564 5	0.550 7	0.537 4	0.524 5	0.512 0	0.499 9	0.488 2	0.476 8	0.465 8	0.455 2
4	0.552 3	0.533 7	0.515 8	0.498 7	0.482 3	0.466 5	0.451 4	0.436 9	0.423 0	0.409 6	0.396 8	0.384 4	0.372 5	0.361 1	0.350 1
5	0.476 1	0.456 1	0.437 1	0.419 0	0.401 9	0.385 5	0.370 0	0.355 2	0.341 1	0.327 7	0.314 9	0.302 7	0.291 0	0.279 9	0.269 3
6	0.410 4	0.389 8	0.370 4	0.352 1	0.334 9	0.318 6	0.303 2	0.288 8	0.275 1	0.262 1	0.249 9	0.238 3	0.227 4	0.217 0	0.207 2
7	0.353 8	0.333 2	0.313 9	0.295 9	0.279 1	0.263 3	0.248 6	0.234 8	0.221 8	0.209 7	0.198 3	0.187 7	0.177 6	0.168 2	0.159 4
8	0.305 0	0.284 8	0.266 0	0.248 7	0.232 6	0.217 6	0.203 8	0.190 9	0.178 9	0.167 8	0.157 4	0.147 8	0.138 8	0.130 4	0.122 6
9	0.263 0	0.243 4	0.225 5	0.209 0	0.193 8	0.179 9	0.167 0	0.155 2	0.144 3	0.134 2	0.124 9	0.116 4	0.108 4	0.101 1	0.094 3
10	0.226 7	0.208 0	0.191 1	0.175 6	0.161 5	0.148 6	0.136 9	0.126 2	0.116 4	0.107 4	0.099 2	0.091 6	0.084 7	0.078 4	0.072 5
11	0.195 4	0.177 8	0.161 9	0.147 6	0.134 6	0.122 8	0.112 2	0.102 6	0.093 8	0.085 9	0.078 7	0.072 1	0.066 2	0.060 7	0.055 8
12	0.168 5	0.152 0	0.137 2	0.124 0	0.112 2	0.101 5	0.092 0	0.083 4	0.075 7	0.068 7	0.062 5	0.056 8	0.051 7	0.047 1	0.042 9
13	0.145 2	0.129 9	0.116 3	0.104 2	0.093 5	0.083 9	0.075 4	0.067 8	0.061 0	0.055 0	0.049 6	0.044 7	0.040 4	0.036 5	0.033 0

续表

期数	16%	17%	18%	19%	20%	21%	22%	23%	24%	25%	26%	27%	28%	29%	30%
14	0.125 2	0.111 0	0.098 5	0.087 6	0.077 9	0.069 3	0.061 8	0.055 1	0.049 2	0.044 0	0.039 3	0.035 2	0.031 6	0.028 3	0.025 4
15	0.107 9	0.094 9	0.083 5	0.073 6	0.064 9	0.057 3	0.050 7	0.044 8	0.039 7	0.035 2	0.031 2	0.027 7	0.024 7	0.021 9	0.019 5
16	0.093 0	0.081 1	0.070 8	0.061 8	0.054 1	0.047 4	0.041 5	0.036 4	0.032 0	0.028 1	0.024 8	0.021 8	0.019 3	0.017 0	0.015 0
17	0.080 2	0.069 3	0.060 0	0.052 0	0.045 1	0.039 1	0.034 0	0.029 6	0.025 8	0.022 5	0.019 7	0.017 2	0.015 0	0.013 2	0.011 6
18	0.069 1	0.059 2	0.050 8	0.043 7	0.037 6	0.032 3	0.027 9	0.024 1	0.020 8	0.018 0	0.015 6	0.013 5	0.011 8	0.010 2	0.008 9
19	0.059 6	0.050 6	0.043 1	0.036 7	0.031 3	0.026 7	0.022 9	0.019 6	0.016 8	0.014 4	0.012 4	0.010 7	0.009 2	0.007 9	0.006 8
20	0.051 4	0.043 3	0.036 5	0.030 8	0.026 1	0.022 1	0.018 7	0.015 9	0.013 5	0.011 5	0.009 8	0.008 4	0.007 2	0.006 1	0.005 3
21	0.044 3	0.037 0	0.030 9	0.025 9	0.021 7	0.018 3	0.015 4	0.012 9	0.010 9	0.009 2	0.007 8	0.006 6	0.005 6	0.004 8	0.004 0
22	0.038 2	0.031 6	0.026 2	0.021 8	0.018 1	0.015 1	0.012 6	0.010 5	0.008 8	0.007 4	0.006 2	0.005 2	0.004 4	0.003 7	0.003 1
23	0.032 9	0.027 0	0.022 2	0.018 3	0.015 1	0.012 5	0.010 3	0.008 6	0.007 1	0.005 9	0.004 9	0.004 1	0.003 4	0.002 9	0.002 4
24	0.028 4	0.023 1	0.018 8	0.015 4	0.012 6	0.010 3	0.008 5	0.007 0	0.005 7	0.004 7	0.003 9	0.003 2	0.002 7	0.002 2	0.001 8
25	0.024 5	0.019 7	0.016 0	0.012 9	0.010 5	0.008 5	0.006 9	0.005 7	0.004 6	0.003 8	0.003 1	0.002 5	0.002 1	0.001 7	0.001 4
26	0.021 1	0.016 9	0.013 5	0.010 9	0.008 7	0.007 0	0.005 7	0.004 6	0.003 7	0.003 0	0.002 5	0.002 0	0.001 6	0.001 3	0.001 1
27	0.018 2	0.014 4	0.011 5	0.009 1	0.007 3	0.005 8	0.004 7	0.003 7	0.003 0	0.002 4	0.001 9	0.001 6	0.001 3	0.001 0	0.000 8
28	0.015 7	0.012 3	0.009 7	0.007 7	0.006 1	0.004 8	0.003 8	0.003 0	0.002 4	0.001 9	0.001 5	0.001 2	0.001 0	0.000 8	0.000 6
29	0.013 5	0.010 5	0.008 2	0.006 4	0.005 1	0.004 0	0.003 1	0.002 5	0.002 0	0.001 5	0.001 2	0.001 0	0.000 8	0.000 6	0.000 5
30	0.011 6	0.009 0	0.007 0	0.005 4	0.004 2	0.003 3	0.002 6	0.002 0	0.001 6	0.001 2	0.001 0	0.000 8	0.000 6	0.000 5	0.000 4

附表3　年金终值系数表

计算公式：$f = \dfrac{(1+i)^n}{i}$

期数	1%	2%	3%	4%	5%	6%	7%	8%	9%	10%	11%	12%	13%	14%	15%
1	1.0000	1.0000	1.0000	1.0000	1.0000	1.0000	1.0000	1.0000	1.0000	1.0000	1.0000	1.0000	1.0000	1.0000	1.0000
2	2.0100	2.0200	2.0300	2.0400	2.0500	2.0600	2.0700	2.0800	2.0900	2.1000	2.1100	2.1200	2.1300	2.1400	2.1500
3	3.0301	3.0604	3.0909	3.1216	3.1525	3.1836	3.2149	3.2464	3.2781	3.3100	3.3421	3.3744	3.4069	3.4396	3.4725
4	4.0604	4.1216	4.1836	4.2465	4.3101	4.3746	4.4399	4.5061	4.5731	4.6410	4.7097	4.7793	4.8498	4.9211	4.9934
5	5.1010	5.2040	5.3091	5.4163	5.5256	5.6371	5.7507	5.8666	5.9847	6.1051	6.2278	6.3528	6.4803	6.6101	6.7424
6	6.1520	6.3081	6.4684	6.6330	6.8019	6.9753	7.1533	7.3359	7.5233	7.7156	7.9129	8.1152	8.3227	8.5355	8.7537
7	7.2135	7.4343	7.6625	7.8983	8.1420	8.3938	8.6540	8.9228	9.2004	9.4872	9.7833	10.0890	10.4047	10.7305	11.0668
8	8.2857	8.5830	8.8923	9.2142	9.5491	9.8975	10.2598	10.6366	11.0285	11.4359	11.8594	12.2997	12.7573	13.2328	13.7268
9	9.3685	9.7546	10.1591	10.5828	11.0266	11.4913	11.9780	12.4876	13.0210	13.5795	14.1640	14.7757	15.4157	16.0853	16.7858
10	10.4622	10.9497	11.4639	12.0061	12.5779	13.1808	13.8164	14.4866	15.1929	15.9374	16.7220	17.5487	18.4197	19.3373	20.3037
11	11.5668	12.1687	12.8078	13.4864	14.2068	14.9716	15.7836	16.6455	17.5603	18.5312	19.5614	20.6546	21.8143	23.0445	24.3493
12	12.6825	13.4121	14.1920	15.0258	15.9171	16.8699	17.8885	18.9771	20.1407	21.3843	22.7132	24.1331	25.6502	27.2707	29.0017
13	13.8093	14.6803	15.6178	16.6268	17.7130	18.8821	20.1406	21.4953	22.9534	24.5227	26.2116	28.0291	29.9847	32.0887	34.3519
14	14.9474	15.9739	17.0863	18.2919	19.5986	21.0151	22.5505	24.2149	26.0192	27.9750	30.0947	32.3926	34.8827	37.5811	40.5047
15	16.0969	17.2934	18.5989	20.0236	21.5786	23.2760	25.1290	27.1521	29.3609	31.7725	34.4054	37.2797	40.4175	43.8424	47.5804
16	17.2579	18.6393	20.1569	21.8245	23.6575	25.6725	27.8881	30.3243	33.0034	35.9497	39.1899	42.7533	46.6717	50.9804	55.7175
17	18.4304	20.0121	21.7616	23.6975	25.8404	28.2129	30.8402	33.7502	36.9737	40.5447	44.5008	48.8837	53.7391	59.1176	65.0751
18	19.6147	21.4123	23.4144	25.6454	28.1324	30.9057	33.9990	37.4502	41.3013	45.5992	50.3959	55.7497	61.7251	68.3941	75.8364
19	20.8109	22.8406	25.1169	27.6712	30.5390	33.7600	37.3790	41.4463	46.0185	51.1591	56.9395	63.4397	70.7494	78.9692	88.2118
20	22.0190	24.2974	26.8704	29.7781	33.0660	36.7856	40.9955	45.7620	51.1601	57.2750	64.2028	72.0524	80.9468	91.0249	102.4436

续表

期数	1%	2%	3%	4%	5%	6%	7%	8%	9%	10%	11%	12%	13%	14%	15%
21	23.239 2	25.783 3	28.676 5	31.969 2	35.719 3	39.992 7	44.865 2	50.422 9	56.764 5	64.002 5	72.265 1	81.698 7	92.469 9	104.768 4	118.810 1
22	24.471 6	27.299 0	30.536 8	34.248 0	38.505 2	43.392 3	49.005 7	55.456 8	62.873 3	71.402 7	81.214 3	92.502 6	105.491 0	120.436 0	137.631 6
23	25.716 3	28.845 0	32.452 9	36.617 9	41.430 5	46.995 8	53.436 1	60.893 3	69.531 9	79.543 0	91.147 9	104.602 9	120.204 8	138.297 0	159.276 4
24	26.973 5	30.421 9	34.426 5	39.082 6	44.502 0	50.815 6	58.176 7	66.764 8	76.789 8	88.497 3	102.174 2	118.155 2	136.831 5	158.658 6	184.167 8
25	28.243 2	32.030 3	36.459 3	41.645 9	47.727 1	54.864 5	63.249 0	73.105 9	84.700 9	98.347 1	114.413 3	133.333 9	155.619 6	181.870 8	212.793 0
26	29.525 6	33.670 9	38.553 0	44.311 7	51.113 5	59.156 4	68.676 5	79.954 4	93.324 0	109.181 8	127.998 8	150.333 9	176.850 1	208.332 7	245.712 0
27	30.820 9	35.344 3	40.709 6	47.084 2	54.669 1	63.705 8	74.483 8	87.350 8	102.723 1	121.099 9	143.078 6	169.374 0	200.840 6	238.499 3	283.568 8
28	32.129 1	37.051 2	42.930 9	49.967 6	58.402 6	68.528 1	80.697 7	95.338 8	112.968 2	134.209 9	159.817 3	190.698 9	227.949 9	272.889 2	327.104 1
29	33.450 4	38.792 2	45.218 9	52.966 3	62.322 7	73.639 8	87.346 5	103.965 9	124.135 4	148.630 9	178.397 2	214.582 8	258.583 4	312.093 7	377.169 7
30	34.784 9	40.568 1	47.575 4	56.084 9	66.438 8	79.058 2	94.460 8	113.283 2	136.307 5	164.494 0	199.020 9	241.332 7	293.199 2	356.786 8	434.745 1

期数	16%	17%	18%	19%	20%	21%	22%	23%	24%	25%	26%	27%	28%	29%	30%
1	1.000 0	1.000 0	1.000 0	1.000 0	1.000 0	1.000 0	1.000 0	1.000 0	1.000 0	1.000 0	1.000 0	1.000 0	1.000 0	1.000 0	1.000 0
2	2.160 0	2.170 0	2.180 0	2.190 0	2.200 0	2.210 0	2.220 0	2.230 0	2.240 0	2.250 0	2.260 0	2.270 0	2.280 0	2.290 0	2.300 0
3	3.505 6	3.538 9	3.572 4	3.606 1	3.640 0	3.674 1	3.708 4	3.742 9	3.777 6	3.812 5	3.847 6	3.882 9	3.918 4	3.954 1	3.990 0
4	5.066 5	5.140 5	5.215 4	5.291 3	5.368 0	5.445 7	5.524 2	5.603 8	5.684 2	5.765 6	5.848 0	5.931 3	6.015 6	6.100 8	6.187 0
5	6.877 1	7.014 4	7.154 2	7.296 6	7.441 6	7.589 2	7.739 6	7.892 6	8.048 4	8.207 0	8.368 4	8.532 7	8.699 9	8.870 0	9.043 1
6	8.977 5	9.206 8	9.442 0	9.683 0	9.929 9	10.183 0	10.442 3	10.707 9	10.980 1	11.258 8	11.544 2	11.836 6	12.135 9	12.442 3	12.756 0
7	11.413 9	11.772 0	12.141 5	12.522 7	12.915 9	13.321 4	13.739 6	14.170 8	14.615 3	15.073 5	15.545 8	16.032 4	16.533 9	17.050 6	17.582 8
8	14.240 1	14.773 3	15.327 0	15.902 0	16.499 1	17.118 9	17.762 3	18.430 0	19.122 9	19.841 9	20.587 6	21.361 2	22.163 4	22.995 3	23.857 7
9	17.518 5	18.284 7	19.085 9	19.923 4	20.798 9	21.713 9	22.670 0	23.669 0	24.712 5	25.802 3	26.940 4	28.128 7	29.369 2	30.663 9	32.015 0
10	21.321 5	22.393 1	23.521 3	24.708 9	25.958 7	27.273 8	28.657 4	30.112 8	31.643 4	33.252 9	34.944 9	36.723 5	38.592 6	40.556 4	42.619 5
11	25.732 9	27.199 9	28.755 1	30.403 5	32.150 4	34.001 3	35.962 0	38.038 8	40.237 7	42.566 1	45.030 6	47.638 8	50.398 5	53.317 8	56.405 3
12	30.850 2	32.823 9	34.931 1	37.180 2	39.580 5	42.141 6	44.873 7	47.787 7	50.895 0	54.207 7	57.738 6	61.501 3	65.510 0	69.780 0	74.327 0

续表

期数	16%	17%	18%	19%	20%	21%	22%	23%	24%	25%	26%	27%	28%	29%	30%
13	36.786 2	39.404 0	42.218 7	45.244 5	48.496 6	51.991 3	55.745 9	59.778 8	64.109 7	68.759 6	73.750 6	79.106 6	84.852 9	91.016 1	97.625 0
14	43.672 0	47.102 7	50.818 0	54.840 9	59.195 9	63.909 5	69.010 0	74.528 0	80.496 1	86.949 5	93.925 8	101.465 4	109.611 7	118.410 8	127.912 5
15	51.659 5	56.110 1	60.965 3	66.260 7	72.035 1	78.330 5	85.192 2	92.669 4	100.815 1	109.686 8	119.346 5	129.861 1	141.302 9	153.750 0	167.286 3
16	60.925 0	66.648 8	72.939 0	79.850 2	87.442 1	95.779 9	104.934 5	114.983 4	126.010 8	138.108 5	151.376 6	165.923 6	181.867 7	199.337 4	218.472 2
17	71.673 0	78.979 2	87.068 0	96.021 8	105.930 6	116.893 7	129.020 1	142.429 5	157.253 4	173.635 7	191.734 5	211.723 0	233.790 7	258.145 3	285.013 9
18	84.140 7	93.405 6	103.740 3	115.265 9	128.116 7	142.441 3	158.404 5	176.188 3	195.994 2	218.044 6	242.585 5	269.888 2	300.252 1	334.007 4	371.518 0
19	98.603 2	110.284 6	123.413 5	138.166 4	154.740 0	173.354 0	194.253 5	217.711 6	244.032 8	273.555 8	306.657 7	343.758 0	385.322 7	431.869 6	483.973 4
20	115.379 7	130.032 9	146.628 0	165.418 0	186.688 0	210.758 4	237.989 3	268.785 3	303.600 6	342.944 7	387.388 7	437.572 6	494.213 1	558.111 8	630.165 5
21	134.840 5	153.138 5	174.021 0	197.847 4	225.025 6	256.017 6	291.346 9	331.605 9	377.464 8	429.680 9	489.109 8	556.717 3	633.592 7	720.964 2	820.215 1
22	157.415 0	180.172 1	206.344 8	236.438 5	271.030 7	310.781 3	356.443 2	408.875 3	469.056 3	538.101 1	617.278 5	708.030 9	811.998 7	931.043 8	1 067.279 6
23	183.601 4	211.801 3	244.486 8	282.361 8	326.236 9	377.045 4	435.860 7	503.916 6	582.629 8	673.626 4	778.770 7	900.199 3	1 040.358 3	1 202.046 5	1 388.463 5
24	213.977 6	248.807 6	289.494 5	337.010 5	392.484 2	457.224 9	532.750 1	620.817 4	723.461 0	843.032 9	982.251 1	1 144.253 1	1 332.658 6	1 551.640 0	1 806.002 6
25	249.214 0	292.104 9	342.603 5	402.042 5	471.981 1	554.242 2	650.955 1	764.605 4	898.091 6	1 054.791 2	1 238.636 3	1 454.201 4	1 706.803 1	2 002.615 6	2 348.803 3
26	290.088 3	342.762 7	405.272 1	479.430 6	567.377 3	671.633 0	795.165 3	941.464 7	1 114.633 6	1 319.489 0	1 561.681 8	1 847.835 8	2 185.707 9	2 584.374 1	3 054.444 3
27	337.502 4	402.032 3	479.221 1	571.522 4	681.852 8	813.675 9	971.101 6	1 159.001 5	1 383.145 7	1 650.361 2	1 968.719 1	2 347.751 5	2 798.706 1	3 334.842 6	3 971.777 6
28	392.502 8	471.377 8	566.480 9	681.111 6	819.223 3	985.547 9	1 185.744 0	1 426.571 9	1 716.100 7	2 063.951 5	2 481.586 0	2 982.644 3	3 583.343 8	4 302.947 0	5 164.310 9
29	456.303 2	552.512 1	669.447 5	811.522 8	984.068 0	1 193.512 9	1 447.607 7	1 755.683 5	2 128.964 8	2 580.939 4	3 127.798 4	3 788.958 4	4 587.680 1	5 551.801 6	6 714.604 2
30	530.311 7	647.439 1	790.948 0	966.712 1	1 181.881 6	1 445.150 7	1 767.081 3	2 160.490 7	2 640.916 4	3 227.174 3	3 942.026 0	4 812.977 1	5 873.230 6	7 162.824 1	8 729.985 5

附表 4 年金现值系数表

计算公式：$f = \dfrac{(1+i)^{-n}}{i}$

期数	1%	2%	3%	4%	5%	6%	7%	8%	9%	10%	11%	12%	13%	14%	15%
1	0.9901	0.9804	0.9709	0.9615	0.9524	0.9434	0.9346	0.9259	0.9174	0.9091	0.9009	0.8929	0.8850	0.8772	0.8696
2	1.9704	1.9416	1.9135	1.8861	1.8594	1.8334	1.8080	1.7833	1.7591	1.7355	1.7125	1.6901	1.6681	1.6467	1.6257
3	2.9410	2.8839	2.8286	2.7751	2.7232	2.6730	2.6243	2.5771	2.5313	2.4869	2.4437	2.4018	2.3612	2.3216	2.2832
4	3.9020	3.8077	3.7171	3.6299	3.5460	3.4651	3.3872	3.3121	3.2397	3.1699	3.1024	3.0373	2.9745	2.9137	2.8550
5	4.8534	4.7135	4.5797	4.4518	4.3295	4.2124	4.1002	3.9927	3.8897	3.7908	3.6959	3.6048	3.5172	3.4331	3.3522
6	5.7955	5.6014	5.4172	5.2421	5.0757	4.9173	4.7665	4.6229	4.4859	4.3553	4.2305	4.1114	3.9975	3.8887	3.7845
7	6.7282	6.4720	6.2303	6.0021	5.7864	5.5824	5.3893	5.2064	5.0330	4.8684	4.7122	4.5638	4.4226	4.2883	4.1604
8	7.6517	7.3255	7.0197	6.7327	6.4632	6.2098	5.9713	5.7466	5.5348	5.3349	5.1461	4.9676	4.7988	4.6389	4.4873
9	8.5660	8.1622	7.7861	7.4353	7.1078	6.8017	6.5152	6.2469	5.9952	5.7590	5.5370	5.3282	5.1317	4.9464	4.7716
10	9.4713	8.9826	8.5302	8.1109	7.7217	7.3601	7.0236	6.7101	6.4177	6.1446	5.8892	5.6502	5.4262	5.2161	5.0188
11	10.3676	9.7868	9.2526	8.7605	8.3064	7.8869	7.4987	7.1390	6.8052	6.4951	6.2065	5.9377	5.6869	5.4527	5.2337
12	11.2551	10.5753	9.9540	9.3851	8.8633	8.3838	7.9427	7.5361	7.1607	6.8137	6.4924	6.1944	5.9176	5.6603	5.4206
13	12.1337	11.3484	10.6350	9.9856	9.3936	8.8527	8.3577	7.9038	7.4869	7.1034	6.7499	6.4235	6.1218	5.8424	5.5831
14	13.0037	12.1062	11.2961	10.5631	9.8986	9.2950	8.7455	8.2442	7.7862	7.3667	6.9819	6.6282	6.3025	6.0021	5.7245
15	13.8651	12.8493	11.9379	11.1184	10.3797	9.7122	9.1079	8.5595	8.0607	7.6061	7.1909	6.8109	6.4624	6.1422	5.8474
16	14.7179	13.5777	12.5611	11.6523	10.8378	10.1059	9.4466	8.8514	8.3126	7.8237	7.3792	6.9740	6.6039	6.2651	5.9542
17	15.5623	14.2919	13.1661	12.1657	11.2741	10.4773	9.7632	9.1216	8.5436	8.0216	7.5488	7.1196	6.7291	6.3729	6.0472
18	16.3983	14.9920	13.7535	12.6593	11.6896	10.8276	10.0591	9.3719	8.7556	8.2014	7.7016	7.2497	6.8399	6.4674	6.1280
19	17.2260	15.6785	14.3238	13.1339	12.0853	11.1581	10.3356	9.6036	8.9501	8.3649	7.8393	7.3658	6.9380	6.5504	6.1982
20	18.0456	16.3514	14.8775	13.5903	12.4622	11.4699	10.5940	9.8181	9.1285	8.5136	7.9633	7.4694	7.0248	6.6231	6.2593

续表

期数	1%	2%	3%	4%	5%	6%	7%	8%	9%	10%	11%	12%	13%	14%	15%
21	18.857 0	17.011 2	15.415 0	14.029 2	12.821 2	11.764 1	10.835 5	10.016 8	9.292 2	8.648 7	8.075 1	7.562 0	7.101 6	6.687 0	6.312 5
22	19.660 4	17.658 0	15.936 9	14.451 1	13.163 0	12.041 6	11.061 2	10.200 7	9.442 4	8.771 5	8.175 7	7.644 6	7.169 5	6.742 9	6.358 7
23	20.455 8	18.292 2	16.443 6	14.856 8	13.488 6	12.303 4	11.272 2	10.371 1	9.580 2	8.883 2	8.266 4	7.718 4	7.229 7	6.792 1	6.398 8
24	21.243 4	18.913 9	16.935 5	15.247 0	13.798 6	12.550 4	11.469 3	10.528 8	9.706 6	8.984 7	8.348 1	7.784 3	7.282 9	6.835 1	6.433 8
25	22.023 2	19.523 5	17.413 1	15.622 1	14.093 9	12.783 4	11.653 6	10.674 8	9.822 6	9.077 0	8.421 7	7.843 1	7.330 0	6.872 9	6.464 1
26	22.795 2	20.121 0	17.876 8	15.982 8	14.375 2	13.003 2	11.825 8	10.810 0	9.929 0	9.160 9	8.488 1	7.895 7	7.371 7	6.906 1	6.490 6
27	23.559 6	20.706 9	18.327 0	16.329 6	14.643 0	13.210 5	11.986 7	10.935 2	10.026 6	9.237 2	8.547 8	7.942 6	7.408 6	6.935 2	6.513 5
28	24.316 4	21.281 3	18.764 1	16.663 1	14.898 1	13.406 2	12.137 1	11.051 1	10.116 1	9.306 6	8.601 6	7.984 4	7.441 2	6.960 7	6.533 5
29	25.065 8	21.844 4	19.188 5	16.983 7	15.141 1	13.590 7	12.277 7	11.158 4	10.198 3	9.369 6	8.650 1	8.021 8	7.470 1	6.983 0	6.550 9
30	25.807 7	22.396 5	19.600 4	17.292 0	15.372 5	13.764 8	12.409 0	11.257 8	10.273 7	9.426 9	8.693 8	8.055 2	7.495 7	7.002 7	6.566 0

期数	16%	17%	18%	19%	20%	21%	22%	23%	24%	25%	26%	27%	28%	29%	30%
1	0.862 1	0.854 7	0.847 5	0.840 3	0.833 3	0.826 4	0.819 7	0.813 0	0.806 5	0.800 0	0.793 7	0.787 4	0.781 3	0.775 2	0.769 2
2	1.605 2	1.585 2	1.565 6	1.546 5	1.527 8	1.509 5	1.491 5	1.474 0	1.456 8	1.440 0	1.423 5	1.407 4	1.391 6	1.376 1	1.360 9
3	2.245 9	2.209 6	2.174 3	2.139 9	2.106 5	2.073 9	2.042 2	2.011 4	1.981 3	1.952 0	1.923 4	1.895 6	1.868 4	1.842 0	1.816 1
4	2.798 2	2.743 2	2.690 1	2.638 6	2.588 7	2.540 4	2.493 6	2.448 5	2.404 3	2.361 6	2.320 2	2.280 0	2.241 0	2.203 1	2.166 2
5	3.274 3	3.199 3	3.127 2	3.057 6	2.990 6	2.926 0	2.863 6	2.803 5	2.745 4	2.689 3	2.635 1	2.582 7	2.532 0	2.483 0	2.435 6
6	3.684 7	3.589 2	3.497 6	3.409 8	3.325 5	3.244 6	3.166 9	3.092 3	3.020 5	2.951 4	2.885 0	2.821 0	2.759 4	2.700 0	2.642 7
7	4.038 6	3.922 4	3.811 5	3.705 7	3.604 6	3.507 9	3.415 5	3.327 0	3.242 3	3.161 1	3.083 3	3.008 7	2.937 0	2.868 2	2.802 1
8	4.343 6	4.207 2	4.077 6	3.954 4	3.837 2	3.725 6	3.619 3	3.517 9	3.421 2	3.328 9	3.240 7	3.156 4	3.075 8	2.998 6	2.924 7
9	4.606 5	4.450 6	4.303 0	4.163 3	4.031 0	3.905 4	3.786 3	3.673 1	3.565 5	3.463 1	3.365 7	3.272 8	3.184 2	3.099 7	3.019 0
10	4.833 2	4.658 6	4.494 1	4.338 9	4.192 5	4.054 1	3.923 2	3.799 3	3.681 9	3.570 5	3.464 8	3.364 4	3.268 9	3.178 1	3.091 5
11	5.028 6	4.836 4	4.656 0	4.486 5	4.327 1	4.176 9	4.035 4	3.901 8	3.775 7	3.656 4	3.543 5	3.436 5	3.335 1	3.238 8	3.147 3
12	5.197 1	4.988 4	4.793 2	4.610 5	4.439 2	4.278 4	4.127 4	3.985 2	3.851 4	3.725 1	3.605 9	3.493 3	3.386 8	3.285 9	3.190 3

续表

期数	16%	17%	18%	19%	20%	21%	22%	23%	24%	25%	26%	27%	28%	29%	30%
13	5.342 3	5.118 3	4.909 5	4.714 7	4.532 7	4.362 4	4.202 8	4.053 0	3.912 4	3.780 1	3.655 5	3.538 1	3.427 2	3.322 4	3.223 3
14	5.467 5	5.229 3	5.008 1	4.802 3	4.610 6	4.431 7	4.264 6	4.108 2	3.961 6	3.824 1	3.694 9	3.573 3	3.458 7	3.350 7	3.248 7
15	5.575 5	5.324 2	5.091 6	4.875 9	4.675 5	4.489 0	4.315 2	4.153 0	4.001 3	3.859 3	3.726 1	3.601 0	3.483 4	3.372 6	3.268 2
16	5.668 5	5.405 3	5.162 4	4.937 7	4.729 6	4.536 4	4.356 7	4.189 4	4.033 3	3.887 4	3.750 9	3.622 8	3.502 6	3.389 6	3.283 2
17	5.748 7	5.474 6	5.222 3	4.989 7	4.774 6	4.575 5	4.390 8	4.219 0	4.059 1	3.909 9	3.770 5	3.640 0	3.517 7	3.402 8	3.294 8
18	5.817 8	5.533 9	5.273 2	5.033 3	4.812 2	4.607 9	4.418 7	4.243 1	4.079 9	3.927 9	3.786 1	3.653 6	3.529 4	3.413 0	3.303 7
19	5.877 5	5.584 5	5.316 2	5.070 0	4.843 5	4.634 6	4.441 5	4.262 7	4.096 7	3.942 4	3.798 5	3.664 2	3.538 6	3.421 0	3.310 5
20	5.928 8	5.627 8	5.352 7	5.100 9	4.869 6	4.656 7	4.460 3	4.278 6	4.110 3	3.953 9	3.808 3	3.672 6	3.545 8	3.427 1	3.315 8
21	5.973 1	5.664 8	5.383 7	5.126 8	4.891 3	4.675 0	4.475 6	4.291 6	4.121 2	3.963 1	3.816 1	3.679 2	3.551 4	3.431 9	3.319 8
22	6.011 3	5.696 4	5.409 9	5.148 6	4.909 4	4.690 0	4.488 2	4.302 1	4.130 0	3.970 5	3.822 3	3.684 4	3.555 8	3.435 6	3.323 0
23	6.044 2	5.723 4	5.432 1	5.166 8	4.924 5	4.702 5	4.498 5	4.310 6	4.137 1	3.976 4	3.827 3	3.688 5	3.559 2	3.438 4	3.325 4
24	6.072 6	5.746 5	5.450 9	5.182 2	4.937 1	4.712 8	4.507 0	4.317 6	4.142 8	3.981 1	3.831 2	3.691 8	3.561 9	3.440 6	3.327 2
25	6.097 1	5.766 2	5.466 9	5.195 1	4.947 6	4.721 3	4.513 9	4.323 2	4.147 4	3.984 9	3.834 2	3.694 3	3.564 0	3.442 3	3.328 6
26	6.118 2	5.783 1	5.480 4	5.206 0	4.956 3	4.728 4	4.519 6	4.327 8	4.151 1	3.987 9	3.836 7	3.696 3	3.565 6	3.443 7	3.329 7
27	6.136 4	5.797 5	5.491 9	5.215 1	4.963 6	4.734 2	4.524 3	4.331 6	4.154 2	3.990 3	3.838 7	3.697 9	3.566 9	3.444 7	3.330 5
28	6.152 0	5.809 9	5.501 6	5.222 8	4.969 7	4.739 0	4.528 1	4.334 6	4.156 6	3.992 3	3.840 2	3.699 1	3.567 9	3.445 5	3.331 2
29	6.165 6	5.820 4	5.509 8	5.229 2	4.974 7	4.743 0	4.531 2	4.337 1	4.158 5	3.993 8	3.841 4	3.700 1	3.568 7	3.446 1	3.331 7
30	6.177 2	5.829 4	5.516 8	5.234 7	4.978 9	4.746 3	4.533 8	4.339 1	4.160 1	3.995 0	3.842 4	3.700 9	3.569 3	3.446 6	3.332 1

参 考 文 献

[1] 财政部会计资格评价中心. 财务管理[M]. 北京：经济科学出版社，2022.
[2] 中国注册会计师协会. 财务成本管理[M]. 北京：中国财政经济出版社，2022.
[3] 孔令一. 财务管理学[M]. 2版. 上海：立信会计出版社，2022.
[4] 王化成. 财务管理[M]. 6版. 北京：中国人民大学出版社，2022.
[5] 王丹. 企业财务管理[M]. 北京：化学工业出版社，2022.
[6] 张惠忠. 企业财务管理[M]. 2版. 大连：东北财经大学出版社，2022.